Los 46 presidentes de América

Historias, logros y legados - De George Washington a Joe Biden

(Libro de biografías de EE.UU.)

Por el estante de libros para estudiantes

Índice de contenidos

Introducción

Conozca a los 46 presidentes de EE.UU.

Bienvenido a la serie Líderes del Mundo. ¡Este libro le presenta a los 46 Presidentes de los EE.UU. Este libro presenta las biografías inspiradoras de todos los hombres valientes que se atrevieron a gobernar América!

Este libro te enseñará todo sobre los presidentes estadounidenses, incluyendo sus historias y logros, desde George Washington hasta Joe Biden. ¡También aprenderás algunos datos poco conocidos sobre ellos!

Los 46 presidentes de EE.UU. es un libro objetivo e informativo que muestra a los lectores algunos de los rasgos más importantes de los presidentes estadounidenses y su decisión de presentarse a las elecciones.

Conozca más sobre Dwight Eisenhower, el 36º presidente de los Estados Unidos. "Dwight D. Eisenhower se convirtió en el presidente más joven de Estados Unidos tras suministrar alimentos y armas a nuestras tropas durante la Segunda Guerra Mundial. Siempre discreto, el presidente Eisenhower no quería vivir en una de las mansiones de Washington ni dar demasiados discursos desde su "codo". Después de toda una vida haciendo amigos en West Point, en el Cuartel General en Europa, en el Cuartel General del Mando Supremo Aliado (Normandía) en Inglaterra, hizo campaña como un Viejo Soldado y prometió "¡Me gusta Ike!"

Te encantará conocer a estos valientes que se atrevieron a ser presidentes de Estados Unidos.

Libros de la sección de Líderes Mundiales:

- Biografías fascinantes: lea sobre la vida de los 46 presidentes estadounidenses:
- Retratos vívidos: haz que estos presidentes americanos cobren vida en tu imaginación con la ayuda de estimulantes ilustraciones.

Sobre la serie: Esta **serie de** Líderes Mundiales presenta nuevas perspectivas sobre los presidentes de Estados Unidos que inspirarán a los jóvenes lectores a considerar su lugar en la sociedad y a aprender sobre la política y su historia.

Los 46 Presidentes de América va más allá de otros libros de biografías reales para destacar temas y personas de todo el mundo y a través del tiempo. ¿Quién es su presidente estadounidense favorito?

1. George Washington (1789-1797)

Partido no afiliado | Vicepresidente: John Adams

"Es mejor estar solo que mal acompañado".

George Washington (Condado de Westmoreland (Virginia), 22 de febrero de 1732 - Mount Vernon (Virginia), 14 de diciembre de 1799) fue un general, comandante en jefe de las colonias en la Guerra de la Independencia de Estados Unidos, propietario de esclavos y primer presidente de los Estados Unidos de 1789 a 1797.

La época colonial

George Washington nació en 1732 en el seno de una familia acomodada de ascendencia inglesa. Su bisabuelo, John Washington, había emigrado de Inglaterra al condado de Westmoreland (entonces parte de la América británica) hacia 1657. El padre de George Washington murió cuando éste tenía 11 años y poco después se trasladó a Mount Vernon. Formado como agrimensor, Washington ayudó a planificar la ciudad de Belhaven, ahora llamada Alexandria. En 1752, su hermanastro Lawrence murió y Washington heredó la propiedad de Mount Vernon.

En la década de 1750, las rivalidades entre Inglaterra y Francia por las aspiraciones coloniales en Norteamérica alcanzaron poco a poco su punto álgido. En 1753, Washington se presentó como voluntario, sin éxito, para dar un ultimátum al comandante francés en lo que hoy es Ohio. A su regreso, Washington fue ascendido a teniente coronel de la milicia de Virginia. Dirigió una misión al río Ohio y construyó el Fuerte Necessity en respuesta a los fuertes que los franceses ya habían construido en la zona. Tras una breve batalla y rodeado por las tropas francesas, Washington se rindió y marchó con sus tropas de vuelta a la capital de Virginia, Richmond.

Poco después, estalló la Guerra Francesa e India y acompañó al general Edward Braddock en su expedición para conquistar Ohio a los franceses. Aunque esta expedición acabó en fracaso, Washington demostró su liderazgo al mantener la cabeza fría y retirar sus tropas bajo el fuego enemigo. En 1755, Washington fue ascendido a coronel y comandante en jefe de la Milicia de Virginia.

Después de asegurar las fronteras de Virginia contra los ataques franceses, Washington se retiró de la milicia para dedicarse más a su patrimonio. En 1759 se casó con la rica viuda Martha Dandridge Custis y se involucró activamente en la política. Se convirtió en miembro de la Cámara de Representantes de Virginia, donde empezó a apartarse gradualmente de las políticas británicas en las colonias.

Revolución Americana

En 1774, mientras las tensiones en las colonias seguían aumentando, Washington fue elegido delegado de Virginia en el primer Congreso Continental. También fue delegado en el segundo Congreso Continental, y allí fue elegido por unanimidad comandante en jefe de las fuerzas coloniales en 1775.

Washington asumió el mando de las tropas en torno a Boston y comenzó a entrenar al ejército de ciudadanos soldados. En marzo de 1776 expulsó a los británicos de Boston, pero su defensa de Nueva York fracasó estrepitosamente. Sin embargo, la mayoría de las tropas coloniales lograron ponerse a salvo gracias a Washington, pero las batallas parecían ir a favor de los británicos en esta etapa de la Revolución.

Última fase de la revolución

En la víspera de Navidad de 1776, Washington atacó a los hessianos en Trenton y obtuvo una victoria que contribuyó a elevar la moral de las tropas coloniales. La Revolución se prolongó después de esto con diversos grados de éxito hasta que, lenta pero seguramente, la marea comenzó a cambiar a favor de las tropas coloniales.

En 1780, las tropas francesas comenzaron a involucrarse cada vez más en la batalla después de que Francia se pusiera abiertamente del lado de los coloniales y declarara la guerra a los británicos. En octubre de 1781, el ejército de Washington y las tropas francesas rodearon al general británico Charles Cornwallis en Yorktown, Virginia. La batalla de Yorktown, que se decantó a favor de estadounidenses y franceses, resultó decisiva, y la rendición de Cornwallis marcó el fin de facto de la resistencia británica a la Revolución.

Tras el reconocimiento británico de la independencia de Estados Unidos en 1783, Washington dejó el ejército y volvió a dedicarse a su querida finca de Mount Vernon.

Batalla por la constitución y la presidencia

Después de la Revolución, Washington no quería otra cosa que retomar su antiguo estilo de vida. Aunque era muy conocido y tenía un seguimiento casi real, no sentía nada por un puesto de importancia. Sin embargo, en 1787, cuando quedó claro que la actual organización administrativa del país no era lo suficientemente eficaz y decisiva (a través de los *Artículos de la Confederación*), Washington fue delegado en la *Convención Constitucional* de Filadelfia.

La convención de Filadelfia se convirtió en el escenario de encarnizados debates entre partidarios y detractores del gobierno fuerte. La influencia de Washington allí fue significativa, aunque rara vez tomó parte activa en las deliberaciones. En general, apoyó la creación de un gobierno federal vigoroso, y su apoyo se ganó a muchos escépticos. Después de que los estados de la Unión aprobaran la nueva constitución, Washington fue elegido por unanimidad primer presidente de los Estados Unidos.

Primera legislatura

El 30 de abril de 1789, Washington fue investido presidente en Nueva York con John Adams como vicepresidente. En la actual Wallstreet prestó el juramento del cargo, en las escaleras del Federal Hall. Era muy consciente de que sus acciones como presidente sentarían un gran precedente para todos los futuros presidentes. Aunque no representaba formalmente los intereses de un partido -esperaba que la política estadounidense siguiera siendo imparcial-, tenía más en común con los federalistas, liderados por el *Secretario* del Tesoro Alexander Hamilton, que con los republicanos demócratas de Thomas Jefferson.

Como primer presidente, Washington fue el único que pudo nombrar a todo el Tribunal Supremo. En 1791, Washington dirigió la selección y planificación de la capital federal en el río Potomac, más tarde Washington.

Segundo mandato y despedida de Washington

En 1792, Washington fue elegido de nuevo, por unanimidad, como presidente. Uno de los principales problemas al principio de su segundo mandato fue la renovación de las tensiones entre Gran Bretaña y Francia. Sus simpatías en esta guerra inminente estaban más con los británicos que con sus antiguos aliados franceses, en parte porque detestaba el caos creado en Francia por la Revolución Francesa. Sin embargo, consiguió mantener la neutralidad de su país, para disgusto de los sentimientos pro-franceses de una parte del país.

En la fase final de su presidencia, Estados Unidos concluyó un tratado con Gran Bretaña (el Tratado de Jay) que finalmente reguló la retirada de todas las tropas británicas de EE.UU. Al dejar la política activa, Washington se dirigió a su pueblo con una carta publicada en un periódico que se convertiría en uno de los "discursos" presidenciales más importantes. En ella, Washington advertía contra, entre otras cosas, las alianzas demasiado estrechas con otros países. Tras entregar la presidencia al recién elegido John Adams, Washington se retiró a su querido Mount Vernon.

George Washington no se presentó a la reelección después de dos mandatos, pero la reelección siguió siendo legalmente ilimitada. En la práctica, los presidentes posteriores sólo fueron elegidos dos veces. Una gran excepción fue F.D. Roosevelt. Fue elegido cuatro veces: en 1932, 1936, 1940 y 1944. A partir de entonces, la Constitución limitó el número de mandatos a dos.

Jubilación y honores póstumos

Washington se dedicó a la finca de Mount Vernon después de dejar la política nacional, aunque asumió a regañadientes el mando del ejército cuando la guerra con Francia amenazaba en 1798. Esa guerra, sin embargo, no se materializó. A finales de 1799, la laringitis resultó fatal para Washington. Washington murió a la edad de 67 años en su finca. Allí fue enterrado en la parcela familiar.

Poco después de su muerte, Harry Lee, que sirvió con Washington en la Revolución, caracterizó al "padre de la patria" de los Estados Unidos con las siguientes palabras: *"un ciudadano, primero en la guerra, primero en la paz y primero en el corazón de sus compatriotas"*. En 1976, el Congreso aprobó una ley que ascendía a Washington, de forma póstuma y retroactiva, al más alto rango del Ejército de Estados Unidos, el de General de las *Fuerzas Armadas* (*General de los Ejércitos*) a partir del 4 de julio de 1776, fecha de la Declaración de Independencia de Estados Unidos.

Los numerosos precedentes que sentó durante su presidencia siguen siendo seguidos. Llevan su nombre el estado de Washington, la capital federal Washington D.C., varias ciudades y otros lugares geográficos. También se han erigido muchos monumentos en su honor, como el Monumento a Washington en Washington D.C., y el arco del triunfo en Washington Square Park, al comienzo de la Quinta Avenida en Nueva York. Su retrato adorna la moneda de 25 centavos y el billete de 1 dólar. Además, es uno de los cuatro presidentes representados en el Monte Rushmore.

Washington fue uno de los Cincinnati gracias a sus esfuerzos en la Guerra de la Libertad Americana. El presidente de los Cincinnati lleva el águila con diamantes de esta empresa porque Washington no dejó descendientes.

Se ha fundado en la capital estadounidense una universidad privada que lleva el nombre de Washington. La Universidad George Washington fue creada por el Congreso estadounidense más de dos décadas después de su muerte, después de que Washington promoviera y apoyara la idea durante años incluyendo un legado en su testamento.

Importancia histórica

Washington está ampliamente considerado por los historiadores como uno de los más importantes y mejores presidentes de la historia de Estados Unidos. En una encuesta realizada por el historiador Arthur M. Schlesinger Sr. en 1948, y en una encuesta de seguimiento en 1962 en la que Schlesinger pidió la opinión de 75 historiadores, sólo Abraham Lincoln fue calificado más alto. Una encuesta de casi 50 historiadores realizada en 1982 por el periódico *Chicago Tribune, situó a* Washington como el tercer mejor presidente. Otras encuestas también sitúan a Washington entre los tres primeros.

Sin embargo, según los estándares actuales, algunos argumentan en su contra que se manifestaba como esclavista con su finca de Mount Vernon (como hicieron varios presidentes después de él). Otros ven en esta posición una expresión de "apego al lugar" no profesional. Antes de 1775 Washington no tenía ninguna objeción a la esclavitud; después de esto, sin embargo, pareció dejarse influir lentamente por el abolicionismo. En círculos cerrados se pronunciaba regularmente contra la esclavitud y su reprobabilidad. En público, sin embargo, guardó silencio sobre este delicado tema. Temía que abordar este tema dividiera al país recién nacido en dos (lo que ocurrió unas décadas más tarde en la Guerra Civil estadounidense). Los EE.UU. acababan de ser fundados y reconoció que no haría ningún bien a su posición como líder de todo el país si iniciaba un debate público sobre el tema. Así que él mismo mantuvo varios cientos de esclavos. Los abolicionistas también le reprochaban esto con frecuencia. Cuidaba relativamente bien de sus esclavos y liberaba sobre todo a los más viejos. Washington se aseguró de que los esclavos jóvenes fueran educados. Su testamento establecía que todos sus esclavos serían libres tras la muerte de su esposa. Un año antes de su muerte, Martha dejó libres a los esclavos voluntariamente.

Rasgos de personalidad

Washington era descrito habitualmente como una persona carismática y poderosa. Su aspecto exterior era imponente; era alto, ancho y físicamente fuerte. Sabía bailar bien y tenía una gran afición por los caballos. La apariencia era de suma importancia para él como nuevo presidente. Siempre que pasaba por pequeños pueblos como presidente, se bajaba de su carro y montaba en su caballo blanco. A la gente le gustaba verle como un gran líder y él se daba cuenta de la importancia de esto. En sus cartas era muy modesto, y más de una vez declaró que no estaba en absoluto cualificado para la presidencia, que finalmente recayó en él.

Por su especial personalidad y sus importantes influencias en Estados Unidos y en la presidencia, Washington es considerado el ejemplo al que deben aspirar los presidentes.

Antecedentes religiosos

El presidente George Washington fue iniciado en una logia masónica en Fredericksburg el 4 de noviembre de 1752. En una ceremonia masónica celebrada el 18 de septiembre de 1793, colocó la primera piedra del Capitolio en Washington. Vestido con túnicas masónicas, se dirigió a la obra donde le esperaban miembros de varias logias.

En 1788 Washington se convirtió en maestro de la Logia Alexandria en Alexandria, Virginia, a las afueras de Washington D.C., en el lado suroeste, que hasta la década de 1840 formaba parte del Distrito de Columbia. Para esta logia se construyó, entre los años 20 y 70, el *monumento masónico George Washington*. El modelo para este monumento de 30 metros de altura fue Faros, el antiguo faro de Alejandría en la antigüedad. Aunque Washington asistía regularmente a la iglesia con su esposa, no tomaba el sacramento. Hay razones para sospechar que era deísta, pero no es seguro. En cualquier caso, era un defensor de la tolerancia religiosa.

2. John Adams (1797-1801)

Partido Federalista | Vicepresidente: Thomas Jefferson

"Todo en la vida debe hacerse con reflexión".

John Adams (Quincy (Massachusetts), 30 de octubre de 1735 - allí, 4 de julio de 1826) fue un político estadounidense del Partido Federalista. Fue el segundo presidente de los Estados Unidos entre 1797 y 1801.

Adams, abogado de profesión, como miembro del Congreso Continental, fue una de las figuras más importantes en la redacción y preparación de la Declaración de Independencia estadounidense. Como diplomático de alto nivel, fue el primer embajador de Estados Unidos en la República de las Siete Provincias Unidas desde 1782 hasta 1788, además también fue el primer embajador en el Reino de Gran Bretaña desde 1785 hasta 1788. Durante las elecciones presidenciales estadounidenses de 1789, Adams fue derrotado por el antiguo Comandante en Jefe de la Guerra de la Independencia, George Washington, y posteriormente fue nombrado primer Vicepresidente de los Estados Unidos bajo el mandato del Presidente Washington y ocupó el cargo de 1789 a 1797. Para las elecciones presidenciales de Estados Unidos de 1796, Adams fue el candidato en nombre del Partido Federalista y derrotó al candidato del Partido Demócrata-Republicano, Thomas Jefferson, que pasó a ser vicepresidente bajo Adams. En las elecciones presidenciales de 1800, Adams fue derrotado para un segundo mandato por su vicepresidente Thomas Jefferson.

Su hijo John Quincy Adams fue el sexto presidente de Estados Unidos de 1825 a 1829, la única combinación padre-hijo hasta que George H.W. Bush y su hijo George W. Bush fueron elegidos presidentes. El yerno de Adams, William Stephens Smith, fue miembro de la Cámara de Representantes.

John Adams murió el 4 de julio de 1826, exactamente cincuenta años después de la Declaración de Independencia de Estados Unidos, a la edad de 90 años. Ese mismo día, su sucesor y antiguo rival político, Thomas Jefferson, murió a la edad de 83 años.

Biografía

El hijo del granjero Adams se convirtió inicialmente en maestro y director de escuela, y luego en abogado en Boston. En 1764 se casó con Abigail Smith. Desempeñó un papel destacado en la prehistoria de la independencia estadounidense como asesor de los 13 estados. Ayudó a redactar sus constituciones. En 1774 fue delegado de Massachusetts en el Congreso Continental, que declaró la independencia el 4 de julio de 1776.

En 1778 Adams se unió a la embajada estadounidense en París, que estaba encabezada por Benjamin Franklin. En parte debido a la incómoda cooperación, Adams fue a Ámsterdam en 1780 para buscar apoyo financiero para la rebelión y a Johan Luzac, editor de la *Gazette de Leyde* para informarle de los debates sobre la constitución americana. Desde 1782 fue el enviado oficial en La Haya; desde 1785 también en Londres.

Su obra *"Defensa de las Constituciones del Gobierno de los Estados Unidos de América"* fue escrita en 1787 y tuvo una gran influencia en la creación de la Constitución de Estados Unidos ese mismo año. Según muchos, con su presidencia se inició la democracia en EEUU. Pero durante su presidencia, Francia ignoró el deseo de Estados Unidos de permanecer neutral en la guerra contra Gran Bretaña. Como Adams apenas respondió a esto, perdió todo su crédito. Durante las elecciones presidenciales de 1800, apenas fue votado. Más tarde diría sobre la presidencia: "Nadie que ocupe el cargo de presidente deseará jamás este cargo a un amigo".

Época holandesa

Adams fue a Ámsterdam en el verano de 1780 para encontrar apoyo político y financiero en la República de los Países Bajos para la revuelta americana contra los británicos. Sus hijos John Quincy (13), Charles (10) y Robert (8) le acompañaron.

En un principio, Adams tuvo poco éxito en Holanda y, en cualquier caso, los banqueros no se atrevían a hacer un préstamo sin la sanción del Estado General. Sin embargo, se mostraron comprensivos con el esfuerzo, mientras que el accionista del estado era de mentalidad inglesa. Adams entendía poco de las relaciones con los holandeses. Ya no veía a los holandeses como un "ejemplo para el mundo", sino que en todas partes percibía "pequeñez" derivada de "la preocupación por las monedas de cinco centavos que impregna a todo el pueblo". A su ministro John Jay le escribió: "Las deliberaciones de este pueblo son las más inescrutables que he presenciado".

Cuando la marea parecía cambiar a favor de los insurgentes, la República estaba dispuesta a establecer lazos diplomáticos con Estados Unidos como segundo estado después de Francia. Así, el 19 de abril de 1782, Adams fue acreditado como enviado a los Estados Unidos. En junio logró obtener un préstamo de los comerciantes y banqueros de Ámsterdam por valor de cinco millones de florines, una suma considerable para la época. (Se formó un sindicato entre los Staphorsts, los Willinks y De la Lande & Fijnje para organizar un préstamo a los Estados Unidos). Fue el primer préstamo extranjero a los Estados Unidos. En octubre de 1782, Adams firmó un tratado de amistad y comercio entre su país y la República en nombre de los Estados Unidos.

Tras la firma de la paz entre Estados Unidos e Inglaterra en Versalles en 1783, en la que estuvo presente, Adams se convirtió en el primer enviado a Londres (1785), con La Haya como puesto secundario. En 1788 regresó a Estados Unidos.

Presidencia

Adams fue candidato en las elecciones presidenciales de 1789, 1792, 1796 y 1800 y fue elegido presidente en 1796 con su rival político Thomas Jefferson como vicepresidente y juró el cargo el 4 de marzo de 1797. Su presidencia estuvo marcada en parte por la guerra entre

Gran Bretaña y Francia, en la que las simpatías de Adams estaban con los ingleses mientras que los republicanos demócratas de Jefferson favorecían a los franceses. Durante este periodo, las tensiones con Francia fueron muy fuertes, en parte porque los franceses obstruían la navegación estadounidense.

Sin embargo, el llamado asunto X-Y-Z fue de mayor importancia. El gobierno francés, bajo el mando de Talleyrand, se negó a recibir a los diplomáticos enviados por Adams a menos que entregaran una importante suma de dinero a Francia. Adams envió una carta al Congreso de Estados Unidos sobre este trato poco diplomático por parte de Francia, y pronto esto se convirtió en una llamada a la guerra en la que la popularidad de Adams creció. Se produjeron algunas escaramuzas en el mar y la joven marina estadounidense acudió en ayuda de la marina mercante, pero la negociación impidió una guerra total.

Poco antes de las elecciones de 1800, Adams fue el primero en mudarse a la Casa Blanca en la nueva capital, Washington D.C. Sin embargo, Adams perdió por poco las elecciones de ese año frente a Jefferson y Aaron Burr, y Adams se retiró a su granja en Braintree, donde mantuvo una larga correspondencia con su rival y amigo de siempre, Thomas Jefferson.

Muerte

El 4 de julio de 1826, exactamente 50 años después de la *Declaración de Independencia de Estados Unidos*, Adams murió a la edad de 90 años. Sus últimas palabras fueron: *"Thomas Jefferson sobrevive..."* (Thomas Jefferson está vivo...), sin saber que unas horas antes, Jefferson también había muerto. Adams está enterrado en la cripta de la iglesia United First Parish de Quincy, junto a su esposa Abigail, su hijo John Quincy Adams y su esposa Louisa.

3. Thomas Jefferson (1801-1809)

Partido Demócrata-Republicano | Vicepresidentes: Aaron Burr y George Clinton

"Si quieres algo que nunca has tenido debes estar dispuesto a hacer algo que nunca has hecho".

Thomas Jefferson (Shadwell (Virginia), 13 de abril de 1743 - Monticello, cerca de Charlottesville (Virginia), 4 de julio de 1826) fue un estadista, filósofo, arquitecto, propietario de esclavos, artista y tercer presidente de los Estados Unidos. El borrador de la Declaración de Independencia de 1776 (adoptada el 4 de julio de ese año) fue en gran parte mérito suyo. También fue autor del Estatuto de Virginia para la Libertad Religiosa, adoptado en 1786, que establecía la libertad religiosa.

La vida

Thomas Jefferson nació en el condado de Albemarle, Virginia, en el seno de una familia rica de grandes terratenientes. Su padre, Peter Jefferson (1708-1757), era un agrimensor autodidacta que había adquirido un modesto patrimonio de 60 esclavos. Su hijo se convertiría más tarde en un caballero agricultor y propietario de esclavos. Su madre, Jane Randolph Jefferson (1720-1776), pertenecía a una de las familias más importantes de Virginia. De sus dos hijos, Thomas era el mayor. También tuvo seis hijas. Sobre su madre, Thomas no tiene casi nada que decir en sus memorias. Cuando su padre murió en 1757, hizo todo lo posible para escapar del escrutinio de ella. Se fue a vivir con un maestro de escuela local y allí aprendió latín y griego hasta que ingresó en la universidad (College of William and Mary en Williamsburg) en 1760.

Thomas Jefferson fue un hombre polifacético. Además de político y filósofo, fue científico, abogado, inventor, escritor y fundador de la arquitectura jeffersoniana. En 1767 se incorporó a la Corte de Virginia como jurista. Durante su estancia como embajador en Francia (véase más adelante), se sumergió en los vinos de ese país. De las evaluaciones de los vinos que han sobrevivido se desprende que era un gran conocedor. Jefferson coleccionó miles de libros durante su vida en su biblioteca personal de Monticello. Tras la muerte de su padre, Peter Jefferson, el futuro presidente heredó su biblioteca, entre otras. También heredó muchos libros de George Wythe. Después de que los británicos quemaran la Biblioteca del Congreso en 1814, Jefferson entregó su colección de más de 6.000 libros al Congreso por cuatro dólares el libro.

En 1772 se casó con Martha Wayles Skelton, que se convirtió en la señora Martha Jefferson. Juntos tuvieron seis hijos. Sin embargo, nunca vivió para ver a su marido convertirse en presidente de los Estados Unidos, ya que murió en 1782 a la edad de 33 años. Su hija mayor, Martha Jefferson Randolph, fue considerada *primera dama* durante la última presidencia de Jefferson. Jefferson nunca se volvió a casar, pero generalmente se supone que mantuvo una relación (sexual) con su esposa esclava Sally Hemings, y que fue el padre de sus seis hijos mestizos.

Para su elección a *la Cámara de los Burgueses* parece que él mismo echó una mano repartiendo ponche de ron gratis. Como político escribió panfletos. Estos llamaron la atención del posterior presidente John Adams, que lo propuso como la persona adecuada para escribir la Declaración de Independencia. Además de esta Declaración de Independencia *estadounidense*, escribió el *Estatuto de Virginia para la Libertad Religiosa*.

Declaración de Independencia

Jefferson es considerado el padre espiritual de los Estados Unidos. Diseñó los fundamentos de la nación: "todos los hombres son creados iguales", la soberanía popular, el derecho a resistirse al gobierno cuando éste no obedeciera la propia ley, y el derecho "natural" a la libertad individual, la vida y la *búsqueda de la felicidad*. Estos valores básicos los había obtenido en parte de los escritos del filósofo liberal inglés de la Ilustración John Locke, de quien tomó el principio de la "ley natural". También puede haberse inspirado en varios escritos y declaraciones de los Países Bajos en la época o después de la lucha por la independencia onf contra el gobernante español en el siglo XVI, como Spinoza, que fue más allá que Locke en su pensamiento político sobre (el papel de) la religión. Entre los pensamientos e ideas de la Ilustración, se puede pensar en valores como la libertad individual, la libertad de religión, de conciencia, de comercio y el derecho a resistirse al comportamiento ilegal del gobierno.

En la Declaración de Independencia, Jefferson expuso ferozmente la explotación y la opresión que él y muchos otros experimentaban de los estadounidenses; se refirió al rey inglés como un tirano. El hecho de que a los estadounidenses no se les permitiera procesar sus propios productos agrícolas, por ejemplo, sino que tuvieran que enviarlos a Inglaterra, para luego tener que comprarlos caros después de procesarlos, era indigerible para la mayoría de los estadounidenses.

Sin embargo, el papel de Jefferson en la historia de Estados Unidos no es indiscutible. Mucha gente lo ve como la encarnación de la lucha en torno al racismo y la libertad en EE UU. Los Estados Unidos abogan por una gran libertad individual; al fin y al cabo, todos son iguales. Por tanto, esto es diametralmente opuesto al racismo, que siempre ha desempeñado un papel importante en la política estadounidense. Jefferson es un buen ejemplo de ello. Aunque escribió las palabras "todos los hombres son creados iguales" en la Declaración de Independencia, seguía teniendo cientos de esclavos. Los abolicionistas de la época también le culparon de ello. Sin embargo, muchos historiadores comentan esta supuesta hipocresía. Al fin y al cabo, la propiedad de esclavos debe considerarse en el contexto de su época. De los llamados *Padres Fundadores,* John Adams era el único que no poseía esclavos. Además, Jefferson escribió un libro defendiendo la propiedad de esclavos a través de la teoría racial.

Papel en la Ley de Traslado de Indios

Aunque a menudo sólo se menciona a Andrew Jackson en relación con la Ley de Traslado de Indios, probablemente fue Jefferson quien propuso por primera vez la idea. Jackson se limitó a poner en práctica y ejecutar el plan que Jefferson había ideado. Jefferson explicó su plan en una serie de cartas privadas a William Henry Harrison. Sus primeras acciones para promover la Ley de Traslado de Indios se produjeron entre 1776 y 1779, cuando recomendó que los cherokees y los shawnees fueran expulsados de sus territorios a la zona del oeste del río Misisipi. Cuando ya era presidente, escribió una carta al gobernador del Territorio de Indiana el 27 de febrero de 1803, en la que dejaba claros sus planes para los indios.

Republicano

Jefferson también desempeñó un papel importante en la división política entre los federalistas (liderados entonces por Alexander Hamilton) y los republicanos. Jefferson se decantó por este último partido. Estaba a favor de un gobierno pequeño, un papel destacado para la agricultura con muchos pequeños agricultores y políticas descentralizadas. Uno de sus partidarios era James Madison, al que más tarde nombraría Secretario de Estado. El federalista Hamilton, sin embargo, abogaba por un gobierno federal fuerte, un sistema financiero sólido y un gobierno de los ricos, adinerados y de alta alcurnia, en definitiva, de la élite.

De 1779 a 1781 fue gobernador de Virginia.

De 1785 a 1789, Thomas Jefferson fue embajador en Francia, lo que le permitió estudiar de cerca la Revolución Francesa. Luego, de 1790 a 1793, bajo el mandato del presidente George Washington, fue *secretario de Estado*. Habiendo sido ya candidato a la presidencia en 1792, se convirtió en vicepresidente con John Adams en 1797, tras las elecciones presidenciales de 1796. Tras las elecciones de 1800, se convirtió en presidente en 1801. Permaneció así durante dos mandatos, habiendo ganado también las elecciones de 1804, hasta 1809.

Como secretario de Estado y como vicepresidente, Jefferson se rebeló contra lo que consideraba el poder excesivamente centralizado del gobierno, lo que le hizo entrar en conflicto tanto con Hamilton como con John Adams. Sin embargo, como presidente, el propio Jefferson era bastante dominante. Prefería consultar con sus ministros a golpes, en lugar de hacerlo en plena sesión ministerial. Se le acusó de tener un comportamiento "monárquico", que violaba sus propias ideas sobre el gobierno.

Jefferson y Adams fueron los dos Padres Fundadores, y también amigos durante mucho tiempo. Sin embargo, esto cambió drásticamente durante las elecciones de 1800, cuando se puso de manifiesto lo alejados que estaban los dos hombres desde el punto de vista político. Jefferson no estaba de acuerdo con las políticas que Adams había llevado a cabo durante su presidencia y planeaba adoptar un enfoque drásticamente diferente. Para ganar las elecciones, ambos hombres se dedicaron a difundir mentiras sobre el otro. Jefferson, por ejemplo, difundió que Adams quería iniciar una guerra con Francia. En parte debido a estas mentiras mutuas, la situación se agravó rápidamente y los dos hombres ya no se soportaban. Años después de la presidencia de Jefferson, Adams escribe una carta a Jefferson, dando el primer paso hacia una renovada amistad. Los dos hombres se escriben regularmente; se han recuperado 158 cartas. Así, su intensa rivalidad llega a su fin. Ambos hombres acaban muriendo el mismo día, el 4 de julio de 1826.

Presidente

Quizás su mayor éxito como presidente fue la compra en 1803 del vasto territorio de los franceses, el *Territorio de Luisiana*. Con ello, duplicó el territorio de la Unión de un solo golpe. Incluía total o parcialmente los siguientes estados: Luisiana, Arkansas, Missouri, Iowa, Minnesota, Dakota del Norte, Dakota del Sur, Nebraska, Kansas, Oklahoma, Texas, Nuevo México, Colorado, Wyoming y Montana. Esta compra se conoce muy apropiadamente como la Compra de Luisiana.

Napoleón también transfirió a la Unión la Florida, Nueva Orleans y los derechos de navegación del río Misisipi, sin ninguna objeción. Además, en el marco de la expedición de Lewis y Clark (destinada a investigar la posibilidad de una ruta marítima desde el río Misisipi hasta el océano Pacífico), los estadounidenses extendieron su poder sobre amplias zonas del oeste del país. Estas expansiones territoriales, por cierto, costarían más tarde la vida de un gran número de nativos americanos.

Otras cosas que Jefferson pudo atribuirse durante su primer mandato fueron la eliminación del impuesto sobre el whisky, la reducción del gobierno y la eliminación de la deuda nacional. Esto fue posible gracias a la paz en Europa, que permitió el florecimiento del comercio. También fue un éxito para su ministro de finanzas, Albert Gallatin.

Su segundo mandato como presidente fue bastante más difícil. Francia e Inglaterra volvieron a tener conflictos. El comercio marítimo se volvió inseguro y se estancó, a pesar de que Jefferson había diezmado la

Marina. Jefferson respondió prohibiendo el comercio con Europa, pero el único resultado fue que la economía estadounidense sufrió un gran golpe. En el ámbito nacional, se enfrentó a la oposición. Jefferson no quiso volver a presentarse a las elecciones y se retiró.

Después de la presidencia

Tras sus dos mandatos como presidente, Jefferson se fue a vivir a Monticello. Allí fundó la Universidad de Virginia, que él mismo diseñó. La Universidad de Virginia es una oda al arte romano; es literalmente una copia del Panteón romano. Se puede ver claramente en el podio sobre el que se asienta la estructura y en la cúpula. (*Véase también: arquitectura jeffersoniana.*) Además, construyó su propia casa, llamada Monticello. En ella guardaba un gran suministro de vino francés importado. Durante su estancia como embajador en Francia, desarrolló un amor por la cocina y la vestimenta francesas.

Jefferson murió a la edad de 83 años el 4 de julio de 1826, cincuenta años después de que el Congreso de Estados Unidos adoptara la Declaración de Independencia. La noche del 3 de julio pronunció sus últimas palabras. Se dice que preguntó: *"¿Es el día 4?"* "Se le contestó que pronto sería el día 4, tras lo cual se quedó dormido. Murió en la tarde del día siguiente (el 4). Ese mismo día, el pastor y antiguo rival político John Adams murió a la edad de 90 años. Las últimas palabras de Adams habrían sido: "Thomas Jefferson sobrevive". Sin embargo, no sabía que Jefferson había muerto unas horas antes.

Jefferson fue enterrado en su finca de Monticello.

Monumentos y legado

Varios edificios recibieron el nombre de Jefferson tras su muerte. Además, su rostro se imprimió en sellos y dinero. A principios del siglo XX, Jefferson fue elegido junto con George Washington, Theodore Roosevelt y Abraham Lincoln para el monumento del Monte Rushmore. Jefferson también está representado en el Jefferson Memorial, en Washington D.C. Este monumento se erigió en 1943, en honor al bicentenario de Jefferson. En su interior hay una estatua de Jefferson de dos metros de altura, con inscripciones de algunos de sus pasajes escritos.

4. James Madison (1809-1817)

Partido Demócrata-Republicano | Vicepresidentes: George Clinton y Elbridge Gerry

"Leyes iguales que protegen derechos iguales... la mejor garantía de lealtad y amor a la patria".

James Madison (Port Conway (Virginia), 16 de marzo de 1751 - Montpelier (Virginia), 28 de junio de 1836) fue un estadista, filósofo político y esclavista estadounidense. Entre 1809 y 1817 fue el cuarto presidente de los Estados Unidos. Durante su presidencia, el país volvió a entrar en guerra con el Reino Unido.

James Madison desempeñó un papel importante en la creación de los Estados Unidos de América. Fue uno de los principales autores de la Constitución de los Estados Unidos y de la posterior *Carta de Derechos*. Con sus artículos en los *Federalist Papers* defendiendo la nueva Constitución, influyó en la opinión pública. Gracias en parte a Madison, los Estados Unidos se dotaron de una forma de gobierno federal. Fue delegado en la Cámara de Representantes y secretario de

Estado en el gabinete del presidente Thomas Jefferson. James Madison es uno de los *Padres Fundadores* de EE UU y se le conoce como el *Padre de la Constitución*.

El 14 de septiembre de 1794, Madison se casó con Dolley Payne Todd, más tarde primera dama, con quien no tendría hijos. La pareja difería considerablemente en edad y temperamento: Dolley, catorce años más joven, era una mujer cordial y alegre y una anfitriona que impulsó la carrera política de su marido. Madison era rudo y reservado.

Jóvenes

James Madison nació en Port Conway, el mayor de los doce hijos del coronel James Madison padre (1723-1801) y Eleanor *Nellie* Conway (1731-1829). Sus padres, esclavistas, eran propietarios de una plantación de tabaco en el condado de Orange, Virginia, una finca llamada Montpelier. Recibió su primera educación en casa y en 1769 partió hacia la Universidad de Princeton, en Nueva Jersey, donde estudió historia, administración pública y derecho. Se relacionó con un círculo de estudiantes y miembros de la facultad que tenían ideas revolucionarias y se hizo miembro de la *American Whig Society*. Recibió su título académico ya en 1771, tras lo cual continuó sus estudios con el rector magnífico de Princeton durante varios meses antes de regresar a Virginia.

De 1772 a 1775 Madison residió en la finca de su padre *en Montpelier,* donde se interesó cada vez más por la política y el gobierno. Durante este periodo también se convenció de la necesidad de que las colonias británicas se independizaran de la madre patria. A partir de 1776, Madison fue miembro de la Convención Constitucional de Virginia, donde ayudó a redactar la *Declaración de Derechos de Virginia* y colaboró estrechamente con Thomas Jefferson. Después de que Virginia adoptara una nueva constitución en junio de 1776, Madison se convirtió en miembro de la Asamblea Legislativa del futuro estado de Virginia.

Padre de la Constitución

Todavía joven y tímido, Madison se unió a la delegación de Virginia en el Congreso Continental en 1779, donde asumió un papel más destacado al final de la Guerra de la Independencia estadounidense. Madison estaba a favor de una fuerte autoridad federal central y consideraba que los *Artículos de la Confederación* proporcionaban un marco demasiado débil para el gobierno de los recién independizados

Estados Unidos. En 1784, Madison fue elegido de nuevo para la Asamblea Legislativa de Virginia, la *Asamblea General*. En la Asamblea, fue uno de los principales defensores de un gobierno central más fuerte, una posición no demasiado popular en Virginia. Madison también defendió la libertad religiosa y la separación de la Iglesia y el Estado.

En septiembre de 1786, a sugerencia de Madison, se celebró una convención en Annapolis, Maryland, donde, según esperaba Madison, los estados podrían acordar una política comercial más uniforme. Sólo cuatro estados enviaron una delegación, y poco más se consiguió que convocar otra convención. En esta segunda convención, celebrada en Filadelfia, estuvieron presentes todos los estados. El propósito de esta convención era reformar los Artículos de la Confederación. En mayo de 1787, Madison fue elegido como uno de los delegados de Virginia.

Convención Constitucional

Tres semanas antes de que comenzara la Convención, James Madison llegó a Filadelfia. Presentó su plan para una nueva constitución a los demás delegados de Virginia. La propuesta se basaba en su *Estudio sobre las confederaciones antiguas y modernas y los vicios del sistema político de los Estados Unidos*. En la visión de Madison, los tres pilares de la estadidad debían ser: un ejecutivo elegido, una legislatura compuesta por dos cámaras en las que los estados estarían representados según su tamaño poblacional, así como un poder judicial nacional fuerte. Este sistema se convertiría en la base de todo el entramado político de los Estados Unidos. Se basaba en la trias politica de Montesquieu: hay tres poderes de gobierno que se controlan mutuamente mediante *controles y equilibrios* para que ninguno pueda dominar.

En la Convención, el Plan de *Virginia* fue propuesto por el gobernador Edmund Randolph de Virginia. A éste se opuso el Plan *de Nueva Jersey*, que difería de las ideas de Madison principalmente en que abogaba por la paridad en la distribución de los representantes en el futuro Congreso de los Estados Unidos. Finalmente, se llegó al compromiso de que la Cámara de Representantes estaría compuesta en función del tamaño de la población, mientras que en el Senado cada estado, independientemente de su tamaño, tendría dos senadores.

Durante la Convención Constitucional, Madison asistió a casi todas las reuniones para, según dijo, "no perderse ningún discurso importante". Su objetivo era crear una constitución, *"en la que se apostaría la felicidad de un pueblo* grande incluso en su infancia, y posiblemente *la causa de la libertad en todo el mundo"* ("que tiene el propósito de asegurar la felicidad de un pueblo, grande incluso en esta etapa temprana, y quizás la libertad en todo el mundo").

Tras la Convención Constitucional, Madison trabajó para la adopción de la Constitución, que firmó conjuntamente. En la Convención del Estado de Virginia donde se discutía la ratificación de la nueva Constitución, el "Padre de la Constitución" mantuvo varios debates con Patrick Henry, que se oponía a la propuesta constitucional. Madison fue uno de los tres autores de una serie de 85 influyentes artículos que aparecieron sobre todo en los periódicos de Nueva York y que posteriormente se publicaron como los *Federalist Papers*. Madison, Alexander Hamilton y John Jay publicaron estos artículos como contrapeso a la cobertura negativa de la Constitución en varios periódicos. Esperaban convencer al público estadounidense de la necesidad de aprobar la Constitución. Se cree que Madison escribió 26 de los 85 *Federalist Papers*.

La Convención del Estado de Virginia votó a favor de la ratificación de la Constitución en 1788 por 89 a 79 votos. Madison no logró ser elegido para el Senado en 1789, pero fue elegido para la Cámara de Delegados en su distrito natal.

Carta de Derechos

Uno de los argumentos que los opositores a la Constitución esgrimían contra ella era la ausencia de una Carta *de Derechos, que debía* garantizar los derechos de los ciudadanos. Aunque Madison se opuso inicialmente a esta Carta de *Derechos*, poco a poco se convirtió en uno de sus mayores defensores. En total, Madison propuso doce enmiendas como parte de esta Carta *de Derechos* y, en diciembre de 1791, diez de ellas fueron ratificadas por los estados y pasaron así a formar parte de la Constitución. Más de 150 años después de su muerte, en 1992, otra de las enmiendas de Madison fue ratificada, como la 27ª enmienda de la Constitución.

Durante los ocho años que Madison sirvió en la Cámara de Representantes, empezó a surgir el sistema bipartidista que todavía existe en Estados Unidos. En un principio, Madison se alineó con la facción de Alexander Hamilton, que abogaba por una estrecha relación con la antigua madre patria, Gran Bretaña, y quería dar más poder al gobierno central. Thomas Jefferson y sus seguidores se oponían a ello. Poco a poco, Madison empezó a identificarse cada vez más con las opiniones de Jefferson, y al final de sus cuatro mandatos como congresista, Madison era uno de los líderes del Partido Demócrata-Republicano en la Cámara. El Partido Federalista de Hamilton y el Partido Demócrata-Republicano de Jefferson diferían en cuanto a las medidas que Hamilton quería aplicar, como la creación de un banco nacional, la asunción de las deudas contraídas por los distintos estados por parte del gobierno federal y la introducción de aranceles comerciales, aunque Madison había propuesto muchas de estas medidas él mismo en el *Congreso Continental*. Madison temía que los federalistas dieran demasiada influencia a los estados del norte, y su nacionalismo original se fue transformando en lealtad regional.

Esta ruptura en la política estadounidense provocó un enfriamiento de la relación entre Madison y George Washington, quien, al igual que Hamilton, era federalista, aunque sin partido por la forma. Anteriormente, Washington mantenía estrechos contactos con Madison y, como presidente, buscaba el consejo de éste en diversas cuestiones políticas.

Madison y la política exterior

En política exterior, los antifederalistas eran más pro-franceses poco después de la introducción de la Constitución, mientras que los federalistas mantenían sentimientos pro-británicos. En las guerras entre Francia y Gran Bretaña que siguieron a la Revolución Francesa, el presidente Washington trató de mantener la neutralidad estadounidense, lo que los antifederalistas consideraron una acción pro-británica. En 1794, Estados Unidos firmó el Tratado de Jay con Gran Bretaña, que resolvió varias diferencias entre los dos países, que a menudo aún se remontaban a la Guerra de la Independencia, y estableció los derechos comerciales estadounidenses. Madison había luchado sin éxito contra la ratificación de este tratado: consideraba que Estados Unidos era más capaz de soportar cualquier guerra comercial que Gran Bretaña. Madison y otros antifederalistas fueron perdiendo influencia durante este periodo, mientras que los federalistas ganaban la partida en el Congreso.

Madison no se presentó a la reelección al Congreso en 1797 y se retiró con su esposa Dolley a *Montpelier*, la finca de su padre, que había heredado desde entonces. Sin embargo, dos años más tarde fue elegido de nuevo para la *Asamblea de* Virginia. Cuando Thomas Jefferson fue elegido presidente en 1801, nombró a su viejo amigo político y afín Madison para el puesto más alto del gabinete, el de *Secretario de Estado*. En este puesto, a Madison le correspondió gestionar las relaciones con los dos grandes rivales, Gran Bretaña y

Francia. Ambas potencias europeas estaban en guerra entre sí casi constantemente durante este periodo y habían declarado el bloqueo de los puertos de la otra. Como los barcos mercantes estadounidenses transportaban gran parte del comercio de ambos países con sus colonias de las Indias Occidentales, sufrían regularmente la confiscación de sus cargamentos por parte de los buques de guerra franceses y británicos. Los británicos obligaban a los ciudadanos británicos que servían en los barcos estadounidenses neutrales a servir en la armada británica (*impressment*).

Madison intentó inicialmente sin éxito poner fin a estas prácticas por medios diplomáticos. Como último esfuerzo para evitar la guerra con una o ambas potencias europeas, Jefferson y Madison presentaron la *Ley de Embargo* aprobada por el Congreso en 1807. Esta ley prohibía todo el comercio de los barcos estadounidenses con países extranjeros. Esta Ley de *Embargo* fue difícil de aplicar y provocó un declive económico, especialmente en los estados del sur. La ley fue pronto derogada de nuevo, aunque los problemas subyacentes no se resolvieron.

Presidencia

En el período previo a las elecciones presidenciales de 1808, el Partido Demócrata-Republicano designó a Madison como su candidato a la Casa Blanca. Los federalistas nominaron al diplomático Charles Cotesworth Pinckney. Madison ganó la elección fácilmente, obteniendo 122 de los 175 votos del Colegio Electoral. George Clinton conservó el cargo de vicepresidente, que también ocupó con Jefferson. El 4 de marzo de 1809, Madison prestó juramento como cuarto presidente de los Estados Unidos ante el presidente del *Tribunal Supremo*, John Marshall.

La presidencia de Madison estuvo dominada en gran medida por el deterioro de las relaciones con Gran Bretaña y Francia. Si bien las *Leyes de Embargo* fueron derogadas, la posterior *Ley de No Intervención*, que permitía el comercio con todos los países excepto Gran Bretaña y Francia, también fue rápidamente desechada por ineficaz y abolida.

Guerra de 1812

A partir de noviembre de 1810, el comercio con Gran Bretaña, que se había vuelto a permitir tras la abolición de la *Ley de No Intervención*, se prohibió de nuevo. Junto con la continuación de la política británica de reclutamiento (*impressment*), esto hizo que las relaciones con la antigua madre patria fueran muy tensas. El ministro de Asuntos Exteriores de Madison, James Monroe, llevó a cabo negociaciones con Gran Bretaña, pero apenas se produjeron avances y la guerra parecía inevitable. Además, había miembros del Congreso que pedían la guerra porque querían aprovechar la oportunidad para ampliar el territorio de Estados Unidos. Miembros destacados de este grupo fueron Henry Clay y John C. Calhoun.

En la primavera de 1812, Madison pidió al Congreso que declarara un embargo a Gran Bretaña y, si no se satisfacían las demandas americanas, que tomara medidas más duras, si era necesario una declaración de guerra. Un ultimátum a Gran Bretaña expiró el 1 de junio de 1812, y Madison pronunció un discurso ante el Congreso. Argumentó que la política británica era de hecho hostil. Las medidas contra los barcos mercantes estadounidenses y el apoyo británico a los levantamientos indios en los territorios occidentales de Estados Unidos habían provocado *"por parte de Gran Bretaña un estado de guerra contra Estados Unidos, y por parte de Estados Unidos* un estado de paz hacia Gran Bretaña" ("por parte de Gran Bretaña un estado de guerra hacia Estados Unidos y por parte de Estados Unidos un estado de paz hacia Gran Bretaña"). El Presidente preguntó al Congreso si quería quedarse de brazos cruzados ante esta situación o defender los derechos de los Estados Unidos. El 17 de junio, el Congreso respondió con una declaración de guerra, que Madison firmó un día después. Irónicamente, dos días antes Gran Bretaña aún había satisfecho parcialmente las demandas estadounidenses, pero las noticias de estas decisiones británicas aún no habían llegado a Estados Unidos. La Guerra de 1812 era una realidad.

Estados Unidos estaba mal preparado para la guerra. Madison trató de asumir personalmente el liderazgo de las fuerzas armadas. Además, en algunas regiones había pocas ganas de guerra. En Nueva Inglaterra, en particular, hubo una feroz resistencia, liderada por los federalistas, e incluso se celebró una convención en Hartford en la que se consideró una paz independiente con Gran Bretaña.

Las elecciones presidenciales de 1812 se celebraron durante esta difícil época. La oposición de Nueva Inglaterra a la guerra y el pobre historial militar en las primeras etapas de la guerra dominaron la campaña electoral, en la que Madison se enfrentó a su compañero de partido DeWitt Clinton. Al final, Madison ganó en el Colegio Electoral por 128 votos contra 89, reeligiéndolo para un segundo mandato. Su *compañero de fórmula* y nuevo vicepresidente fue Elbridge Gerry.

Militarmente, la guerra estuvo lejos de ser exitosa durante los dos primeros años, aunque la Marina de los Estados Unidos tuvo algunos éxitos contra la superioridad de la *Marina Real* Británica. Durante 1814, la marea comenzó a cambiar a favor de los estadounidenses, aunque Madison se vio obligado a huir de la capital de Washington en agosto de 1814. Las tropas británicas tomaron la sede del gobierno estadounidense e incendiaron la Casa Blanca y otros edificios gubernamentales. Madison se unió a las unidades del ejército que huían y cabalgó durante varios días antes de regresar a la capital parcialmente destruida.

En el verano de 1814, Madison envió enviados a Gante para negociar la paz con el gobierno británico. El 24 de diciembre se firmó la Paz de Gante, restableciendo efectivamente el *statu quo* anterior a la guerra. Los objetivos estadounidenses no se habían alcanzado, pero la guerra sufrida había hecho que Estados Unidos adquiriera una nueva confianza en sí mismo. Madison fue elogiado por sus compatriotas por haber conducido al país a través de la guerra en una sola pieza.

Políticas de posguerra

Los dos últimos años de la presidencia de Madison estuvieron marcados por la creciente prosperidad y el aumento del nacionalismo en Estados Unidos. El presidente firmó algunas leyes que decidieron la creación de un nuevo banco nacional y la introducción de aranceles comerciales, a los que se había opuesto ferozmente años antes. Esto le acercó de nuevo a la posición de su viejo amigo y posterior rival político Alexander Hamilton.

En cuanto a las "mejoras domésticas", Madison vetó algunas leyes aprobadas por el Congreso federal que afectaban especialmente a las infraestructuras del país. Madison argumentó que la Constitución reservaba a los estados la construcción y el mantenimiento de carreteras, puentes y similares.

La Guerra de 1812 resultó ser muy importante para el crecimiento de la conciencia de sí mismo de Estados Unidos. Como resultado, el vínculo con Europa se rompió definitivamente y la gente se centró ahora por completo en su propia expansión hacia el Oeste. Con este aislacionismo hacia Europa, se dio el primer paso bajo Madison en una evolución que acabaría desembocando en la Doctrina Monroe de 1823, que negaría a las potencias europeas el derecho a interferir en los asuntos internos estadounidenses.

Después de la presidencia

En 1817, Madison cedió la presidencia a James Monroe y se retiró a su finca de Montpelier. En 1829, Madison volvió a la vida pública durante un breve periodo de tiempo, cuando asistió a la *Convención Constitucional de Virginia* como miembro de la delegación, donde se negoció una nueva Constitución para Virginia. Madison se convirtió en presidente de la *Universidad de Virginia,* fundada por su amigo político, en 1826, tras la muerte de Jefferson.

Durante los últimos años de su vida, Madison gozó de mala salud. A pesar de ello, continuó siguiendo la política intensamente. El 28 de junio de 1836, el estadista murió en Montpelier a la edad de 85 años. Madison fue el último firmante vivo de la Constitución de los Estados Unidos.

5. James Monroe (1817-1825)

Partido Demócrata-Republicano | Vicepresidente: Daniel D. Tompkins

"Debemos apoyar nuestros derechos o perder nuestro carácter, y con él, quizás, nuestras libertades".

James Monroe (Condado de Westmoreland (Virginia), 28 de abril de 1758 - Albany (Nueva York), 4 de julio de 1831) fue un político y esclavista estadounidense. Fue el quinto presidente de los Estados Unidos entre 1817 y 1825.

Tras servir en el ejército en la Guerra de la Independencia estadounidense, Monroe se unió a los antifederalistas. Posteriormente fue miembro del Senado, Gobernador de Virginia, Secretario de Guerra y Secretario de Estado.

De por vida

Juventud y participación Guerra de Independencia Americana

Su padre era un plantador. Cuando éste murió en 1774, James Monroe heredó una pequeña plantación, que incluía varios esclavos. Ese mismo año ingresó en el College of William and Mary y, como la mayoría de sus compañeros, se entusiasmó con la rebelión americana contra el rey Jorge III. Cuando la rebelión se convirtió en una guerra a gran escala, Monroe se alistó en el Ejército Continental a principios de 1776. No volvió a la escuela. Sus buenos antecedentes le valieron un puesto de oficial. Participó en el asalto al palacio del Gobernador en Williamsburg, donde se capturaron doscientos mosquetes y trescientas espadas para armar a la milicia de Williamsburg. Con el resto del ejército del general Washington, Monroe fue expulsado de Long Island por los británicos.

En la víspera de Navidad de 1776, Washington atacó a los hessianos en Trenton y obtuvo una victoria que contribuyó a elevar la moral de las tropas coloniales. Durante un ataque de artillería, Monroe fue alcanzado por una bala en su hombro izquierdo y tuvo que ser sacado del campo de batalla. La bala no fue extraída y permaneció alojada en su hombro durante el resto de su vida. Tras su recuperación, se alistó como teniente coronel en la milicia de Virginia. En septiembre de 1779 salió de allí y se fue a estudiar derecho, primero con George Wythe y después con Thomas Jefferson. Cuando los británicos atacaron Richmond, Jefferson, a la sazón gobernador de Virginia, le nombró enlace con el Ejército Continental en Carolina del Norte. En 1783 fue admitido en el Colegio de Abogados y comenzó su propia práctica legal en Fredericksburg, Virginia.

Entrada en la política

Monroe entró en la política estadounidense en 1782 con su elección a la Cámara de Delegados de Virginia. De 1783 a 1786 fue miembro del Congreso Continental. Monroe desempeñó un papel importante en la ratificación de la Constitución en Virginia. Por un lado estaban los partidarios, encabezados por George Washington y James Madison. Patrick Henry y George Mason lideraban la oposición. Esto dejó el voto decisivo en las figuras moderadas como Monroe y Edmund Pendleton. Les preocupaba la ausencia de una Carta de Derechos y la capacidad del gobierno federal para cobrar impuestos. Querían que sólo los estados individuales tuvieran esa opción. Finalmente, decidieron acordar que, una vez adoptada la Constitución, intentarían introducir los cambios que deseaban. Con una estrecha mayoría, Virginia ratificó entonces la Constitución. Monroe se presentó como candidato a la primera Cámara de Delegados, pero fue derrotado por Madison. En 1790, la Asamblea Legislativa de Virginia sí lo eligió para el Senado.

Allí no tardó en unirse al Partido Demócrata-Republicano de Jefferson y Madison y, al poco tiempo, fue líder del Senado.

Embajador en Francia

El gobierno nombró a Monroe embajador en Francia en 1794. Allí hizo campaña por la liberación de Thomas Paine, que había sido arrestado por su objeción a la ejecución del rey Luis XVI. El gobierno francés insistió en que Paine saliera inmediatamente hacia Estados Unidos. Además, llegó a un acuerdo para la liberación de todos los prisioneros estadounidenses, incluyendo a Adrienne de La Fayette y su familia, a quienes se les había concedido la ciudadanía estadounidense por sus esfuerzos durante la Revolución.

El embajador estadounidense intentó convencer al gobierno francés de que la política de neutralidad del presidente Washington no favorecía a Gran Bretaña, con la que Francia estaba en guerra en ese momento. Esto ya no pudo mantenerse después de que Estados Unidos y Gran Bretaña firmaran el Tratado de Jay ("tratado de Jay"), para consternación del propio Monroe. El presidente Washington consideró que Monroe no estaba sirviendo bien a los intereses de su país y le llamó para que regresara.

Gobernador de Virginia

El embajador despedido volvió a ejercer la abogacía hasta que fue elegido gobernador en 1799. Tuvo que hacer frente a una revuelta de esclavos liderada por Gabriel Prosser en 1800. Monroe envió a la milicia estatal, que sofocó el levantamiento. Prosser y otros 26 esclavos fueron ahorcados. Monroe también consideró la posibilidad de utilizar la milicia estatal para ayudar a Jefferson a llegar al poder como presidente en 1800.

Embajador en Gran Bretaña

El presidente Jefferson envió a Monroe a Francia en 1803 para ayudar a Robert Livingston a negociar la compra de Luisiana. A continuación, el presidente le nombró embajador en Gran Bretaña. Negoció un nuevo tratado con Gran Bretaña para sustituir al Tratado Jay, ya que éste expiraba después de diez años. En ese momento, Jefferson había despreciado ese tratado, a pesar de que el tratado había proporcionado diez años de paz durante los cuales entró mucho dinero en el país a través del comercio. Monroe concluyó el Acuerdo Monroe-Pinkney en diciembre de 1806, que habría proporcionado a Estados

Unidos un nuevo periodo de paz, pero el tratado no puso fin a la admisión forzosa de marineros estadounidenses en la Armada británica. Gran Bretaña necesitaba desesperadamente estos hombres para tripular todos los buques de guerra en la lucha contra Napoleón Bonaparte. Jefferson ni siquiera presentó el tratado al Senado para su ratificación, ni hizo ningún intento de negociar un nuevo acuerdo. Como resultado, los dos países se distanciaron aún más, culminando finalmente en la Guerra de 1812. El propio Monroe se enfadó por el rechazo del acuerdo y se enzarzó con el Secretario de Estado James Madison por ello.

De cara a las elecciones presidenciales de 1808, el Partido Demócrata-Republicano estaba bastante dividido. Una parte del partido quería poco de las políticas de Jefferson y pidió a Monroe que se presentara a la presidencia. El plan era elegirlo presidente en colaboración con el Partido Federalista. Los partidarios de Monroe no se impusieron y en la convención del partido se eligió a Madison como presidente.

Ministro de Guerra y Asuntos Exteriores

Monroe volvió a la Cámara de Delegados de Virginia y fue reelegido gobernador en 1811. Sólo ocupó ese cargo durante cuatro meses porque Madison le pidió que fuera su Secretario de Estado. De este modo, el presidente esperaba ganarse el apoyo de los opositores dentro de su propio partido. Monroe no tuvo una participación importante en la Guerra de 1812, porque fue superado por el presidente Madison y los halcones de la guerra en el Congreso. La guerra resultó desastrosa para Estados Unidos. En agosto de 1814, los británicos capturaron Washington D.C. y quemaron el Capitolio y la Casa Blanca. Madison sustituyó a John Armstrong como Secretario de Guerra y pidió a Monroe ese puesto. Este último renunció al cargo de Secretario de Estado, pero Madison no nombró a un sustituto, por lo que Monroe ocupó de hecho dos puestos ministeriales. Lanzó otro plan para invadir Canadá, pero un tratado de paz puso fin a la guerra en marzo de 1815.

Presidente de los Estados Unidos

Madison ya no se presentó a las elecciones de 1816 y Monroe era su pretendido sucesor. El Partido Federalista había perdido mucho apoyo por no haber apoyado la Guerra de 1812. Ni siquiera designaron un candidato oficial. La mayoría de los federalistas apoyaron a Rufus King, dos veces candidato anterior a la vicepresidencia. Por lo tanto,

Monroe ganó las elecciones fácilmente. La disolución del Partido Federalista continuó y cuatro años después ni siquiera tuvo un candidato opositor, algo que antes sólo había ocurrido en la elección de George Washington. Después de 1820, esto no volvió a ocurrir.

Monroe se enfrentó a una gran crisis económica en 1819 como consecuencia de las guerras napoleónicas. Gran Bretaña había aumentado su capacidad industrial para hacer frente a todo el esfuerzo bélico. Europa estaba en ruinas y, como resultado, gran parte del exceso de producción británica se volcó en el mercado estadounidense a precios bajos. Muchas empresas estadounidenses no pudieron competir con esto y quebraron. Además, no había una supervisión adecuada del sector bancario, que crecía rápidamente. Como resultado, había mucho dinero en circulación y se produjo una especulación masiva con la tierra. Debido a la escasez de alimentos, se consideró una inversión interesante, sobre todo porque el gobierno vendía muchas tierras en condiciones favorables. Los inversores perdieron mucho dinero cuando los precios de la tierra se desplomaron. A pesar de la crisis, que duró hasta 1821, Monroe siguió siendo popular.

El mayor reto de su presidencia fue la entrada de Missouri en la Unión. En el Senado, el número de estados en los que se permitía o no la esclavitud estaba equilibrado, pero eso cambiaría con la adhesión de Missouri. Partidarios y detractores concluyeron el llamado Compromiso de Missouri en el que se acordó, entre otras cosas, que Maine se escindiera de Massachusetts y se uniera a la Unión como un estado separado, donde la esclavitud estaba prohibida, restableciendo así el equilibrio.

El Congreso exigió muchas subvenciones para mejorar las infraestructuras nacionales. Monroe vetó una ley que habría hecho que el gobierno federal pagara los costes de mantenimiento de la Cumberland Road, una carretera construida desde Cumberland (Maryland) hasta Vandalia (Illinois). Consideraba que los estados eran responsables de ello por sí mismos.

Monroe causó una gran controversia cuando se reveló que había enviado al general Andrew Jackson a la Florida española en 1817. Jackson lanzó allí una campaña militar contra los indios seminolas y los españoles que los protegían. Muchos creyeron que tenía el permiso del presidente para hacerlo, pero Monroe lo negó. El presidente tenía la ventaja de que la mayoría de los miembros del Congreso estaban a favor de una mayor expansión, y todas las resoluciones contra Monroe y Jackson fueron rechazadas. El secretario de Estado John Quincy Adams firmó un tratado con los españoles un año después para comprar Florida por cinco millones de dólares.

El nombre de Monroe perdura para la posteridad principalmente por la doctrina Monroe que él estableció. Se trata de un principio de la política exterior de Estados Unidos. El término en sí se deriva de un discurso que Monroe pronunció ante el Congreso en 1823. Monroe declaró tabú cualquier forma de injerencia europea en el hemisferio occidental, con lo que se refería a la intervención política en las naciones recién independizadas de América del Sur y a los nuevos intentos de colonización de las Américas. Sin embargo, Monroe prometió respetar las colonias existentes en manos de las potencias europeas. La doctrina Monroe sería la política permanente de Estados Unidos durante mucho tiempo. Sin embargo, muchos historiadores creen que la doctrina fue sacada de contexto después de su presidencia y utilizada para justificar la política exterior. Monroe pretendía que su doctrina fuera defensiva, para frenar la expansión del poder de Europa hacia el Oeste. Sin embargo, esta doctrina se utilizó posteriormente como excusa para la expansión de Estados Unidos.

Durante su presidencia, Monroe apoyó el asentamiento de esclavos liberados en lo que más tarde se conocería como Liberia. La élite blanca prefería deshacerse de los esclavos liberados porque temía que se rebelaran contra sus antiguos amos. El gobierno federal compró tierras en Liberia por valor de unos cien mil dólares. En agradecimiento, los liberianos llamaron a su capital Monrovia en honor al presidente estadounidense.

Un tercer mandato pasó por delante de Monroe. Le sucedió su Secretario de Estado, John Quincy Adams.

Últimos años de vida

Regresó a Virginia y tras la muerte de su esposa vivió en Nueva York. Murió el 4 de julio de 1831, convirtiéndose en el tercer presidente que moría en el Día de la Independencia de Estados Unidos; cinco años antes, tanto John Adams como Thomas Jefferson también habían muerto en esta fecha.

6. John Quincy Adams (1825-1892)

Partido Demócrata-Republicano y Partido Nacional Republicano | Vicepresidente: John C. Calhoun

"Intenta y fracasa, pero no dejes de intentarlo".

John Quincy Adams (Braintree (Massachusetts), 11 de julio de 1767 - Washington D.C., 23 de febrero de 1848) fue el sexto presidente de los Estados Unidos entre 1825 y 1829.

Era hijo de John Adams, el segundo presidente de los Estados Unidos. Estudió en la Universidad de Leiden cuando su padre fue enviado a los Países Bajos. También ocupó varios puestos de enviado (entre otros, en los Países Bajos, entre 1794 y 1797). Como enviado, desempeñó un papel clave en la negociación de importantes tratados, especialmente el Tratado de Gante (1814), que puso fin a la Guerra de 1812. Fue Secretario de Estado de 1817 a 1825. Adams también es considerado el creador de la Doctrina Monroe, que sería un principio político clave para la América del siglo XIX.

Adams llegó a la presidencia tras las reñidas elecciones de 1824, en las que derrotó a Andrew Jackson. Su presidencia se produjo 24 años después de la de su padre. Fue la primera vez en Estados Unidos que un hijo de un presidente se convertía él mismo en presidente (más tarde volvió a ocurrir con George H.W. Bush y George W. Bush). La presidencia de John Quincy Adams, al igual que la de su padre, sólo duró un mandato. No fue un gran éxito porque se adelantó a su tiempo con su visión de una autoridad central fuerte.

Adams es, hasta la fecha, el único presidente que regresó al Congreso tras el final de su mandato. Fue elegido miembro de la Cámara de Representantes en 1831 y ocuparía ese puesto hasta su muerte en 1848. A finales de su vida se reveló como un ardiente opositor a la esclavitud.

También fue el primer presidente (por mandato) del que se conoce una fotografía.

De por vida

Juventud y educación

John Quincy Adams era hijo de John Adams y Abigail Adams (de nombre de nacimiento Smith). Recibió el nombre del coronel John Quincy, el abuelo de su madre. Su padre fue embajador estadounidense en Francia de 1778 a 1779 y en los Países Bajos de 1780 a 1782. Su hijo le acompañó en estos viajes y así pasó gran parte de su infancia en el extranjero.El joven Adams estudió en la Universidad de Leiden. A los catorce años acompañó a Francis Dana en una misión a San Petersburgo, Rusia. Estuvo en Finlandia, Suecia y Dinamarca. Los numerosos viajes de su juventud le permitieron desarrollar bien sus conocimientos lingüísticos, por lo que hablaba con fluidez el holandés y el francés. Durante su juventud se preparó para una vida en la política. Su padre le señaló su posición privilegiada y creía que John Quincy debía utilizar sus privilegios al servicio de su país.

De vuelta a Estados Unidos, se matriculó en Harvard y se licenció en Filosofía y Letras en 1787. Después fue aprendiz de abogado durante dos años. De vuelta a Harvard, Adams también obtuvo un Master of Arts. En 1791, fue admitido en la profesión de abogado.

Embajador en los Países Bajos, Portugal y Prusia

Adams se hizo oír por primera vez en la escena nacional a través de una serie de artículos en los que elogiaba la decisión del primer presidente de Estados Unidos, George Washington, de no interferir en la Revolución Francesa. El presidente nombró a Adams embajador en los Países Bajos en 1793. Adams no estaba contento con el nombramiento. Estaba contento con su vida tranquila en Massachusetts y sólo aceptó el nombramiento a instancias de su padre. De camino a Holanda, Adams entregó una serie de documentos a John Jay, que en ese momento estaba inmerso en negociaciones con Gran Bretaña para evitar una posible guerra comercial. Después de Holanda, le siguieron las embajadas en Portugal (1796) y Prusia (1797). Cuatro años más tarde regresó a Estados Unidos.

Senador

De vuelta a Estados Unidos, Adams volvió a trabajar inicialmente en la profesión legal. En 1802 fue elegido para el Senado del Estado de Massachusetts. Ese mismo año se presentó a la Cámara de Representantes por el Partido Federalista, pero perdió las elecciones. Un año más tarde, sin embargo, fue elegido para el Senado. Durante este mismo periodo, Adams también entró a trabajar en Harvard como profesor de retórica. En el Senado, apoyó la Ley de Compra y Embargo de Luisiana del presidente Thomas Jefferson, perdiendo el apoyo de los federalistas en su estado natal. En aquella época, los miembros del Congreso aún no eran elegidos directamente por el pueblo, sino por el voto popular del estado respectivo. Los federalistas de Massachusetts eran mayoría en las cámaras legislativas de su estado y sustituyeron a Adams por otra persona en junio de 1808. Adams rompió entonces con su propio partido y se pasó al Partido Demócrata-Republicano.

Embajador en Rusia y Gran Bretaña

El presidente James Madison nombró a Adams como primer embajador estadounidense en Rusia en 1809. Casi inmediatamente después de su llegada, pidió al zar Alejandro I de Rusia que presionara a Dinamarca para que liberara a varios marineros y barcos estadounidenses. Dinamarca estaba en ese momento en guerra con Gran Bretaña. Sin embargo, Dinamarca no sólo había atacado a los barcos británicos, sino también a los estadounidenses. Dinamarca cooperó con la petición, y los barcos y marineros estadounidenses regresaron a Estados Unidos.

Adams fue propuesto como juez del Tribunal Supremo en 1811, pero rechazó el nombramiento. En 1812 informó sobre la invasión y la retirada de Napoleón de Rusia. En 1812, mientras tanto, los estadounidenses habían entrado en guerra con Gran Bretaña, pero en el bando perdedor. Los Estados Unidos aceptaron una oferta del Zar para mediar entre los dos bandos. Los británicos, sin embargo, no aceptaron. Adams fue llamado de vuelta de Rusia en 1814 para dirigir el equipo que negoció con Gran Bretaña para poner fin a la guerra. Esto culminó finalmente en la Paz de Gante.

A continuación, Adams fue embajador en Gran Bretaña durante dos años más, cargo que había ocupado su padre.

Ministro de Asuntos Exteriores

El presidente James Monroe pidió a Adams que fuera su Secretario de Estado en 1817. Como tal, firmó el Tratado Adams-Onís con España en 1818. En él, España se comprometía a ceder Florida a Estados Unidos. Al oeste, Estados Unidos renunció a sus reclamaciones sobre Texas y otros territorios bajo dominio español, y se estableció una frontera mutuamente aceptada: a lo largo del río Rojo, el Arkansas y el paralelo cuarenta y dos.

Con Gran Bretaña, Adams concluyó el Tratado de 1818. Esto resolvió una serie de disputas fronterizas y sentó las bases para una mejor relación con el vecino Canadá.

En la época en que Monroe llegó al poder, varios países europeos, especialmente España, intentaban recuperar su control sobre Sudamérica. En 1821, en el Día de la Independencia, Adams pronunció un discurso en el que anunció que Estados Unidos apoyaba moralmente los movimientos independentistas de los distintos países, pero nunca mediante una intervención armada. Con ello, fue uno de los principales artífices de lo que se conoció como la Doctrina Monroe. Adams es conocido como uno de los ministros de Asuntos Exteriores más importantes de la historia de Estados Unidos.

Presidente

Los habitantes de Nueva Inglaterra admiraban el patriotismo de Adams y su habilidad política. Fue en gran parte gracias a su apoyo que Adams se presentó a la presidencia en 1824. Con la desaparición del Partido Federalista, sólo tuvo oposición dentro de su propio partido, el Partido Demócrata-Republicano. Sus oponentes fueron John C. Calhoun, William Crawford, Henry Clay y Andrew Jackson. Durante la campaña, Calhoun se retiró y Crawford cayó enfermo, con lo que quedaron tres candidatos serios. Jackson obtuvo la mayor cantidad de votos electorales, pero no la mayoría absoluta. Por lo tanto, el voto en la Cámara de Representantes tuvo que ser el factor decisivo. Clay era presidente de la Cámara de Representantes y no quería tener nada que ver con Jackson. Apoyó a Adams, que así fue elegido presidente. John Quincy Adams fue el primer y hasta ahora (2021) único presidente que no juró sobre la Biblia, sino sobre la Constitución porque era un ferviente partidario de la separación de la Iglesia y el Estado.

Adams puso en marcha un amplio programa de mejora de las infraestructuras nacionales. Esto incluía el inicio de la construcción del Canal de Chesapeake y Ohio y el establecimiento de una conexión entre el Ohio y los Grandes Lagos. Propuso la creación de una universidad nacional y el apoyo federal a la ciencia y las artes. Como presidente, estaba a favor de elevar los impuestos para pagar la construcción de la industria. También quería permitir sólo una venta limitada de tierras para evitar que los colonos se desplazaran demasiado rápido hacia el oeste. Sin embargo, Adams tuvo que enfrentarse a un Congreso hostil a partir de 1827 que hizo que muchas de sus propuestas fueran rechazadas. Consiguió reducir la deuda nacional de 16 a 5 millones de dólares.

En Europa, la Guerra de la Independencia griega estalló en 1821. La opinión pública estadounidense apoyaba a los griegos que intentaban librarse del yugo otomano. Henry Clay, su Secretario de Estado, quería que Estados Unidos apoyara militarmente a Grecia, pero Monroe se opuso.

La derrota de Jackson en 1824 le había amargado y estaba dispuesto a ganar las elecciones presidenciales de 1828. En la campaña, Jackson se enfrentó a los ataques personales del bando de Adams; la circunstancia de que Rachel, la esposa de Jackson, no se hubiera divorciado aún de su primer marido durante su matrimonio jugó un papel importante. Los demócratas del otro bando presentaron a Adams como "elitista", mientras que Jackson era el "hombre del pueblo". Las elecciones terminaron con la derrota de Adams.

Se sabe que la presidencia de Adams no fue fructífera, gracias en parte a su inquebrantable ideología. Como presidente, era inquebrantable en sus principios y no estaba en absoluto dispuesto a transigir con sus oponentes políticos. Sus ideas políticas eran premonitorias para su época, y su incapacidad para el compromiso hizo que se consiguiera muy poco en sus cuatro años como presidente.

Delegado

Tras su etapa como presidente, Adams trabajó en una biografía de su padre, pero no la disfrutó. En su diario escribió que le faltaba un gol. Tras su breve periodo de ausencia política, fue elegido para la Cámara de Representantes. Allí sirvió desde 1831 hasta su muerte en 1848. En 1833 se presentó como candidato a la gobernación de Massachusetts por el Partido Antimasónico. Ninguno de los candidatos obtuvo la mayoría absoluta. La Asamblea Legislativa de ese estado tuvo entonces que hacer el nudo. Adams se retiró entonces en favor de John Davis.

En 1829, James Smithson murió. Dejó su dinero al gobierno de Estados Unidos para que construyera un instituto de enseñanza. Muchos políticos querían utilizar el dinero para otros fines, pero Adams se aseguró de que el dinero se utilizara finalmente para construir la Institución Smithsoniana.

Adams, que se había opuesto a la esclavitud durante toda su vida, aprovechó su nueva posición para criticarla aún más. En el Congreso se había introducido una norma ("ley mordaza") para impedir que se discutiera el tema. Sin embargo, al ex presidente no le importó y presentó propuestas de todos modos. Sus adversarios políticos quisieron entonces limitar su derecho a hablar. Adams aprovechó el debate al respecto para criticar ferozmente a los propietarios de esclavos. Argumentó que si se le limitaba su derecho a hablar, renunciaría a su cargo de delegado, se presentaría a la presidencia y sería elegido con gran facilidad. Cuando sus oponentes se dieron cuenta de que estaban haciendo el juego a Adams de esta manera, intentaron que el debate sobre la restricción de su derecho a hablar se desangrara. Adams no lo permitió, y el debate se alargó. Dos semanas más tarde, una votación se decantó a su favor.

Junto con Henry Clay, fue uno de los líderes políticos del movimiento abolicionista. Ambos se opusieron a la anexión de Texas y a la guerra entre Estados Unidos y México porque acabaría desembocando en una guerra civil. Lo veían como un intento de los estados del sur de aumentar el área donde se permitía la esclavitud.

En 1841, Adams defendió a los prisioneros de la Amistad ante el Tribunal Supremo. Se trataba de un grupo de prisioneros que habían sido secuestrados ilegalmente en África y que iban a ser vendidos como esclavos. Sin embargo, se rebelaron. Los africanos fueron arrestados posteriormente en el barco cerca de Long Island, en el norte del estado de Nueva York, por la Marina de los Estados Unidos. Los juicios resultantes dieron un impulso al movimiento abolicionista.

En 1840, un tribunal federal concluyó que el transporte inicial de africanos a través del Atlántico (que no tenía nada que ver con la *Amistad*) era ilegal, dado que el comercio internacional de esclavos estaba prohibido. En consecuencia, los cautivos no eran esclavos legales, sino individuos libres. Además, dado su confinamiento ilegal, los africanos tenían derecho a emprender cualquier acción legal para preservar su libertad, incluso con el uso de la fuerza. El Tribunal Supremo de Estados Unidos confirmó estas conclusiones el 9 de marzo de 1841.

Muerte

El 20 de noviembre de 1846, Adams sufrió un derrame cerebral del que nunca se recuperaría del todo. Murió el 23 de febrero de 1848 en el edificio del Capitolio de una hemorragia cerebral a la edad de 80 años. Adams está enterrado en la cripta de la iglesia United First Parish de Quincy, junto a sus padres y su esposa.

Familia

John Quincy Adams se casó con Louisa Catherine Johnson, a quien había conocido en Londres, en 1797. El matrimonio se celebró allí, en All Hallows-by-the-Tower. Tuvieron tres hijos y una hija. Su hija Louisa nació en 1811 pero murió en 1812 cuando la familia estaba en Rusia. Llamaron a su primer hijo George Washington Adams (1801-1829) en honor al primer presidente de los Estados Unidos. George y su segundo hijo, John (1803-1834), tuvieron vidas turbulentas y murieron jóvenes (George se suicidó, mientras que John fue expulsado de Harvard y murió alcohólico).

El hijo menor de Adams, Charles Francis Adams (que llamó a su propio hijo como su padre, John Quincy), también hizo carrera en la diplomacia y la política. En 1870, para honrar a su padre, Charles construyó la primera "biblioteca presidencial conmemorativa". La "Biblioteca de Piedra" contiene más de 14.000 libros escritos en doce idiomas. La biblioteca se encuentra en "la vieja casa" (también llamada Peacefield) del Parque Histórico Nacional Adams en Quincy, Massachusetts.

Personalidad y legado

La personalidad y las creencias políticas de Adams eran similares a las de su padre, John Adams. No era muy sociable y prefería un libro a la compañía. Durante su presidencia luchó contra una persistente depresión. Él mismo culpó a las altas expectativas de su padre y su madre de su mal estado mental. Adams sentía un profundo respeto por su padre, pero tenía una relación difícil con su madre. Su madre expresaba regularmente sus altas expectativas sobre sus hijos, temerosa como estaba de que sus hijos se convirtieran en alcohólicos como su hermano.

Adams es conocido como uno de los diplomáticos y ministros de asuntos exteriores más eficaces de la historia de Estados Unidos. Sin embargo, su presidencia suele considerarse mediocre. Adams fue uno de los primeros líderes políticos importantes en cuestionar si Estados Unidos podía seguir existiendo unido mientras la esclavitud existiera. Escribió al respecto en su diario: *"Establece falsas nociones de virtud y vicio: pues ¿qué puede ser más falso y desalmado que esta doctrina que hace depender del color de la piel los primeros y más sagrados derechos de la humanidad?"*

7. Andrew Jackson (1829-1837)

Partido Demócrata | Vicepresidentes: John C. Calhoun y Martin Van Buren

"Nunca te dejes aconsejar por tus miedos".

Andrew Jackson (Condado de Lancaster (Carolina del Sur), 15 de marzo de 1767 - Nashville (Tennessee), 8 de junio de 1845) fue el séptimo presidente de los Estados Unidos de 1829 a 1837 y un esclavista. Jackson fue miembro fundador del Partido Demócrata y fue el primer presidente demócrata. Jackson era conocido como *Old Hickory* (literalmente: viejo árbol de nueces, pero en Estados Unidos es una expresión utilizada para indicar a personas fuertes y duras).

Primeros años de vida

Andrew Jackson nació el 15 de marzo de 1767. Sus padres, Andrew y Elizabeth Hutchinson Jackson, eran colonos escoceses-irlandeses que habían emigrado dos años antes desde la actual Irlanda del Norte. Tras llegar a la América británica, viajaron por tierra a través de los Apalaches hasta una comunidad escocesa-irlandesa en los Waxhaws, una zona en la frontera entre los actuales estados de Carolina del Norte y Carolina del Sur. Llevaron consigo a sus dos hijos, Hugh (nacido en 1763) y Robert (nacido en 1764). En febrero de 1767, tres semanas antes de que naciera su tercer hijo, Andrew, el padre Jackson murió a la edad de 29 años en un accidente mientras trabajaba como agricultor. En respuesta, Elizabeth y sus hijos se trasladaron a casa de unos parientes.

El lugar exacto de nacimiento de Andrew Jackson no está claro. En 1824 escribió en una carta que había nacido en la plantación de su tío James Crawford, en Carolina del Sur, pero esta afirmación pudo tener motivos políticos. En la década de 1950 surgieron indicios de que Jackson podría haber nacido también en la casa de otro tío, en Carolina del Norte.

A partir de 1780, durante la Guerra de la Independencia de Estados Unidos, Jackson, de 13 años (al igual que sus dos hermanos mayores), fue empleado como mensajero. Ese mismo año, él y su hermano mayor Robert fueron capturados por los ingleses. Durante su cautiverio, el joven Andrew se negó una vez a lustrar los zapatos de un oficial inglés. Este oficial le arremetió con su sable, dejándole cicatrices en la cabeza y en la mano izquierda. Además, tanto él como su hermano Robert contrajeron la viruela durante su cautiverio. Jackson sobrevivió a la enfermedad, pero su hermano mayor murió pocos días después de su liberación. Estas experiencias con los ingleses, así como el hecho de que la guerra se cobrara la vida de su familia inmediata, hicieron que Jackson desarrollara una enorme aversión por los ingleses. Fue el último presidente de los Estados Unidos que luchó contra los ingleses, y el segundo presidente que fue prisionero de guerra (George Washington fue retenido por los franceses durante la Guerra de los Siete Años).

Guerra de 1812

En la Guerra de 1812, Jackson luchó principalmente contra los *nativos americanos* del oeste de Florida, incluidos los Creek. Estas tribus se resistieron al empuje americano hacia el oeste y a la sumisión a los Estados Unidos. Sin embargo, Jackson consiguió derrotarlos y, mediante el Tratado de Fort Jackson, los indios creek se vieron privados de un área de unas 90.000 millas cuadradas.

Además, Jackson fue también el comandante estadounidense en la batalla de Nueva Orleans (8 de enero de 1815). Aquí consiguió infligir una aplastante derrota a los británicos, pero la batalla se libró cuando ya se había alcanzado un acuerdo entre los gobiernos británico y estadounidense en Gante. Debido a la lentitud de las comunicaciones, éste se transmitió demasiado tarde a las tropas cercanas a Nueva Orleans, por lo que los ejércitos se enfrentaron de todos modos. Al derrotar a los británicos, Jackson obtuvo el reconocimiento de todo el país. De repente, era uno de los personajes más conocidos del país y se le consideraba un héroe de guerra. Un estatus que le benefició más tarde, durante su intento de convertirse en presidente.

Primera Guerra Seminola y anexión de Florida

En 1818 se le dio el mando en la guerra contra los seminolas en Florida, debido a su experiencia previa en la lucha contra *los nativos americanos*. Ganó la batalla tanto contra los seminolas como contra los españoles (a quienes pertenecía Florida) y ocupó la zona. Su brusca invasión de Florida se hizo aún más controvertida cuando ejecutó a dos agentes secretos británicos capturados, lo que provocó una disputa diplomática. Sin embargo, en 1819, España cedió oficialmente Florida a Estados Unidos. Se convirtió en un territorio dentro de los Estados Unidos en 1821 tras la ratificación del Congreso estadounidense. Andrew Jackson fue el primer gobernador.

Carrera política

Jackson se convirtió en miembro del Congreso de Tennessee en 1796, y en senador por ese estado en 1797. Entre 1798 y 1804 fue miembro del Tribunal Supremo de Tennessee. Fue gobernador militar de Florida (1821) y volvió a ser senador por Tennessee de 1823 a 1825.

En las elecciones presidenciales de 1824, Jackson fue uno de los cuatro candidatos en nombre del Partido Demócrata-Republicano. Los otros eran John Quincy Adams, William Crawford y Henry Clay. Ninguno de ellos obtuvo la mayoría; Jackson fue el más exitoso con 99 votos electorales, pero la Cámara de Representantes eligió finalmente a Adams como presidente. Jackson se sintió muy amargado por esto y continuó oponiéndose activamente a Adams en el periodo siguiente. Se retiró del Partido Demócrata-Republicano y acabó fundando el Partido Demócrata con Martin van Buren y otros en 1828.

Cuatro años más tarde, en las elecciones presidenciales de 1828, Jackson siguió siendo elegido presidente. Esta vez derrotó a Adams por un amplio margen y juró como séptimo presidente de los Estados Unidos el 4 de marzo de 1829. En 1832 fue reelegido para un segundo mandato. Tras ocho años de presidencia, Jackson fue sucedido por su vicepresidente, Martin Van Buren, el 4 de marzo de 1837.

Muchos de sus partidarios compararon a Jackson con George Washington, el primer presidente de los Estados Unidos. Mucha gente tenía el mismo sentimiento con ambos hombres; ambos habían luchado contra los británicos y habían ganado.

Ley de traslado de indios y controversia

Como presidente, Jackson fue responsable de la *Ley de Traslado de Indios* de 1830, una ley que exigía que todos los nativos *americanos del* este fueran trasladados a la zona del oeste del río Misisipi. Este fue un factor importante en la subyugación de los nativos *americanos*, su absorción en la economía capitalista estadounidense y, por tanto, la destrucción de su cultura tradicional de caza. La mayoría de los nativos *americanos* se asentaron en lo que hoy es Oklahoma. Alrededor de diez mil de ellos murieron durante este viaje, por lo que llegó a conocerse como *El rastro de las lágrimas*.

Andrew Jackson siempre ha sido una figura controvertida por su línea dura, pero especialmente su trato a los habitantes originales de los EE.UU. hizo que se le considere hoy como uno de los presidentes más controvertidos de la historia de los EE.UU. En aquella época, las relaciones políticas eran diferentes y la gran mayoría del pueblo apoyaba a Jackson. Por tanto, no se puede responsabilizar a Jackson únicamente de las atrocidades cometidas; al fin y al cabo, representaba al país.

La democracia jacksoniana

Sin embargo, Jackson fue muy popular en su época por su ideología, y aún hoy se pueden encontrar partidarios de ella. Esta llamada democracia jacksoniana, que tiene sus raíces en la América rural de principios del siglo XIX, tiene varios puntos prescritos:

- Sufragio universal para todos los hombres blancos.

- El destino manifiesto.

- Mecenazgo: se introdujo el Spoils System, por el que los seguidores y parientes recibían cargos políticos en el nuevo gobierno. Esto contrastaba con el sistema meritocrático, en el que se tenía en cuenta la competencia y no la adhesión o el parentesco.

- Frenar el poder del gobierno federal sobre los estados individuales. Sin embargo, con el tiempo, Jackson acumulará todo el poder presidencial posible.

- Interpretación estricta de la Constitución de los Estados Unidos.

- Oposición a los bancos: Jackson fue un feroz opositor a la industria bancaria y a los monopolios que adquirieron algunos bancos, especialmente el Banco Nacional (*Segundo Banco de los Estados Unidos*).

Ataque

En 1835, Jackson asistió al funeral de un congresista. Después, el desempleado Richard Lawrence, descontento con su situación, sacó una pistola. Ésta se negó e incluso cuando el agresor sacó una segunda pistola el arma se negó a disparar. Según la tradición, Jackson comenzó entonces a golpear al hombre con su bastón hasta que se calmó. Lawrence, mientras tanto, también fue dominado.

Lawrence fue absuelto por motivos de locura y pasó el resto de su vida en una institución mental. Jackson estaba convencido de que el atentado había sido planeado por sus adversarios políticos en su lucha contra el Banco Nacional (*Segundo Banco de los Estados Unidos*).

Vida personal

Matrimonio y familia

Después de que Jackson partiera hacia Nashville en 1788, conoció allí a Rachel Donelson. Ella había estado infelizmente casada con el capitán Lewis Robards, de quien se divorció en 1790. Entonces contrajo matrimonio con Jackson. Sin embargo, más tarde se descubrió que el divorcio entre Donelson y Robards no había finalizado oficialmente, por lo que el matrimonio con Jackson fue declarado inválido. Tras finalizar su divorcio, Jackson y Donelson volvieron a casarse en 1794. No tuvieron hijos biológicos, pero sí tres hijos adoptados:

- Andrew Jackson Jr. el hijo del hermano de Rachel, Severn Donelson (adoptado en 1809).

- Lyncoya, un niño huérfano perteneciente a los indios Creek (adoptado en 1813 tras la batalla de Tallushatchee, en la que había sido encontrado en el campo de batalla con su madre muerta). Lyncoya murió de tuberculosis en 1828, a la edad de dieciséis años.

- Andrew Jackson Hutchings, nieto de la hermana de Rachel, Catherine, e hijo de un antiguo socio de Jackson (adoptado en 1817).

Los Jackson también actuaron como tutores de varios niños aquí, aunque no todos vivían con ellos a tiempo completo:

- John Samuel Donelson, Daniel Smith Donelson y Andrew Jackson Donelson, los tres hijos del hermano de Rachel, Samuel Donelson, que había muerto en 1804. Andrew Jackson Donelson fue posteriormente secretario personal de Jackson durante su presidencia.

- Caroline Butler, Eliza Butler, Edward Butler y Anthony Butler, los cuatro hijos del general Edward Butler, un amigo de la familia. Fueron acogidos por los Jackson tras la muerte de su padre.

Andrew Jackson quedó viudo cuando Rachel murió el 22 de diciembre de 1828. En ese momento acababa de ganar las elecciones presidenciales y se preparaba para presentarse a la presidencia. Fue enterrada la víspera de Navidad, con el vestido que llevaría en la toma de posesión. Así pues, Rachel nunca ejerció como primera dama de los Estados Unidos. Este papel lo ocupó, a petición de Jackson, Emily Donelson, hija del hermano de Rachel, John Donelson, y esposa de su propio primo Andrew Jackson Donelson, que actuó como secretaria personal del presidente. Después de que Andrew Jackson Jr. acudiera también a la Casa Blanca en 1834, su esposa Sarah Yorke Jackson fue designada también como anfitriona. Fue la única vez en la historia que dos mujeres ejercieron simultáneamente como Primera Dama (no oficial). Cuando Emily murió de tuberculosis en 1836, Sarah asumió todas las funciones.

El Hermitage

A excepción de los años en Washington D.C., Jackson y su familia vivieron principalmente en su finca, The Hermitage, cerca de Nashville, que había comprado en 1804. Era una plantación de 1.000 acres en la que se cultivaba principalmente algodón. El trabajo pesado lo realizaban los esclavos afroamericanos, incluyendo mujeres y niños. Cuanto más beneficios obtenía, más rico se hacía Jackson y podía así aumentar el número de esclavos. Cuando compró la plantación, Jackson tenía nueve esclavos; 25 años más tarde eran 100. En el momento de su muerte, en 1845, Jackson tenía unos 150 esclavos viviendo y trabajando en los terrenos de The Hermitage.

Temperamento

El carácter corto de Jackson era notorio. A menudo se atribuye a su difícil infancia la principal razón de ello. Incluso a una edad temprana, Jackson desarrolló así una técnica de defensa que seguiría utilizando durante el resto de su vida. El último día de su presidencia, dijo que lamentaba dos cosas: no haber podido fusilar a Henry Clay y no haber ahorcado a John C. Calhoun. Durante su estancia en el ejército, también mandó matar a algunos de sus hombres por traición. Durante su campaña electoral, esto se utilizó con frecuencia en su contra y se le presentó como un asesino.

La controversia en torno a su matrimonio con Rachel le molestó. Cuando Charles Dickinson atacó a Jackson en un artículo del periódico local, éste le retó a un duelo. El duelo era ilegal en Tennessee, así que los dos hombres se encontraron en Kentucky. La estrategia de Jackson era conseguir que Dickinson disparara primero. Esto sucedió, Jackson fue golpeado en el pecho. Entonces Jackson se tomó su tiempo y golpeó fatalmente a Dickinson en el pecho. Jackson sobrevivió al duelo, Dickinson murió desangrado. La bala no pudo ser extraída porque estaba demasiado cerca del corazón. Continuó caminando con ella durante el resto de su vida. En Tennessee, la gente estaba furiosa; su reputación local había sido destruida.

Muerte

Andrew Jackson murió el 8 de junio de 1845, a la edad de 78 años, a causa de una combinación de tuberculosis crónica, insuficiencia cardíaca y edema pulmonar. Fue enterrado en los terrenos de su plantación The Hermitage, junto a su esposa Rachel.

Honores

Muchos lugares de Estados Unidos llevan el nombre de Andrew Jackson, incluidas ciudades importantes como Jacksonville (Florida) y Jackson (la capital del estado de Misisipi). Varios condados también llevan su nombre.

Desde 1869, el retrato de Jackson ha aparecido en los billetes de Estados Unidos. Desde 1928, aparece en el billete de 20 dólares.

8. Martin Van Buren (1837-1841)

Partido Demócrata | Vicepresidente: Richard Mentor Johnson

"Es más fácil hacer bien un trabajo que explicar por qué no lo hiciste".

Martin Van Buren, bautizado como **Maarten Van Buren** (Kinderhook (Nueva York), 5 de diciembre de 1782 - allí, 24 de julio de 1862), fue el octavo presidente de los Estados Unidos (1837-1841). Antes de su presidencia, fue el octavo vicepresidente (1833-1837) y el décimo secretario de Estado de Andrew Jackson (1829-1831).

Fue un organizador clave del Partido Demócrata, una figura dominante en el sistema bipartidista.

Los predecesores de Van Buren habían nacido en el territorio de lo que luego sería Estados Unidos, pero eran súbditos británicos antes de la Revolución Americana. Van Buren fue el primer presidente que nació como ciudadano estadounidense y, además, el primer presidente que no era de ascendencia británica: su familia era holandesa y su lengua materna era el holandés.

Como Secretario de Estado con Andrew Jackson y luego como Vicepresidente, fue una figura importante en la construcción de una estructura organizativa para la democracia jacksoniana, especialmente en el estado de Nueva York. Como presidente, no quiso que Estados Unidos se anexionara Texas, acto que llegaría a su sucesor, John Tyler, ocho años después del rechazo inicial de Van Buren. Entre la guerra no violenta de Aroostook y el asunto Caroline, las relaciones con Gran Bretaña y sus colonias eran tensas.

Su gobierno estuvo muy marcado por los problemas económicos de su época, el Pánico de 1837. Fue el chivo expiatorio de la depresión y sus oponentes políticos le llamaron "Martin Van Ruin". Van Buren fue expulsado después de cuatro años y perdió ante el candidato whig William Henry Harrison.

En 1848 se presentó a la presidencia por un tercer partido, el Partido de la Tierra Libre.

Biografía

Van Buren nació en Kinderhook, al norte del estado de Nueva York. Su tatarabuelo Cornelis Maessen emigró desde Buurmalsen, en los Países Bajos, en 1631. Su padre, Abraham Van Buren (17 de febrero de 1737 - 8 de abril de 1817), era agricultor y propietario de un café. Su madre, Maria Goes van Alen (27 de febrero de 1747 - 16 de febrero de 1817) también tuvo hijos de un matrimonio anterior.

Van Buren asistió a la escuela pública en la Academia Kinderhook, y en 1796 ingresó en la facultad de derecho de la ciudad de Nueva York. Uno de sus profesores fue William Peter van Ness, un destacado abogado y más tarde el segundo al mando de Aaron Burr en el duelo contra Alexander Hamilton por la presidencia. Tras su graduación, Van Buren ejerció como abogado durante 25 años.

Van Buren se casó con Hannah van Buren, su sobrina en tercer grado, en Catskill, en el condado de Greene, el 21 de febrero de 1807. Crecieron juntos en Kinderhook.

Inicio de la carrera política

La práctica de Van Buren le hizo económicamente independiente, y le llevó por el camino de la política. La situación política en Nueva York después de 1800, el año en que Jefferson fue elegido y los federalistas perdieron el poder, fue particularmente amarga y personal. El Partido Demócrata-Republicano se dividió en tres partes, seguidores de George Clinton (y más tarde de su sobrino De Witt Clinton), Robert Livingston y Aaron Burr, respectivamente.

El poder federalista después de 1799 dependía de la coalición con uno de estos grupos. Van Buren, que se había unido a los Clinton desde el principio, entró en el Senado estatal en 1812 y también se convirtió en miembro del *Tribunal de Corrección de Errores*, el más alto tribunal de Nueva York hasta 1847.

Política nacional

En 1821, Van Buren fue elegido senador. En el Senado fue muy activo. En las disputadas elecciones presidenciales de 1824, que finalmente ganó John Quincy Adams, se puso del lado del Secretario del Tesoro William Crawford. Tras las elecciones, se puso del lado de Andrew Jackson y desempeñó un papel importante en la formación del Partido Demócrata. En 1828 fue elegido gobernador de Nueva York Dejó el Senado y regresó a Nueva York. Al cabo de unos meses también dimitió como gobernador para convertirse en Secretario de Estado bajo el nuevo presidente Andrew Jackson. Durante los cuatro años siguientes fue un leal partidario de Jackson. Primero como ministro (hasta 1831) y luego como embajador en el Reino Unido. En 1832 fue elegido vicepresidente. Cuatro años más tarde fue elegido presidente.

Presidente

La presidencia de Martin Van Buren no fue un éxito. El hecho de que sucediera a Andrew Jackson no ayudó, pero la crisis económica fue un problema mayor. Durante cuatro años trató de resolver la crisis, pero finalmente fracasó. Finalmente, en 1840, perdió las elecciones ante William Henry Harrison.

Bajo su reinado, tuvo lugar el llamado Sendero de Lágrimas. La reubicación de los indios Cherokee, o nativos americanos, de su tierra a la actual Oklahoma. Este movimiento de personas había comenzado bajo el reinado de Jackson y fue posible en parte por Van Buren. Van Buren expresó su orgullo por esta victoria de los estadounidenses en varias cartas. Una cuarta parte de los indios que tuvieron que cambiar de territorio acabaron muriendo a causa de las enfermedades, el sobrecalentamiento y otras condiciones.

Durante su presidencia, las opiniones de Van Buren sobre la esclavitud coincidían con las de su partido. Los demócratas gozaban de un gran apoyo en el sur de Estados Unidos, por lo que también estaban a favor del uso de la esclavitud. Sin embargo, después de su presidencia, Van Buren cambió de opinión y en los últimos años de su vida comenzó a apoyar leyes que buscaban eliminar la esclavitud. Al comienzo de la Guerra Civil estadounidense, estaba del lado de la Unión, o del Norte.

Campaña y división del partido

Van Buren es conocido hoy como el fundador de la campaña moderna. En las elecciones de 1824, había cuatro candidatos en nombre del partido demócrata-republicano. Aunque los candidatos tenían en gran medida las mismas ideas, se enfrentaron entre sí. Como resultado, Andrew Jackson, apoyado por Van Buren, perdió. En lugar de la sustancia, el sentimiento local se volvió más importante en este sistema político. Van Buren vio la ineficacia de esta configuración e impulsó reformas. Debido a las fracciones previamente visibles en el partido demócrata-republicano, y a las reformas que Van Buren pretendía llevar a cabo, el partido acabó dividiéndose. Por ello, Van Buren es reconocido como uno de los padres fundadores del partido demócrata.

Los años posteriores y la herencia

Para las elecciones de 1844, Van Buren esperaba recuperar la nominación de su partido para la presidencia. Perdió ante James K. Polk, quien finalmente se convirtió en presidente. En 1848 sí se presentó a la presidencia, en nombre del Partido de la Tierra Libre. Perdió, pero aún así obtuvo un buen número de votos. Después de estas elecciones, se retiró.

Van Buren era conocido como un gran líder político que prosperaba entre bastidores. Dentro del partido demócrata, tenía un poder considerable y sabía cómo comprometerse y hacer las cosas. Sin embargo, como presidente se mostró incapaz de conseguirlo. No era muy sociable y carecía del carisma necesario para una presidencia eficaz.

Murió el 24 de julio de 1862, en su finca de Lindenwald, de asma y problemas cardíacos.

9. William Henry Harrison (1841-1841)

Partido Whig | Vicepresidente: John Tyler

"No hay nada más corruptor, nada más destructivo de los sentimientos más nobles y finos de nuestra naturaleza, que el ejercicio del poder ilimitado".

William Henry Harrison (Condado de Charles City (Virginia), 9 de febrero de 1773 - Washington D.C., 4 de abril de 1841) fue un militar y político del Partido Whig. Fue el 9º presidente de los Estados Unidos desde el 4 de marzo hasta el 4 de abril de 1841. Harrison murió el día 32 de su presidencia a la edad de 68 años.

Su padre poseía una plantación en Virginia y había firmado la Declaración de Independencia. Su hermano era miembro de la

Cámara de Representantes. Harrison se alistó en el ejército cuando tenía 18 años, y rápidamente ascendió a gobernador de Indiana. En este cargo aplastó una rebelión de indios liderada por Tecumseh en la batalla de Tippecanoe en 1811. Esto le valió un ascenso a general y luchó con distinción en la Guerra de 1812.

Después de la guerra, fue elegido para diversos cargos políticos, como miembro de la Cámara de Representantes y del Senado. Fue candidato presidencial por el partido Whig en 1836, pero perdió ante Martin Van Buren. Ganó las elecciones en 1840, principalmente porque la economía iba mal. Su vicepresidente fue John Tyler. Los eslóganes de su campaña "Log Cabins and Hard Cider" y "Tippecanoe and Tyler too" están entre los más famosos de la política estadounidense. Este primer eslogan fue una respuesta a la propaganda del bando de Van Buren, que decía que con algo de dinero y sidra dura podría vivir el resto de su vida. La campaña de Harrison le dio un giro al presentar a Harrison como un plebeyo, cuando en realidad pertenecía a la élite. El segundo eslogan se presentó originalmente en forma de canción. Tippecanoe hace referencia a la victoria en la batalla contra el ejército de Tecumseh en Tippecanoe y Tyler se refiere lógicamente a John Tyler, que se convertiría en el vicepresidente de Harrison.

Era un día muy frío el 4 de marzo de 1841 cuando Harrison pronunció su primer discurso como presidente. Pronunció el discurso inaugural más largo de la historia de Estados Unidos, casi dos horas. El 26 de marzo se resfrió, según las opiniones de la época, por el mal tiempo que hizo durante su discurso. El resfriado se convirtió en neumonía y, a pesar de varios tratamientos, murió un mes después de su discurso, siendo el primer presidente que moría mientras ocupaba el cargo.

No fue hasta el siglo XXI que se investigó a fondo la causa de la muerte del presidente, que en aquel momento no pudo ser determinada por los médicos. Dado que Harrison enfermó sólo tres semanas después de su discurso, es muy poco probable que la neumonía fuera la causa de su muerte. El estudio correspondiente atribuyó su muerte al deficiente sistema sanitario de Washington. Los dos investigadores implicados, llamados Jane McHugh y Philip A. Mackowiak, descubrieron que el agua utilizada por la Casa Blanca se encontraba aguas abajo de donde la gente hacía sus necesidades. Lo más probable es que Harrison contrajera una enfermedad como consecuencia de ello. Sus últimas palabras las dirigió a su médico, aunque muchos piensan que iban dirigidas al vicepresidente, John Tyler: "Señor, deseo que comprenda los verdaderos principios del gobierno. Deseo que se lleven a cabo. No pido nada más".

Benjamin Harrison, nieto de Harrison, también llegó a ser presidente más tarde. Son la única combinación de abuelos y nietos de presidentes hasta la fecha.

10. John Tyler (1841-1845)

Partido Whig y Partido No Afiliado | Vicepresidente: Ninguno (vacante)

John Tyler Jr. (Condado de Charles City (Virginia), 29 de marzo de 1790 - Richmond (Virginia), 18 de enero de 1862) fue un político y esclavista estadounidense. Fue el décimo presidente de los Estados Unidos. Anteriormente, fue el 10º vicepresidente de los Estados Unidos bajo el mandato del presidente William Henry Harrison, pero tras su prematura muerte, Tyler juró como presidente después de sólo un mes. Antes de eso, fue gobernador de Virginia, senador y miembro de la Cámara de Representantes.

De por vida

Juventud y carrera profesional

Tyler procedía de una familia aristocrática. Su padre era amigo de Thomas Jefferson, sirvió en la Cámara de Delegados del Estado de Virginia y más tarde fue gobernador del mismo estado. Estudió derecho y fue admitido en el Colegio de Abogados a la edad de 19 años. Dos años más tarde hizo su entrada en la política con su elección a la Cámara de Delegados de Virginia. De ella fue miembro durante cinco años. Tyler se relacionó poco con los británicos, como la mayoría de sus contemporáneos. Durante la Guerra de 1812, cuando Hampton fue ocupado y se amenazó con un ataque a Richmond, la capital de su estado natal, Tyler organizó una pequeña milicia, pero el ataque no se produjo. Durante el mismo periodo, el padre de Tyler murió y él heredó su plantación, incluyendo trece esclavos.

Miembro de la Cámara de Representantes

A finales de 1816 quedó vacante un escaño en la Cámara de Representantes. Tyler se presentó a las elecciones y las ganó en nombre del Partido Demócrata-Republicano. Este partido quería que el gobierno federal proporcionara más apoyo (financiero) para la mejora de las infraestructuras nacionales, como la construcción de carreteras (ferroviarias) y los puertos. Sin embargo, Tyler mantenía su propia opinión de que los estados individuales eran responsables de dichas mejoras y debían asumir los costes por sí mismos. Tenía una posición similar en lo que respecta a la esclavitud. Veía la esclavitud como algo malo y no intentó justificarse, pero tampoco concedió nunca la libertad a ninguno de sus propios esclavos, aunque los cuidó bien y no utilizó la fuerza contra ellos. Creía que el gobierno federal debía mantenerse al margen del tema y que era una decisión de los estados individuales permitir o no la esclavitud.

Por lo tanto, Tyler también votó en contra del Compromiso de Missouri en 1820. Este compromiso giraba en torno a la entrada de Missouri en la Unión. En Missouri, la esclavitud estaba permitida. En el Senado, el número de estados en los que se permitía y no se permitía la esclavitud estaba equilibrado, pero eso cambiaría con la adhesión de Missouri. El compromiso consistiría en que Maine se separara de Massachusetts y se uniera a la Unión como un estado separado, donde la esclavitud estaba prohibida, restaurando así el equilibrio. A pesar del voto en contra de Tyler, el compromiso fue adoptado. En 1821, decidió no volver a presentarse como candidato y regresó a su ejercicio de la abogacía.

Gobernador de Virginia

Al cabo de dos años, la facultad de derecho empezó a aburrirle de nuevo, y Tyler volvió a presentarse -con éxito- a la Cámara de Delegados como delegado de Virginia. Su reputación creció y en diciembre de 1825 la Asamblea Legislativa de Virginia lo eligió como su nuevo gobernador. Bajo la antigua constitución de Virginia, tenía poco poder; ni siquiera podía vetar leyes. Su actuación más notable fue el discurso fúnebre tras la muerte del ex presidente Thomas Jefferson.

La Asamblea Legislativa de Virginia tuvo que decidir en enero de 1827 si concedía otro mandato al senador en funciones John Randolph. Éste no difería mucho de Tyler en cuanto a puntos de vista, pero también se había ganado enemigos políticos por su carácter inestable y su feroz oposición al presidente John Quincy Adams y al senador Henry Clay. Sus aliados políticos buscaron una alternativa aceptable a Randolph y acudieron a Tyler. Este último se negó al principio a presentarse, pero la presión política aumentó, cedió y ganó las elecciones por unos pocos votos más a costa de Randolph.

Senador

Simultáneamente con la elección de Tyler al Senado, la campaña presidencial también estaba en marcha. El presidente en ejercicio, John Quincy Adams, estaba siendo desafiado por Andrew Jackson. El Partido Demócrata-Republicano se dividió en los republicanos nacionales que apoyaban a Adams y los demócratas que apoyaban a Jackson. Tyler no tenía mucha confianza en Adams porque creía en un gobierno federal fuerte. Temía que Jackson hiciera lo mismo, pero tenía más confianza en él y, por tanto, éste podía contar con su apoyo.

Jackson fue elegido presidente y Tyler se enfrentó a él en el Senado con bastante rapidez. No estaba de acuerdo con que el nuevo presidente nombrara a muchos amigos y aliados políticos para puestos importantes del gobierno y votó en contra de muchos de sus nombramientos. Tuvo especial dificultad con el nombramiento durante un receso de tres comisionados para negociar un tratado comercial con el Imperio Otomano. A pesar de sus objeciones a su política, Tyler mantuvo una relación relativamente buena con el presidente. Apoyó a Jackson cuando éste se presentó con éxito a la reelección en 1832.

Al comienzo del segundo mandato de Jackson, el gobierno federal se vio envuelto en un conflicto con el estado de Carolina del Sur. En respuesta a los aranceles aplicados a algunos productos básicos, Carolina del Sur invocó *la Nulificación*, el derecho de un estado a no aplicar las leyes si no servían a los intereses del estado. Carolina del

Sur declaró nulas las Leyes Arancelarias de 1828 y 1832 dentro de sus propias fronteras. Jackson envió unidades armadas para hacer cumplir las leyes federales mientras Carolina del Sur amenazaba con separarse de la Unión. Tyler no estaba de acuerdo con esa intervención armada y lo dejó claro, y en el periodo que siguió se distanció aún más del presidente. Se unió al nuevo Partido Whig formado por Henry Clay. Por sus compañeros de partido, Tyler fue elegido presidente pro tempore del Senado en 1833.

Poco después, los demócratas tomaron el poder en la Cámara de Delegados de Virginia. En el Senado, se estaba preparando una moción de censura contra el presidente Jackson. La Cámara de Delegados de Virginia podía instruir a Tyler para que votara a favor, algo con lo que no se sentía nada cómodo. Anteriormente, como político estatal, Tyler había aceptado una moción de censura contra dos políticos que habían desatendido una instrucción. Se encontró en una posición incómoda, por lo que en febrero de 1836 presentó su dimisión y abandonó el Senado.

Vicepresidente

El nombre de Tyler se mencionó a principios de 1835 como candidato a la vicepresidencia. El partido Whig aún no estaba lo suficientemente organizado como para celebrar una convención nacional. En su lugar, nominaron a tres candidatos, cada uno de los cuales gozaba de gran popularidad en sus respectivas regiones. En algunos estados, Tyler fue elegido como compañero de fórmula. Con ello, esperaban negar al candidato demócrata y vicepresidente en ejercicio, Martin van Buren, la mayoría en el Colegio Electoral, tras lo cual la Cámara de Representantes tendría que decidir. Tyler esperaba que terminara como uno de los dos candidatos a la vicepresidencia con más votos y que, si el Colegio Electoral no podía llegar a una decisión, el Senado tendría que decidir entonces, lo elegiría a él. Sin embargo, Van Buren obtuvo inmediatamente la mayoría de los votos. Su compañero de fórmula, Richard Mentor Johnson, no consiguió los votos suficientes en el Colegio Electoral para convertirse en vicepresidente, pero en la Cámara de Representantes sí lo hizo posteriormente.

De nuevo Tyler se retiró de la política, pero volvió en 1838 ya con en la Cámara de Delegados de Virginia. En marzo de 1839 quedó vacante un escaño en el Senado, para el que Tyler era uno de los candidatos. Algunos miembros del partido siguieron apoyando al senador titular William Cabell Rives, por lo que se produjo un impasse, dejando el escaño del Senado vacante durante dos años.

Antes de las elecciones presidenciales de 1840, Estados Unidos llevaba tres años en una crisis económica provocada por el Pánico de 1837. El presidente Van Buren no había sido capaz de poner fin a esa crisis y eso le estaba costando mucho apoyo político. El Partido Demócrata estaba dividido en varias facciones, dejando el camino libre a los Whigs para la presidencia. Su candidato se convertiría probablemente en el nuevo presidente. En su Convención Nacional de 1839 en Harrisburg, Pensilvania, el partido eligió a William Henry Harrison, pero se sospechaba que tenía simpatías abolicionistas. Para contrarrestarlo, se eligió como compañero de fórmula al propietario de esclavos Tyler, que también era de un gran estado del Sur. Lamentablemente, los delegados de su propio estado se abstuvieron a causa del conflicto en torno al escaño vacante en el Senado. La elección subsiguiente fue efectivamente ganada por el dúo de los Whigs.

En los momentos previos a la formación de un nuevo gabinete, Tyler se mantuvo en gran medida alejado. La avanzada edad de Harrison y su mala salud ya habían sido un tema durante la campaña electoral, y en las primeras semanas de su presidencia, su salud se deterioró rápidamente. Apenas un mes después, el 4 de abril de 1837, Harrison murió. Tyler recibió la noticia un día después. La Constitución de los Estados Unidos no aclaraba cuál era exactamente la situación del vicepresidente cuando el presidente moría. La sección al respecto decía: *"Cuando el Presidente sea removido de su cargo, o cuando muera, renuncie o sea incapaz de cumplir con los poderes y obligaciones de su cargo, éste pasará al Vicepresidente"*. El gabinete decidió que Tyler sería denominado "vicepresidente en funciones", pero Tyler se desentendió de inmediato y optó por la designación de presidente, indicando que tenía el mismo papel y estatus que sus predecesores. Durante su mandato, algunos miembros de la oposición se opusieron a ello y siguieron refiriéndose a él como "presidente en funciones". Las cartas que se dirigían a él como algo distinto a "presidente" eran devueltas sin abrir.

La transición de Tyler de vicepresidente a presidente fue controvertida en su momento. Sin embargo, más tarde sentó un precedente para posteriores vicepresidentes, llamado el precedente Tyler. Cada uno de los siete presidentes que murieron durante su presidencia después de Harrison fue sucedido por el vicepresidente. No fue hasta el siglo XX que el precedente Tyler se inmortalizó también en la ley, ésta se convirtió en la 25ª Enmienda. Esta ley establece que cuando un presidente muere, le sucederá el vicepresidente. Cuando un presidente caiga enfermo, o por otras circunstancias no pueda dirigir eficazmente el país, será sustituido por el vicepresidente, que en este caso sólo actuará como "presidente en funciones". Tyler, con su ejemplo en el siglo XIX, cambió así drásticamente la vicepresidencia para el resto de la historia estadounidense. La vicepresidencia, que al principio se consideraba un trabajo deshonroso, se convirtió ahora en una parte importante de la política estadounidense.

Presidente

Cuando Tyler sucedió a Harrison, inicialmente estuvo de acuerdo con las leyes propuestas por sus colegas del partido del Congreso. Sin embargo, chocó con los whigs cuando vetó dos veces una ley para prorrogar la existencia del Segundo Banco Nacional. Ese Segundo Banco Nacional había sido establecido por ley en 1816, y su existencia continuada debía ser prorrogada por ley. Sin embargo, Tyler se oponía con vehemencia al banco, que creía que daría a las élites y a las grandes corporaciones demasiada ventaja sobre el "pueblo llano". En septiembre de 1841, todos los ministros dimitieron en protesta por el veto, con la excepción del secretario de Estado Daniel Webster. Lo hicieron a instancias de Henry Clay, que esperaba que esto obligara a Tyler a dimitir para que pudiera ser sustituido por Samuel L. Southard, el presidente pro tempore del Senado. Cuando Tyler no dimitió, fue expulsado del partido. Sus antiguos compañeros de partido en el antiguo Congreso estaban tan enfadados que le negaron los fondos para las reparaciones necesarias en la Casa Blanca. Al año siguiente, el presidente volvió a chocar con el Congreso cuando vetó dos veces nuevas leyes arancelarias. Sus antiguos compañeros de partido investigaron si podían destituirle mediante un procedimiento de destitución, pero no hubo suficiente apoyo para ello.

Tyler tuvo que formar un nuevo gabinete porque la mayoría de sus ministros habían dimitido. Por remordimiento, los whigs no apoyaron a la mayoría de los candidatos propuestos. Debido a la muerte de dos miembros del Tribunal Supremo, Smith Thompson en 1843 y Henry Baldwin en 1844, Tyler pudo nombrar a dos nuevos candidatos, pero sus nominaciones fueron rechazadas en cuatro ocasiones, más que las de cualquier otro presidente en la historia de Estados Unidos. Los aliados de Clay querían esperar hasta que él mismo fuera elegido presidente en 1844 para poder nominar a sus propios candidatos (en lugar de Clay, James Polk ganó esa elección). En febrero de 1845, el Congreso aún aceptó una nominación, la de Samuel Nelson.

Las dificultades a las que se enfrentaba Tyler en política interior contrastaban fuertemente con sus éxitos en el ámbito exterior. Llevaba mucho tiempo defendiendo el libre comercio y la expansión hacia Occidente. Concluyó un acuerdo comercial con China y el Zollverein, una asociación de varios estados alemanes libres. En 1842 comunicó a Gran Bretaña que debía mantenerse alejada de Hawai. Esto inició un proceso que acabaría conduciendo a la anexión estadounidense del archipiélago. El Secretario de Estado Webster firmó el Acuerdo Webster-Ashburton con Gran Bretaña en 1842, que estableció el curso preciso de la frontera entre Maine y Canadá. Esto puso fin a un conflicto entre Estados Unidos y Gran Bretaña que había estado a punto de provocar una guerra en varias ocasiones. Además, en 1842 el presidente puso fin a la Segunda Guerra Seminola, un conflicto que se prolongaba desde 1835 con varias tribus de nativos americanos en Florida. Tyler era partidario de la asimilación cultural forzada de los indios.

Casi inmediatamente después de asumir el cargo, Tyler consideró que la anexión de la República de Texas era un asunto importante que quería llevar a cabo. Texas había declarado su independencia de México en 1836, aunque los mexicanos aún no la reconocían como estado soberano. El pueblo de Texas quería unirse a Estados Unidos, pero los predecesores de Tyler, Jackson y Van Buren, se habían mostrado reacios a hacerlo, temiendo que la adhesión de un nuevo estado del Sur aumentara aún más las tensiones en torno a la cuestión de la esclavitud. El secretario de Estado Webster aconsejó a Tyler que no fuera muy duro con el tema, pero a partir de 1843 lo convirtió en la punta de lanza de su política. También lo vio como su única oportunidad de ser reelegido como candidato independiente en 1844, ahora que estaba sin partido. El Presidente sabía que necesitaría un Secretario de Estado que le apoyara en este tema y por ello sustituyó a Webster por Hugh Legaré. Con la ayuda de su secretario del Tesoro, John Spencer, sustituyó a muchos funcionarios públicos que se oponían a la anexión por otros que la apoyaban. En la primavera de 1843, realizó una gira política por el país para hacer algo por su menguante popularidad, pero durante la gira recibió la noticia de la repentina muerte de Legaré. Como sucesor, Tyler nombró a Abel Upshur.

Tyler y Upshur entablaron negociaciones con el gobierno de Texas y prometieron protección militar contra México. Según la Constitución, necesitaban el consentimiento del Congreso para hacerlo. Los estados del Norte eran reacios a permitir un nuevo estado esclavista. Para presionar a los congresistas del Norte, Upshur hizo correr el rumor de que Gran Bretaña también buscaba un acercamiento con Texas.

El buque USS Princeton fue comisionado en febrero de 1844. Un cañón estaba defectuoso y explotó cuando iba a tener lugar una salva de cañones. El presidente Tyler resultó ileso porque estaba bajo cubierta, pero entre los muertos estaban el secretario de Estado Upshur, el secretario de Marina Thomas Gilmer, el esclavo personal de Tyler, Armistead, y David Gardiner, padre de la entonces prometida y más tarde segunda esposa de Tyler, Julia Gardiner.

El presidente nombró al ex vicepresidente John C. Calhoun como secretario de Estado en marzo de 1844, algo que posteriormente se consideró un error político. Calhoun era un abierto partidario de la esclavitud, lo que hizo mucho más difícil conseguir el apoyo de los congresistas del Norte para la anexión de Texas. Clay (whig) y el ex presidente Van Buren (demócrata) eran los candidatos presidenciales más probables de su partido en ese momento y, tras deliberar conjuntamente, ambos se decidieron en contra de la anexión. Tyler envió el tratado de anexión al Senado para su ratificación en abril de 1844, aunque anticipó que no sería aprobado. Sin embargo, la acción de Van Buren había enemistado a los demócratas del sur, haciéndolo inaceptable como candidato presidencial para una parte del partido. Los demócratas acabaron designando como candidato al relativamente desconocido James Polk, partidario de la anexión. El ex presidente Jackson persuadió a Polk para que permitiera a Tyler unirse al Partido Demócrata. Polk aceptó, y Tyler se retiró posteriormente como candidato presidencial. En las elecciones de noviembre, Polk derrotó a Clay por un estrecho margen. A finales de febrero de 1845, la Cámara de Representantes, por amplia mayoría, y el Senado, por 27 votos a 25, acordaron la anexión de Texas. Tres días antes de su dimisión, Tyler firmó el proyecto de ley de anexión.

Años posteriores

Tras su presidencia, Tyler abandonó la arena política y pasó mucho tiempo en su plantación de Virginia. En febrero de 1861, hizo una aparición más durante su participación en una conferencia de paz en Washington D.C. en vísperas de la Guerra Civil estadounidense. Esperaba que se pudiera llegar a un compromiso, pero cuando las propuestas de la conferencia fueron rechazadas por el Congreso, Tyler vio la secesión de todos los estados del Sur como la única opción. Cuando estalló la guerra, Tyler secundó la decisión de que su estado de Virginia se uniera a los Estados Confederados de América. Fue elegido miembro de la Cámara de Representantes de la Confederación y partió hacia la nueva capital, Richmond, a principios de enero de 1862 para asistir a la sesión inaugural. Esto quedó en nada, ya que murió poco después de llegar a Richmond. Tyler murió el 18 de enero de 1862 por los efectos de una bronquitis a la edad de 71 años. Habló con su médico: "Doctor, me voy. Quizá sea lo mejor".

Tyler había querido un funeral sencillo, pero el presidente de la Confederación, Jefferson Davis, organizó un gran funeral de Estado que presentó a Tyler como un héroe de la nueva nación. Fue el único presidente estadounidense en ser enterrado bajo una bandera no estadounidense.

11. James K. Polk (1845-1849)

Partido Demócrata | Vicepresidente: George M. Dallas

"Ningún presidente que cumpla con sus deberes fielmente y a conciencia puede tener ocio".

James Knox Polk (Pineville (Carolina del Norte), 2 de noviembre de 1795 - Nashville (Tennessee), 15 de junio de 1849) fue el undécimo presidente de los Estados Unidos entre 1845 y 1849 y un esclavista.

Polk nació en Pineville, Carolina del Norte. Fue miembro de la Cámara de Representantes de 1825 a 1839 y gobernador de Tennessee de 1839 a 1841. En las elecciones de 1844 fue elegido undécimo presidente de los Estados Unidos. Durante su campaña contó con la ayuda de Jefferson Davis, posterior presidente de los Estados Confederados de América. Se reveló como un ejecutivo muy poderoso y enérgico. Redujo los aranceles (1846), restauró el sistema de tesorería independiente (1846) y resolvió las disputas fronterizas con Inglaterra sobre Canadá (1846).

Tratado de Oregón

Estas disputas con Canadá acabaron desembocando en el Tratado de Oregón. Este tratado estableció las fronteras entre Estados Unidos y Canadá en el paralelo 49, lo que significó que Estados Unidos ganó una gran cantidad de territorio. Este territorio, a grandes rasgos, acabaría dando lugar a tres nuevos estados: Washington, Oregón e Idaho.

Guerra mexicano-estadounidense

Pero también tuvo una gran responsabilidad en el estallido de la guerra mexicano-estadounidense, en la que Estados Unidos se anexionó algunos estados de México. Poco antes de su toma de posesión, la República de Texas se había separado de México. La guerra no tardó en estallar, ya que se produjeron conflictos sobre la demarcación exacta de la frontera entre Texas y EE.UU. con México. Tras la guerra, se determinó que la frontera sería el Río Grande. Toda la zona al norte del Río Grande, con los estados de Alta California, Nuevo México y Texas, fue cedida a EE.UU., con lo que se cumplió el Destino Manifiesto: Estados Unidos abarcaba ahora efectivamente una zona de "mar a mar".

La guerra entre México y Estados Unidos fue siempre el objetivo de Polk. Antes de declarar la guerra a México, expresó repetidamente su deseo de poseer California. Polk provocó una guerra al llevar soldados estadounidenses a la frontera con México. Un grupo de mexicanos cruzó entonces la frontera acordada y mató a varios soldados estadounidenses. Este fue el momento para que Polk iniciara una guerra. Declaró que era inaceptable que se hubiera derramado sangre americana en suelo americano. Entre otras cosas, envió al posterior presidente, Zachary Taylor, a México, donde se libró la guerra. Los Estados Unidos ganaron por un amplio margen, pero había mucho descontento, especialmente en el norte, por la forma en que se desarrollaban las cosas. El posterior presidente, Ulysess S. Grant, luchó en el bando estadounidense en la guerra, pero se opuso a la política de Polk. Elogió a los soldados mexicanos, de los que dijo que eran muy valientes, y se quejó en cartas sobre la inutilidad, y la injusticia de esta guerra.

Con el tiempo, los territorios recién ganados se incorporarían como estados de los EE.UU., después de lograr ciertas condiciones, como alcanzar una determinada población. Los estados que eventualmente surgirían de los territorios ganados en la Guerra México-Americana incluyen: Arizona, California, Colorado, Nevada, Nuevo México y Utah.

Personalidad y legado

Polk no era conocido por su carisma. No poseía humor, ni otras habilidades sociales. Durante su campaña, recorrió incansablemente el país tratando de convencer a la gente de su posición política. Para ello, fue cuidadosamente entrenado por miembros del partido demócrata. Memorizó chistes y adoptó una forma de hablar más campechana. En su campaña, se presentó como un hombre del pueblo.

Su presidencia fue raramente eficaz. Muchos historiadores lo atribuyen a su voluntad de engañar a los miembros de su propio partido. Prometió a todos todo tipo de cosas para salirse con la suya, para luego no volver a cumplir esas promesas. A través de sus políticas efectivas, fue capaz de realizar algunos cambios importantes, pero éstos fueron en su mayoría revocados por sus sucesores, por lo que sus políticas no gozan de un reconocimiento especial. Se le recuerda sobre todo por la guerra mexicano-estadounidense, que hasta hoy muchos consideran injusta.

Salud débil y muerte

El tiempo que Polk pasó en la Casa Blanca pasó factura a su salud. Cuando se convirtió en presidente, entró en la Casa Blanca con entusiasmo y vigor. El 4 de marzo de 1849, dejó la Casa Blanca exhausto. Había perdido peso y tenía líneas oscuras en la cara y ojeras. Se cree que había contraído el cólera en Nueva Orleans mientras viajaba por el Sur.

Polk murió el 15 de junio de 1849 a la edad de 53 años, 103 días después de dejar la Casa Blanca y fue enterrado en los terrenos de su casa. Murió como el presidente más joven en no morir por asesinato. Su esposa, Sarah Childress Polk, vivió en la casa durante otros 42 años después de su muerte, hasta que falleció el 14 de agosto de 1891. Pasó los últimos treinta años de su vida intentando mejorar la imagen de su marido, sin éxito. Era conocida como una mujer muy trabajadora que se imponía como asesora no oficial del presidente. Los presidentes anteriores a Polk a menudo no tenían esposa, o eran viudos. Así que una mujer fuerte en la Casa Blanca era poco común en esa época. Además, era muy religiosa. Desaprobaba las carreras de caballos y otras formas de entretenimiento. El alcohol estaba oficialmente prohibido en la Casa Blanca durante el reinado de su marido, pero se servía vino en abundancia en las fiestas.

12. Zachary Taylor (1849-1850)

Partido Whig | Vicepresidente: Millard Fillmore

"Siempre he cumplido con mi deber. Estoy preparado para morir. Lo único que lamento es por los amigos que dejo atrás".

Zachary Taylor (Barboursville, Virginia, 24 de noviembre de 1784 - Washington D.C., 9 de julio de 1850) fue el duodécimo presidente de los Estados Unidos (1849-1850), propietario de esclavos y líder militar estadounidense.

Aunque en un principio no se interesó por la política, se presentó a las elecciones presidenciales de 1848 como Whig y derrotó a Lewis Cass. Taylor fue el último presidente que mantuvo esclavos durante su mandato, y el segundo y último Whig en ganar unas elecciones presidenciales.

Se le conocía como "Old Rough and Ready", debido a que tuvo una carrera militar de cuarenta años en el Ejército de los Estados Unidos, en la que sirvió en la Guerra de 1812, la Guerra del Halcón Negro y la Segunda Guerra Seminola. Alcanzó la fama al conducir a las tropas estadounidenses a la victoria en la Batalla de Palo Alto y en la Batalla de Monterrey durante la Guerra México-Americana. Taylor era muy respetado por sus hazañas militares, pero tenía muy pocos conocimientos políticos. Durante mucho tiempo no mostró ningún interés y ni siquiera había votado en su vida. Sin embargo, con su creciente fama, tanto los demócratas como los whigs olieron la oportunidad y trataron de atraerlo. Finalmente se unió a los Whigs, pero no sentía la necesidad de servir al partido. Había luchado por el país y quería hacer lo mismo en política. Sin embargo, pronto descubrió que su liderazgo en política no funcionaba. En parte debido a su escasa experiencia política y a su temprana muerte, se le conoce como un presidente poco importante. Sin embargo, fue honrado por sus firmes principios y su honorable integridad, aunque algunos lo vieron más como una ingenuidad.

Como presidente, enfadó a muchos sureños al adoptar una postura moderada contra la esclavitud. Instó a los colonos de Nuevo México y California a saltarse la etapa territorial y hacer constituciones para convertirse en un estado, allanando el camino para el Compromiso de 1850. Por cierto, él mismo se oponía radicalmente a este compromiso. Creía que el compromiso no mejoraría la situación y que sería mejor que California se uniera como estado independiente. No adoptó una postura radical respecto a la esclavitud, sino que intentó principalmente mantener el país unido. Los efectos del compromiso de 1850 todavía se debaten hoy en día. Algunos sostienen que pospuso la guerra, mientras que otros creen que reforzó las diferencias entre el Norte y el Sur de EE.UU. en aquella época.

Taylor murió sólo 16 meses después de asumir el cargo, el tercer mandato más corto de cualquier presidente. Se cree que murió por los efectos de una gripe estomacal. Tras su muerte, hubo mucha gente que no lo creyó, y surgió una teoría de la conspiración. Los whigs pensaron que podría haber sido asesinado por grupos sureños pro-esclavistas. En 1991, su cuerpo fue exhumado y examinado en busca de algunos compuestos venenosos. Sin embargo, no se encontraron pruebas de envenenamiento. La teoría más extendida es que el agua que bebía estaba contaminada por las alcantarillas abiertas de Washington en aquella época. También se cree que el ex presidente William Henry Harrison perdió la vida como consecuencia de ello. Sólo los presidentes William Henry Harrison y James Garfield tuvieron mandatos más cortos. A Taylor le sucedió su vicepresidente, Millard Fillmore.

13. Millard Fillmore (1850-1853)

Partido Whig | Vicepresidente: Ninguno (vacante)

"Y una derrota honorable es mejor que una victoria deshonrosa".

Millard Fillmore (Summerhill (Nueva York), 7 de enero de 1800 - Búfalo (Nueva York), 8 de marzo de 1874) fue un político y abogado estadounidense del Partido Whig y el decimotercer presidente de los Estados Unidos entre 1850 y 1853. Fillmore fue el "compañero de fórmula" de Zachary Taylor durante las elecciones presidenciales de 1848 y fue elegido como 12º vicepresidente de los Estados Unidos. Tras la muerte del presidente Taylor por los efectos de una enfermedad infecciosa en, Fillmore le sucedió como presidente de los Estados Unidos y completó el mandato de Taylor.

Biografía

Fillmore nació en la pobreza en 1800; sus padres fueron Nathaniel Fillmore (1771-1803) y Phoebe Millard (1781-1831). Tuvo una infancia relativamente difícil. A diferencia de muchos presidentes de EE.UU., su familia no era rica y él no pudo asistir a la escuela. Sin haber recibido ninguna educación, se propuso educarse a sí mismo. Leyó libros y realizó prácticas en un bufete de abogados. Se abrió camino dentro del partido Whig hasta ser elegido como *compañero de fórmula* (candidato a la vicepresidencia) de Zachary Taylor. Se suponía que el oscuro y modesto candidato de Nueva York complementaría bien a Taylor en su faceta de soldado sureño esclavista. Sin embargo, los dos llegaron a ser diametralmente opuestos en la cuestión de la esclavitud en los nuevos territorios del Oeste que habían sido capturados a México en la guerra mexicano-estadounidense. Taylor quería que estos territorios se convirtieran en estados libres; Fillmore estaba a favor de convertirlos en estados esclavistas para apaciguar al Sur. En sus propias palabras, "Dios sabe que me repugna la esclavitud, pero es un mal existente.... y debemos soportarlo y darle la protección que le otorga la Constitución".

Fillmore presidió el Senado durante los meses de angustiosos debates sobre el Compromiso de 1850. No comentó públicamente los méritos de la propuesta pero, unos días antes de la muerte de Taylor, dejó caer que, en caso de empate en la votación de la propuesta de Henry Clay, él votaría a favor.

Presidencia

Fue el sucesor de Zachary Taylor, quien, se sospecha, murió de una gastroenteritis aguda o una insolación. Así fue como la repentina llegada de Fillmore a la presidencia provocó un importante cambio en las relaciones políticas del gobierno. El gabinete de Taylor dimitió y Fillmore nombró rápidamente a Daniel Webster como secretario de Estado, aliándose así con los whigs moderados, que estaban a favor del Compromiso.

La propuesta de adhesión de California a la Unión avivó de nuevo el acalorado debate sin acercar a las partes.

Clay, agotado, abandonó Washington para recuperarse. El liderazgo del Senado pasó al senador Stephen A. Douglas de Illinois. En este momento decisivo, Fillmore se pronunció a favor del Compromiso. Envió un mensaje al Senado sugiriendo que se pagara a Texas para que renunciara a sus reclamaciones sobre los nuevos territorios.

Como resultado, un número crítico de senadores whigs del Norte se dejaron convencer de renunciar a la cláusula Wilmot -la condición de que todos los territorios capturados en la Guerra de México debían ser salvaguardados de la esclavitud-.

Los movimientos estratégicos de Douglas en el Congreso y la presión de Fillmore desde la Casa Blanca dieron un gran impulso al movimiento del Compromiso. Douglas fue más allá y dividió el proyecto de ley de Clay en cinco partes:

- Admisión de California como estado libre

- Arreglar la frontera de Texas y compensar a Texas por ello

- La concesión a Nuevo México del estatus territorial

- Proporcionar alguaciles federales a los propietarios de esclavos que buscaban a los esclavos fugados

- Abolición de la trata de esclavos en el Distrito de Columbia (donde se encuentra Washington D.C.)

Cada propuesta obtuvo una mayoría y para el 20 de septiembre Fillmore las había convertido en ley. Webster escribió sobre ellas: "Ahora puedo dormir por la noche.

Otro éxito de la administración de Fillmore fue la apertura de la misión comercial a Japón bajo el mando del comandante Matthew Perry.

Sin embargo, algunos de los Whigs más militantes estaban inconsolables y nunca perdonaron a Fillmore por haber firmado la Ley de Esclavos Fugitivos. En parte debido a ellos, no fue nominado como candidato presidencial en 1852. La Ley del Esclavo Fugitivo significaba que los esclavos fugados debían ser devueltos a su legítimo dueño. Un propietario de esclavos sólo tenía que informar a la policía sobre el esclavo fugado y el proceso se iniciaría. Cuando alguien se encontraba con un presunto esclavo fugado, tenía que denunciarlo inmediatamente. No hacerlo se castigaba con una multa de mil dólares (equivalente a unos treinta mil dólares de hoy). Ayudar a los esclavos fugitivos podía acarrear incluso una pena de prisión. Un esclavo capturado era, sin ningún tipo de juicio, devuelto a su dueño. Al no haber interferencia de los tribunales, esta ley provocó el secuestro de muchos afroamericanos libres, que luego también fueron esclavizados.

En pocos años, quedó claro que el Compromiso, destinado a calmar las mentes en torno a la esclavitud, no había sido más que una pausa temporal.

Fillmore es considerado generalmente como el presidente "menos memorable". El posterior presidente Harry S. Truman le acusó en una ocasión de liderazgo débil y de ser cómplice de la Guerra Civil estadounidense. Es absolutamente cierto que Fillmore fue incapaz de calmar la tensión entre el Norte y el Sur, pero muchos biógrafos consideran que merece más crédito. En algunos aspectos, Fillmore sí demostró ser un líder fuerte. Durante su presidencia existió la posibilidad de una nueva guerra entre Estados Unidos y México, pero mediante una atención constante Fillmore consiguió evitar esta crisis sin perder la cara. Además, su actitud abierta hacia el Compromiso de 1850 es nombrada por muchas personas. Al cooperar con este acto, Fillmore cumplió con su deber como presidente y se negó a interponerse en el camino de la democracia.

Tras su presidencia

Tras dejar la Casa Blanca, Fillmore regresó a Búfalo. Aquí se incorporó a la Universidad de Búfalo como rector. Cuando el partido Whig se disolvió a finales de la década de 1850, Fillmore se negó a unirse a los republicanos. En su lugar, se convirtió en candidato del Partido Americano (también llamado el partido Know-Nothing) en 1856. Durante la Guerra Civil estadounidense se opuso a Abraham Lincoln y durante la Reconstrucción apoyó a Andrew Johnson. Fillmore murió, a los 74 años, a las 23:15 horas del 8 de marzo de 1874. Sus últimas palabras -dichas después de que le administraran una sopa- fueron: "La comida es comestible".

Hasta ahora, Fillmore es el último presidente que no era ni republicano ni demócrata.

La historia de que Fillmore hizo instalar la primera bañera en la Casa Blanca proviene de un chiste de H. L. Mencken en una columna del 28 de diciembre de 1917 en el *New York Evening Mail*.

14. Franklin Pierce (1853-1857)

Partido Demócrata | Vicepresidente: William R. King (Vacante después)

"Si tu pasado es limitado, tu futuro es ilimitado".

Franklin Pierce (Hillsborough (Nuevo Hampshire), 23 de noviembre de 1804 - Concord (Nuevo Hampshire), 8 de octubre de 1869) fue el decimocuarto presidente de los Estados Unidos entre 1853 y 1857.

Franklin Pierce llegó a la presidencia durante una época aparentemente pacífica. Estados Unidos parecía haber resistido la amenaza de secesión, gracias al Compromiso de 1850. Siguiendo las recomendaciones de los asesores sureños, Pierce, que procedía de Nueva Inglaterra, esperaba evitar otra amenaza de secesión. Pero su estrategia, que no consiguió mantener la paz, aceleró la ruptura de la Unión.

Biografía

Pierce nació en Hillsborough (actual Hillsboro), New Hampshire, en 1804. Cursó el "bachillerato" en el Bowdoin College. Después de graduarse, estudió derecho, tras lo cual entró en la política. A los 24 años fue elegido miembro de la "legislatura" de New Hampshire; dos años después se convirtió en "Speaker". En la década de 1930 fue a Washington, primero como miembro de la Cámara de Representantes y después como senador.

Tras servir en la Guerra de México, Pierce fue designado por sus amigos de New Hampshire como candidato a la nominación presidencial en 1852. En la Convención Demócrata, hubo suficiente apoyo para respaldar el "Compromiso de 1850" y no plantear la cuestión de la esclavitud. Pero hubo que votar 48 veces, hasta que finalmente Pierce se impuso.

Probablemente porque los demócratas apoyaban el "Compromiso" con más fuerza que los "Whigs" y porque su candidato, el general Winfield Scott, no gozaba de la confianza del Sur, Pierce ganó las elecciones por un estrecho margen.

Dos meses antes del inicio de su presidencia, el 6 de enero de 1853, la familia viajaba en tren desde Andover, Massachusetts, a Lawrence, Massachusetts, cuando su vagón descarriló. Franklin y Jane sólo sufrieron heridas leves, pero su hijo de once años murió ante sus ojos. Toda la nación compartió el dolor. La toma de posesión del 4 de marzo tuvo lugar sin la presencia de Jane. Triste y mentalmente agotado, Pierce comenzó la presidencia. Se ha escrito mucho sobre el impacto de la muerte de su hijo en su presidencia. Muchos sostienen que la muerte de su hijo fue un golpe tan fuerte para su estado mental que le fue imposible seguir funcionando adecuadamente como presidente. Como resultado de la muerte de su hijo, Pierce desarrolló un grave problema de alcoholismo.

Presidencia

En su discurso de investidura, proclamó una era de paz y progreso internos y de políticas sólidas en las relaciones con otros países. Estados Unidos podría tener que adquirir más bienes para su propia seguridad, argumentó, y no se dejaría disuadir por "ninguna prohibición tácita del mal".

A Pierce le bastó con tender a la expansión para despertar la ira del Norte, que le acusó de ser un instrumento del Sur, en su deseo de extender la esclavitud. Por ello, despertó el temor de éste cuando presionó al Reino Unido para que renunciara a su interés especial en parte de la costa de América Central, y aún más cuando trató de persuadir a España para que vendiera Cuba.

Pero el estallido más grave de la lucha lo provocó la "Ley Kansas-Nebraska", que derogó el Compromiso de Missouri y volvió a poner el tema de la esclavitud en el Oeste. Esta medida, obra del senador Stephen A. Douglas, surgió de su deseo de promover un ferrocarril de Chicago a California a través de Nebraska. El Secretario de Guerra Jefferson Davis, defensor de una ruta transcontinental hacia el sur, había convencido a Pierce para que enviara a James Gadsden a México a comprar tierras para un ferrocarril del sur. Compró la zona que hoy incluye el sur de Arizona y parte de Nuevo México por 10.000.000 de dólares.

La propuesta de Douglas de movilizar los territorios del oeste, por los que podría pasar el ferrocarril, causó enormes problemas. Douglas propuso en sus leyes que la población de los nuevos territorios pudiera decidir por sí misma la cuestión de la esclavitud. Como resultado, muchos se trasladaron a Kansas, ya que los sureños y los norteños buscaban el control de la zona. Se produjeron tiroteos y el "Kansas sangriento" se convirtió en el preludio de la Guerra Civil estadounidense.

Al final de su mandato, Pierce pudo afirmar que en Kansas reinaba una "situación pacífica". Pero, para su decepción, los demócratas se negaron a nominarlo de nuevo para la presidencia, eligiendo en su lugar sustituirlo por el menos controvertido Buchanan.Pierce regresó a New Hampshire, dejando a su sucesor la incipiente tormenta secesionista.

Herencia y muerte

Pierce suele figurar entre los presidentes menos memorables, o que peor funcionan. Las biografías lo retratan como un hombre increíblemente carismático que trataba de complacer a todo el mundo. En parte debido a este rasgo, no fue muy decisivo como presidente y se le suele considerar una marioneta del Partido Demócrata. En parte debido a su pobre liderazgo, la Guerra Civil Americana surgió unos años después. Pierce no veía la esclavitud como una cuestión moral, sino como una cuestión de propiedad. Por tanto, se oponía al abolicionismo. El historiador Larry Gara escribió lo siguiente en una biografía de Pierce:

Fue presidente en una época que requería habilidades sobrehumanas, habilidades que, sin embargo, no poseía, y nunca llegó a madurar en la presidencia. Nunca comprendió del todo la profundidad del sentimiento en el Norte. Pierce fue muy trabajador y su administración se mantuvo en gran medida intacta, pero el legado de esos cuatro años turbulentos contribuyó a la tragedia de la secesión y la guerra civil.

Franklin Pierce murió, a los 64 años, el 8 de octubre de 1869, por problemas de hígado. Toda su vida luchó con problemas de bebida debido a la muerte de su hijo. Tuvo dos hijos más que murieron antes de cumplir los cuatro años. Su esposa, Jane Pierce, sufrió una grave depresión durante toda su vida, por lo que su vida familiar se vio gravemente alterada. En los últimos años de su vida se volvió cada vez más espiritual y fue socialmente activo.

15. James Buchanan (1857-1861)

Partido Demócrata | Vicepresidente: John C. Breckinridge

"Sea cual sea el resultado, me llevaré a la tumba la conciencia de que al menos tuve buenas intenciones para mi país".

James Buchanan Jr. (Mercersburg (Pensilvania), 23 de abril de 1791 - Lancaster (Pensilvania), 1 de junio de 1868) fue el decimoquinto presidente de los Estados Unidos entre 1857 y 1861.Fue (y sigue siendo hasta hoy) el único presidente soltero en la lista de presidentes de los Estados Unidos.

En el gabinete del presidente James Knox Polk, fue Secretario de Estado de 1845 a 1849. Resolvió las disputas con Inglaterra sobre Oregón e intentó comprar Cuba a España. Se le ha criticado por su falta de acción positiva para evitar que el país cayera en una espiral descendente, que finalmente desembocó en la Guerra Civil estadounidense.

Buchanan murió en 1868 a la edad de 77 años.

De por vida

Buchanan era hijo de inmigrantes irlandeses. Estudió derecho y luego se dedicó a la abogacía. Buchanan era un federalista acérrimo y en un principio se opuso a la Guerra de 1812 porque no veía la necesidad de ella. Cuando Gran Bretaña invadió la cercana Maryland, se alistó de todos modos y ayudó a defender la ciudad de Baltimore.

Su carrera política comenzó en 1814 en la Cámara de Representantes del estado de Pensilvania. Allí sirvió dos años en nombre del Partido Federalista hasta que fue elegido para la Cámara de Representantes de los Estados Unidos. Tras cuatro mandatos, dejó de presentarse a las elecciones. El presidente Andrew Jackson lo nombró embajador de Estados Unidos en Rusia en 1832. Un año después estaba de vuelta en Estados Unidos y se presentaba como candidato al Senado. Como el Partido Federalista estaba en las últimas, Buchanan se pasó al recién creado Partido Demócrata.

El Senado dejó a Buchanan en 1845 para que se convirtiera en Secretario de Estado con el presidente James Polk. Polk había querido que Buchanan formara parte del Tribunal Supremo, pero rechazó ese nombramiento porque quería terminar las negociaciones con Gran Bretaña sobre el curso exacto de la frontera entre el estado de Oregón y Canadá. Esas negociaciones culminaron en el Tratado de Oregón un año después. Buchanan ejerció cuatro años como Secretario de Estado, a pesar de las objeciones del vicepresidente George Dallas.

Bajo el mandato del presidente Franklin Pierce, fue embajador en Gran Bretaña de 1853 a 1856. Participó en la redacción del infame Manifiesto de Ostende. Este documento describía las motivaciones de Estados Unidos para comprar Cuba a España y dejaba claro que Estados Unidos declararía la guerra si España se negaba. El manifiesto fue considerado en general como un error y limitó la capacidad de funcionamiento de la administración Pierce.

Presidente

El Partido Demócrata designó a Buchanan como su candidato a la presidencia en 1856. De hecho, durante el acalorado debate sobre la Ley Kansas-Nebraska, él se encontraba en Inglaterra y, por lo tanto, había permanecido neutral en la discusión. El demócrata derrotó al candidato republicano John C. Fremont. A la edad de 65 años, es la quinta persona de mayor edad que ha sido elegida como presidente de los Estados Unidos. Debido a su edad, hizo saber en su discurso inaugural que no buscaría un segundo mandato.

En el momento en que Buchanan asumió la presidencia, el debate en torno a la esclavitud dominaba la política nacional. La Ley Kansas-Nebraska preveía la organización de los territorios de Kansas y Nebraska. Los residentes de los territorios recién formados podrían elegir si se introducía o no la esclavitud. La ley también derogó el cuidadosamente negociado Compromiso de Missouri de 1820, que había garantizado que el número de estados en los que se permitía o no la esclavitud se mantuviera equilibrado.

Los opositores a la esclavitud, conocidos como abolicionistas, proclamaron a Topeka como capital de Kansas, mientras que los partidarios proclamaron a Lecompton como la nueva sede del gobierno. Buchanan nombró a Robert J. Walker como gobernador territorial y le encargó que pusiera fin al conflicto y redactara una nueva constitución. Kansas necesitaba su propia constitución para ser admitido en Estados Unidos como estado. Se suponía que Walker, que era de Mississippi, apoyaría a la facción pro-esclavista para que se aprobara su versión de la constitución. Su concepto se sometió a la aprobación del pueblo de Kansas en un referéndum, pero el movimiento abolicionista lo boicoteó. Posteriormente, Walker dimitió de su cargo. No obstante, el presidente Buchanan intentó que el Congreso de los Estados Unidos admitiera a Kansas en la Unión sobre la base de la "Constitución de Lecompton". La Cámara de Representantes aceptó la admisión, pero la propuesta fue rechazada por el Senado.

El impulsor de ese rechazo fue el senador Stephen Douglas, líder de los demócratas del norte. La batalla en torno a Kansas se convirtió en una batalla por el liderazgo dentro del Partido Demócrata. Buchanan podía contar con el apoyo de un gran número de demócratas del sur, mientras que Douglas tenía a la mayoría de los demócratas del norte y a varios "sureños" detrás de él. Buchanan se deshizo de muchos de sus oponentes en Washington D.C. y en Illinois, el estado natal de Douglas, durante el periodo siguiente. El mandato de Douglas expiró en 1859 y Buchanan hizo todo lo posible para evitar la reelección. Ese plan fracasó. En esta elección, el presidente perdió gran parte de sus seguidores en el Congreso y quedó alelado durante el resto de su mandato.

Buchanan recibió informes contradictorios en marzo de 1857 de que en el territorio de Utah los jueces federales habían sido destituidos por los mormones. El gobierno de su predecesor, el presidente Pierce, se había negado a reconocer a Utah como estado. Circularon los rumores más descabellados. Se decía que los mormones se habían rebelado abiertamente contra los Estados Unidos. Buchanan envió al ejército a sustituir al gobernador Brigham Young por el no mormón Alfred Cumming. Debido a que la administración anterior había cancelado el contrato de correo con respecto a Utah, Young nunca recibió aviso de su reemplazo. Por lo tanto, se resistió por la fuerza de las armas. Sólo después de que Buchanan enviara un mediador, Young renunció y se firmó la paz.

El Partido Republicano obtuvo la mayoría en ambas cámaras en las elecciones al Congreso. Bloquearon muchas de las propuestas de Buchanan, incluida la compra de Cuba y los planes que debían conducir a una mayor influencia en América Central. A su vez, el presidente vetó seis proyectos de ley aprobados por los republicanos. En marzo de 1860, la Cámara de Representantes convocó un comité para investigar una serie de delitos que podrían haber provocado la destitución de Buchanan, como el soborno y el chantaje. Aunque hubo indicios, el comité no pudo corroborar las sospechas.

Durante la Convención Nacional del Partido Demócrata en 1860, se produjo un cisma. Durante la convención, los demócratas tenían que nominar a un candidato presidencial. El ala sureña del partido abandonó la convención y nombró como candidato al actual vicepresidente John Breckinridge. Sus oponentes nominaron a su archienemigo Stephen Douglas, mientras que otra facción propuso al ex presidente de la Cámara de Representantes John Bell. Éste no adoptó ninguna posición sobre la esclavitud y su principal objetivo era salvar la Unión. Buchanan apoyó a Breckinridge. Cuando los republicanos propusieron a Abraham Lincoln como candidato, era casi seguro que sería elegido debido a las divisiones dentro del Partido Demócrata.El General y Jefe del Ejército Winfield Scott advirtió a Buchanan ya en octubre de 1860 que una elección de Lincoln conduciría casi con seguridad a la secesión de al menos siete estados. Scott recomendó trasladar gran parte del ejército federal a esos estados. Buchanan ignoró el consejo. Cuando Lincoln fue efectivamente elegido, los llamamientos a la secesión aumentaron en los estados del sur. En su último discurso ante el Congreso, Buchanan dijo que si bien no era legalmente posible abandonar la Unión, el gobierno federal tampoco podía impedirlo. Culpó del conflicto enteramente a los norteños que querían abolir la esclavitud en el Sur. Su discurso fue criticado tanto por el Sur como por el Norte porque prohibía la secesión pero al mismo tiempo no actuaba contra ella. Cinco días después del discurso, el secretario del Tesoro, Howell Cobb, dimitió porque ya no apoyaba al presidente.

Carolina del Sur se separó el 20 de diciembre de 1860, seguida por otros seis estados esclavistas. En febrero de 1861, proclamaron los Estados Confederados de América. Se apoderaron de los edificios del gobierno federal en sus territorios, y Buchanan no actuó contra ellos. A finales de diciembre de 1860, Buchanan sustituyó a varios ministros de su gabinete que simpatizaban con los Estados Confederados y los sustituyó por varios nacionalistas que creían en la unidad de Estados Unidos.

Vida personal y muerte

La vida personal de Buchanan se caracteriza por la ausencia de esposa. Esto le convirtió en el único presidente de EE.UU. que era soltero. Este hecho ha provocado un mayor interés histórico por su vida. Hay historiadores que atribuyen la ausencia de una mujer en su vida a un estilo de vida célibe, o a la posibilidad de que Buchanan fuera asexual. Sin embargo, muchos más historiadores creen que es muy posible que Buchanan fuera homosexual.

En 1818 Buchanan conoció a Anne Caroline Coleman. En 1819 los dos estaban comprometidos, aunque se veían poco. Buchanan estaba ocupado con su bufete de abogados y no podía estar mucho con ella. Coleman rompió su compromiso y murió unas semanas después, el 9 de diciembre de 1819. Buchanan escribió a su padre para pedirle permiso para asistir al funeral. Sin embargo, su petición fue denegada. Después de su muerte, no volvió a tener otra relación con una mujer y tampoco mostró mucho interés por las mujeres.

Buchanan mantuvo una íntima relación personal con William Rufus King, un político de Alabama que había sido brevemente vicepresidente de Franklin Pierce. Vivieron juntos durante muchos años y, por tanto, se hablaban mucho. Otras personas también se dieron cuenta de sus intimidades y surgieron muchos chismes sobre su posible relación sexual. En 1853, King murió de tuberculosis, cuatro años antes de la presidencia de Buchanan.

En mayo de 1868, Buchanan se resfrió. La enfermedad empeoró rápidamente, debido a su avanzada edad, y el 1 de junio de 1868 murió. Vivió hasta los 77 años.

16. Abraham Lincoln (1861-1865)

Partido Republicano y Partido de la Unión Nacional | Vicepresidentes: Hannibal Hamlin y Andrew Johnson

"No estoy obligado a ganar, pero sí a ser sincero. No estoy obligado a triunfar, pero sí a estar a la altura de la luz que tengo".

Abraham Lincoln (Hodgenville (Kentucky), 12 de febrero de 1809 - Washington, 15 de abril de 1865) fue el 16º presidente de los Estados Unidos. Ocupó el cargo desde 1861 hasta su muerte en 1865. Lincoln fue el primer presidente de los Estados Unidos en ser asesinado durante su mandato.

Lincoln está considerado como uno de los mejores presidentes estadounidenses. Se le elogia por su liderazgo durante la Guerra Civil estadounidense, la abolición de la esclavitud, el fortalecimiento del gobierno nacional y la modernización de la economía.

Biografía

Abraham Lincoln era hijo de Thomas y Nancy Hanks Lincoln. Recibió el nombre de su abuelo por parte de su padre. Su padre era carpintero y agricultor. Ambos padres eran bautistas.

Cuando Lincoln tenía siete años, sus padres se trasladaron a Indiana. Asistió a la escuela con su hermana mayor Sarah, que murió en 1828 mientras daba a luz a su hijo. El hermano menor de Lincoln murió poco después de dar a luz. Estudiante autodidacta, Lincoln dominaba la lectura, la escritura y el habla a un nivel que la escuela no podía proporcionar.

En 1818, su madre murió por beber leche contaminada con *Ageratina altissima*. Un año después de su muerte, su padre volvió a casarse con Sarah Bush Johnston. Ella ya tenía tres hijos. En 1851, su padre murió.

En 1831 Lincoln se trasladó a Illinois, donde vivió en New Salem desde 1837. Allí desempeñó varios trabajos, desde cartero hasta propietario de una tienda, y aquí se le apodó *Honest Abe*. Lincoln también compitió en las elecciones a la Cámara de Representantes del estado de Illinois. Ganó cuatro veces, en 1834, 1836, 1838 y 1840, como miembro del *Partido Whig de los Estados Unidos,* aunque posteriormente se unió a los republicanos. Durante esta época también estudió derecho en su tiempo libre, y en 1836 se convirtió en abogado.

En 1839 Lincoln conoció a Mary Todd, en Springfield. Después de tres años se casaron y durante los siguientes once años tuvieron cuatro hijos: Robert, Edward, William y Thomas. Durante este tiempo, Lincoln fue un abogado de éxito.

En 1846 Lincoln fue elegido miembro de la Cámara de Representantes, tras lo cual adquirió fama por sus opiniones sobre la guerra mexicano-estadounidense y la esclavitud. Tras su mandato, regresó a su casa y reanudó el ejercicio de la abogacía.

El interés de Lincoln por la política surgió a raíz de la *Ley Kansas-Nebraska*. Comenzó a pronunciar discursos ocasionales, que tuvieron mucho éxito por su lógica y humor.

Presidencia

En 1860, Lincoln se presentó como candidato a la presidencia por los republicanos y fue elegido el 16º presidente de los Estados Unidos. Prestó juramento como presidente el 4 de marzo de 1861.

Los Estados del Sur veían una amenaza en Lincoln porque quería impedir la expansión de la esclavitud. Lincoln había sido elegido exclusivamente con los votos de los Estados del Norte (y de California y Oregón). Los estados del Sur se separaron entonces de los Estados Unidos y formaron los Estados Confederados de América. Como resultado, en su primer mandato, Lincoln experimentó inmediatamente la mayor crisis interna que conocerían los Estados Unidos: la Guerra Civil Americana. Con palabras conciliadoras en su discurso inaugural como presidente, no pudo evitar esta guerra. A pesar de la gran pérdida de vidas, Lincoln mantuvo su postura intransigente contra el Sur. Sin embargo, hizo hincapié en que su preocupación era la preservación de la Unión, no la abolición de la esclavitud. Por ejemplo, el 25 de agosto de 1862, escribió en el New York Times: "Si pudiera salvar la Unión sin liberar a ningún esclavo, lo haría; y si pudiera salvarla liberando a todos los esclavos, lo haría; y si pudiera hacerlo liberando a algunos y dejando a otros en paz, también lo haría". El 9 de abril de 1865, el general sureño Lee firmó la rendición, poniendo prácticamente fin a la resistencia de los Estados sureños escindidos.

Tras su reelección en 1864, Lincoln fue fusilado el Viernes Santo, 14 de abril de 1865, en *el Ford's Theatre* (un teatro de Washington) por John Wilkes Booth, un fanático partidario de los Estados Confederados. El presidente recibió un impacto de bala en la nuca y murió al día siguiente, el Sábado de Gloria, 15 de abril, en la *Petersen House, a la* edad de 56 años.

Su muerte conmocionó violentamente a Estados Unidos, incluidos los estados del sur. Al menos 100.000 personas en Washington y 600.000 en Nueva York despidieron al presidente asesinado. Un tren funerario especial llevó a Lincoln en varios días desde Washington, pasando por Nueva York, Detroit, Búfalo y Chicago, hasta Springfield. Los dolientes se alinearon en la ruta por todas partes. Se calcula que unos siete millones de personas asistieron a las distintas ceremonias de duelo.

El 4 de mayo de 1865, Lincoln fue enterrado en Springfield. Fue enterrado en el panteón familiar del cementerio de Oak Ridge.

La leyenda cuenta que unos días antes del asesinato Lincoln había soñado que veía a alguien tendido en la Casa Blanca. Cuando preguntó qué había pasado, se dice que un soldado le respondió que el presidente había sido asesinado.

Andrew Johnson, su vicepresidente, sucedió a Abraham Lincoln como presidente. Como gesto de reconciliación, Lincoln eligió a este demócrata como vicepresidente. Esto causó más tarde problemas con la mayoría republicana en el Congreso y el Senado, lo que dio lugar a un proceso de destitución (sin éxito).

Miembros del gabinete de Lincoln

Barba

Abraham Lincoln se dejó la barba en 1861, en parte por consejo de Grace Bedell, de once años. Ella le escribió en una carta que le quedaría mejor, ya que tenía una cara muy delgada. Cuando Lincoln pasó por la ciudad natal de Bedell en el tren a Washington después de su elección, miles de residentes se habían reunido para ver al nuevo presidente. En su discurso, Lincoln habló de la carta de Bedell y dijo que, en parte, por sugerencia de ella, se había dejado crecer la barba. Preguntó si estaba presente y la invitó a acercarse.

17. Andrew Johnson (1865-1869)

Partido de la Unión Nacional y Partido Democrático | Vicepresidente: Ninguno (vacante)

"Si siempre apoyas los principios correctos, ¡nunca obtendrás resultados equivocados!"

Andrew Johnson (Raleigh (Carolina del Norte), 29 de diciembre de 1808 - Elizabethton (Tennessee), 31 de julio de 1875) fue el decimoséptimo presidente de los Estados Unidos (1865-1869). Antes, en 1865, fue vicepresidente con Abraham Lincoln. Tras su muerte, el 15 de abril de 1865, se convirtió en presidente.

Biografía

Andrew Johnson nació en Raleigh, Carolina del Norte, y fue autodidacta. Se trasladó a Tennessee en 1826, donde trabajó como sastre. Fue concejal de Greeneville de 1828 a 1830 y alcalde de 1834 a 1838. De 1835 a 1837 y de 1839 a 1841 fue miembro de la Cámara de Representantes de Tennessee. En 1841 fue elegido como demócrata para el Congreso, del que fue miembro desde el 4 de marzo de 1843 hasta el 3 de marzo de 1853. No aspiró a un mandato posterior y se convirtió en gobernador de Tennessee, cargo que ocupó hasta 1857. Luego fue miembro del Senado desde el 8 de octubre de 1857 hasta el 4 de marzo de 1862.

En 1864, el republicano Abraham Lincoln lo eligió vicepresidente. Prestó juramento el 4 de marzo de 1865. Tras el asesinato de Lincoln, el 15 de abril de 1865, le sucedió como presidente.

Presidencia

Johnson gobernó durante el periodo de *Reconstrucción*, el periodo justo después de la Guerra Civil estadounidense, durante el cual los estados esclavistas del sur volvieron a la unión. Continuó la política que Lincoln había iniciado, pero quiso reincorporar los estados con los antiguos propietarios de esclavos mucho antes. Sin embargo, el Congreso, dominado por los republicanos, se opuso estructuralmente a ello. El Congreso quería garantías sobre los derechos civiles de la población negra antes de admitir a los estados. Con el Congreso estaba constantemente en desacuerdo. A medida que criticaba al Congreso, esto no hacía más que empeorar.

Procedimiento de depósito

La Cámara de Representantes acabó iniciando un procedimiento de destitución porque Johnson había despedido a Edwin Stanton, el Secretario de Guerra, violando la Constitución. El procedimiento no llegó a buen puerto, ya que le faltó un voto para obtener una mayoría de dos tercios en el Senado, por 35 votos contra 19. Así, Johnson se retiró legítimamente al final de su mandato, el 4 de marzo de 1869. Fue el primer presidente contra el que la Cámara de Representantes inició un procedimiento de destitución.

Después de su presidencia, Johnson participó en las elecciones al Senado (1869) y a la Cámara de Representantes (1872), y perdió ambas. El 4 de marzo de 1875, aún fue elegido para el Senado y sirvió hasta su muerte el 31 de julio de 1875. Murió a la edad de 66 años en casa de su hija.

18. Ulysses S. Grant (1869-1877)

Partido Republicano | Vicepresidentes: Schuyler Colfax y Henry Wilson

*"En toda batalla llega un momento en que ambos
bandos se consideran vencidos, entonces gana el que
continúa el ataque".*

Ulysses Simpson Grant (Point Pleasant (Ohio), 27 de abril de 1822 -
Wilton (Nueva York), 23 de julio de 1885) fue un general
estadounidense y comandante en jefe de las fuerzas del Norte durante
la Guerra Civil estadounidense. Fue el decimoctavo presidente de los
Estados Unidos entre 1869 y 1877.

Jóvenes

Grant nació en Point Pleasant, en el condado de Clermont, en Ohio.
Sus padres eran Jesse Root Grant y Hannah Simpson y le pusieron el
nombre de **Hiram Ulysses Grant**. Su padre y su abuelo por parte de
madre habían nacido en Pensilvania. Su padre era curtidor. En el

otoño de 1823, se trasladaron a Georgetown, en Brown Country, Ohio. Grant pasó aquí la mayor parte de su tiempo hasta que cumplió diecisiete años.

A los 17 años, fue propuesto por su ayudante como cadete del ejército estadounidense. Fue admitido en la academia de élite del ejército, West Point, en Nueva York. Sin embargo, el delegado lo inscribió por error como Ulysses S. Grant, y así fue como se le conoció en adelante (lo que no le perjudicó más tarde; la abreviación de su nombre contribuyó firmemente a su popularidad). Se graduó en 1843, en el puesto 21 de una clase de 39 cadetes.

El 22 de agosto de ese año se casó con Julia Boggs Dent, con quien tuvo cuatro hijos: Frederick Dent, Ulysses Simpson Jr., Ellen Wrenshall y Jesse Root.

Carrera militar

Antes de la Guerra Civil

Grant sirvió durante la guerra mexicano-estadounidense a las órdenes de los generales Zachary Taylor y Winfield Scott y luchó en las batallas de Resaca de la Palma, Palo Alto (en la actual Texas), Monterrey y Vera Cruz. Recibió dos menciones por el valor demostrado: en Molino del Rey y en Chapultepec. En el verano siguiente, el 31 de julio de 1854, obtuvo una licencia mayor. Le siguieron siete años de vida civil, durante los cuales Grant tuvo el mismo fracaso en todo lo que emprendió. Con su paga del ejército compró una granja, que pronto quebró. En St. Louis trabajó como agente inmobiliario durante un tiempo, pero fue despedido por falta de éxito. Finalmente, entró a trabajar en la curtiduría de su padre y su hermano como ayudante.

Tennessee

Cuando las tropas del Sur capturaron Fort Sumter el 14 de abril de 1861, Grant reunió una compañía de voluntarios y se presentó en Springfield, Illinois, como capitán de la compañía. El gobernador consideró que un ex alumno de West Point podía tener un mejor empleo y lo nombró coronel del 21º Regimiento de Infantería de Illinois a partir del 17 de junio de 1861. Su primera misión no fue un gran éxito y siguió teniendo un trabajo de oficina. Sin embargo, le siguió el ascenso y se convirtió en general de brigada de voluntarios a partir del 7 de agosto.

Mediante un desvío, Grant volvió al campo de batalla al frente de un batallón. El 6 de febrero de 1862, él y sus hombres obtuvieron la primera gran victoria del Norte en la Guerra Civil estadounidense al capturar Fort Henry en Tennessee. A la semana siguiente, tomó Fort Donelson, exigiendo la rendición incondicional, lo que inspiró al Norte y al Sur a adoptar un apodo (basado en sus iniciales): Grant de la rendición incondicional.

Pronto se ganó la reputación de ser un líder tenaz que perseguía implacablemente al ejército confederado y nunca dejaba de lado a su enemigo. Debido a estas cualidades, obtuvo una serie de grandes pero costosas victorias en diversas batallas. Una victoria famosa -e infame- que obtuvo fue la batalla de Shiloh, en la que durante dos días murieron más estadounidenses (unos 5.000) que en todas las guerras americanas anteriores juntas. Grant pasó la noche entre los dos días de esta batalla con su amigo y subcomandante William T. Sherman. En sus memorias, Sherman dejó una parte de su conversación que tipifica mucho a Grant. Sherman comentó que el primer día había sido muy duro. Grant respondió diciendo: "Sí, pero mañana los haremos rodar".

Vicksburg

Tras la victoria en Shiloh, Grant recibió la orden de tomar la ciudad de Vicksburg. Esta ciudad era la última del río Misisipi en manos del Sur y el último obstáculo para que la Unión tomara el control de todo el río. Grant dirigió sus tropas en una larga marcha alrededor de la ciudad, la rodeó y comenzó un asedio de varios meses. Durante este asedio, se pusieron de manifiesto otros dos rasgos de Grant. En primer lugar, su uso de muchos hombres y armas pesadas para ganar las batallas - un gran cambio de las tácticas militares existentes. Al hacerlo, Grant demostró una comprensión de la naturaleza cambiante de la guerra que no muchos de sus compañeros siguieron y ayudó a definir la imagen de la guerra hasta la introducción de *la Blitzkrieg* por los ejércitos alemanes en 1940. El segundo rasgo era menos halagador, a saber, la costumbre de Grant de superar los períodos de aburrimiento (como los largos asedios) con la ayuda de grandes cantidades de licor. La tan mencionada (pero en gran medida inmerecida) reputación de Grant como borracho tiene su origen aquí. Sin embargo, Grant no era en absoluto un alcohólico. Durante los periodos de acción durante la guerra y más tarde -en compañía de su esposa, cuando ella podía proporcionarle distracción- rara vez, o nunca, había licor en su proximidad.

Vicksburg resistió durante meses, pero el 4 de julio de 1863, la ciudad se rindió a Grant. Éste entregó la ciudad al presidente Abraham Lincoln para celebrar el Día de la Independencia de Estados Unidos, con el que la nación festejó su cumpleaños a lo grande; casualmente, el día anterior, el Ejército de Virginia del Norte de Robert E. Lee había sido derrotado en la batalla de Gettysburg y se había retirado hacia el Sur. Habría que esperar hasta 1943 para volver a celebrar el 4 de julio en Vicksburg.

Chattanooga

Después de su victoria en Vicksburg, Grant recibió el mando de las tropas en el frente occidental, y como tal asumió el mando de las fuerzas del general de división William S. Rosecrans, que habían sido acorraladas en Chattanooga. Grant pasó inmediatamente al ataque, llevando al ejército sureño a la defensiva alrededor de Lookout Mountain. Esta ladera se creía inexpugnable, pero Grant la hizo asaltar por sorpresa al día siguiente -llegando así a una de las grandes intuiciones que también se confirmaría horriblemente en la Primera Guerra Mundial, a saber, que una posición defendida por armas de fuego pesadas puede ser tomada si se está dispuesto a asumir enormes pérdidas. Las pérdidas en este caso no fueron demasiado graves debido al elemento sorpresa, pero Grant lo experimentaría más tarde de forma diferente.

Debido a la naturaleza tenaz de Grant, su voluntad de ir a por todas para conquistar, y su total falta de voluntad para rendirse hasta que el último hombre de su bando estuviera muerto, Lincoln empezó a ver en él al hombre que podía llevar a la Unión Americana a la victoria (esto contrasta con una serie de generales anteriores que Lincoln había puesto a prueba, todos los cuales habían resultado decepcionantes contra Lee). El 2 de marzo de 1864, Grant fue ascendido a teniente general y, a partir del 17 de marzo, se le dio el mando de todas las tropas de los Estados Unidos.

Ejército del Potomac

Grant dejó la guerra en el Oeste en manos del único hombre en el que confiaba ciegamente: William Tecumseh Sherman. Se había formado una hermandad entre ellos (que Sherman describió en su autobiografía como "Grant se mantuvo leal a mí cuando yo estaba loco y yo a él cuando estaba borracho como una cuba") y Grant sabía que Sherman manejaría las cosas como Grant quería. El propio Grant tomó el mando del enorme Ejército del Potomac, que se había enfrentado al

Ejército del Norte de Virginia y a Robert E. Lee desde 1861, con una total falta de éxito.

Lincoln y Grant se fijaron como objetivo irrenunciable la captura de Richmond, Virginia (la capital de los Estados Confederados de América), y Grant marchó hacia el sur. Su primera batalla contra el invencible Lee fue la Batalla del Desierto, un baño de sangre que Grant perdió ampliamente. Ante esto reaccionó como ningún comandante del Ejército del Potomac había hecho nunca: en lugar de retirarse y reagruparse, dio caza a Lee. Esto colocó a Lee por primera vez cara a cara con un comandante que estaba incondicionalmente dispuesto a hacer valer la superioridad de su ejército sobre el de Lee, a lo que éste ya comentaba que "probablemente estaba perdiendo la guerra ahora".

La Batalla del Desierto se convirtió en la Campaña del Desierto, que incluyó batallas como la de Spotsylvania Court House (un empate entre Grant y Lee) y Cold Harbor, un baño de sangre en el que Grant pasó dos días intentando tomar un lecho de río fortificado asaltándolo. En sus memorias, Grant calificó la batalla de Cold Harbor (que perdió) como "el único y gran error que cometí como comandante". Al final, Grant hizo que sus tropas rodearan al ejército de Lee a través del río. Lee, flanqueado, se apresuró a tirar de su ejército alrededor de Richmond, y cuando Grant se topó con este muro de hombres, comenzó la guerra de desgaste de nueve meses del Sitio de Petersburgo, otro gran momento de consumo para Grant.

Victoria

En marzo de 1865, Grant había logrado debilitar gravemente al ejército de Lee y extender sus líneas en 35 millas. Agotados por el hambre, los bombardeos y el mal tiempo, los soldados de Lee desertaron en gran número. Tras la evacuación del gobierno confederado de Richmond, la Confederación se derrumbó como un castillo de naipes. Lee condujo a sus tropas a los bosques hasta que finalmente fueron rodeadas por el ejército de Grant en Appomattox Court House. El 9 de abril de 1865, Lee se rindió y el 26 de mayo de 1865, la guerra terminó.

Como recompensa por los servicios prestados, Grant fue ascendido por el Congreso de los Estados Unidos el 25 de julio de 1866 a un rango completamente nuevo en el Ejército de los Estados Unidos: General del Ejército.

Presidencia

Grant decidió, en parte debido a la tumultuosa presidencia de Andrew Johnson, entrar en política. El 20 de mayo de 1868, fue nominado, casi sin oposición, como candidato a la presidencia por el partido republicano. Ese mismo año ganó las elecciones con 3.012.833 de los 5.716.082 votos emitidos. Esto le convirtió en el 18º presidente de los Estados Unidos.

Su presidencia estuvo dominada por los escándalos de corrupción. En particular, es tristemente célebre el fraude del "Whiskey Ring", en el que se malversaron 3 millones de dólares del dinero de los contribuyentes. Orville E. Babcock, secretario privado del presidente, estuvo involucrado y sólo un indulto presidencial de Grant lo mantuvo fuera de la cárcel. Al Anillo del Whisky le siguió un escándalo en el que se vio envuelto el Secretario de Guerra William W. Belknap, que fue investigado por aceptar sobornos a cambio de vender puestos de libre comercio de los indios americanos - Belknap fue declarado culpable. Aunque nunca se demostró que el propio Grant hubiera hecho algo malo o se hubiera beneficiado de las acciones de sus ministros, se le ha culpado de no haber sido lo suficientemente decisivo a la hora de combatir las fechorías de sus asociados, en claro contraste con sus despiadadas acciones como general durante la Guerra Civil. Incluso cuando se demostró su culpabilidad, apenas tomó medidas contra sus asociados.

Vida posterior

Tras su segundo mandato, Grant realizó una gira mundial de dos años. En Sunderland, Inglaterra, inauguró la primera biblioteca pública y gratuita de Inglaterra.

En 1883, Grant fue elegido como el octavo presidente de la Asociación Nacional del Rifle.

Grant también se dedicó a los negocios como socio principal de la empresa Grant and Ward. Como era de esperar, esta empresa quebró, arrastrando consigo el capital de la familia de Grant. Mientras tanto, Grant se estaba muriendo de cáncer de garganta y necesitaba encontrar una manera de proporcionar dinero a su familia después de su muerte. Desesperado, se dedicó a escribir sus memorias, que terminó unos días antes de su muerte. Esta vez, su última intención "empresarial" tuvo éxito: estas memorias proporcionaron a su esposa e hijos unos generosos ingresos.

Grant murió el 23 de julio de 1885, con sólo 63 años de edad, en Mount McGregor, en el condado de Saratoga, en el estado de Nueva

York. Está enterrado con su esposa en la Tumba de Grant en Nueva York, el mayor mausoleo de los Estados Unidos.

Durante su vida, Grant fue metodista. Hoy, su retrato aparece en el billete de 50 dólares.

19. Rutherford B. Hayes (1877-1881)

Partido Republicano | Vicepresidente: William A. Wheeler

"Una de las pruebas de la civilización de los pueblos es el tratamiento de sus criminales".

Rutherford Birchard Hayes (Delaware (Ohio), 4 de octubre de 1822 - Fremont (Ohio), 17 de enero de 1893) fue el decimonoveno presidente de los Estados Unidos entre 1877 y 1881.

Primeros años de carrera política

Antes de ser presidente, Hayes fue delegado por el estado de Ohio. Nació en Delaware, en el condado de Delaware, en ese estado, en 1822; sus padres fueron Rutherford Hayes y Sophia Birchard. Recibió su educación en las escuelas normales (sin educación privada), en la

Academia Metodista de Norwalk, Ohio, y en la Webb Preparatory School de Middletown, Connecticut. Se graduó en el Kenyon College de Gambier, Ohio, en agosto de 1842 y en la Facultad de Derecho de Harvard en enero de 1845. Se registró como abogado el 10 de mayo de 1845 y abrió una oficina en Lower Sandusky (ahora llamada Fremont). En 1849 se trasladó a Cincinnati y abrió una oficina allí. Entre 1857 y 1859 fue abogado de la ciudad. El 27 de junio de 1861 se alistó y fue nombrado mayor del 23º Regimiento de Infantería Voluntaria de Ohio. El 24 de octubre fue ascendido a superior, el 24 de octubre de 1862 a coronel y el 9 de octubre de 1864 a brigadier de voluntarios. El 3 de marzo de 1865 fue nombrado general de división de los voluntarios.

Hayes fue elegido como republicano para el 39º y 40º Congreso y ocupó ese puesto desde el 4 de marzo de 1865 hasta el 20 de julio de 1867, cuando dejó la Cámara de Representantes tras presentarse como candidato a gobernador de Ohio. Fue gobernador de 1868 a 1872 y candidato al 43º Congreso (pero perdió esa elección). Fue reelegido gobernador en 1875 y desempeñó esa función desde enero de 1876 hasta el 2 de marzo de 1877, cuando se despidió de la gobernación: había sido elegido presidente de los Estados Unidos. Como el 4 de marzo de 1877 era domingo, juró el cargo el 3 de marzo en el Salón Rojo de la Casa Blanca. El 5 de marzo lo hizo de nuevo en el Balcón Este del Capitolio, esta vez con la asistencia de público. Fue presidente hasta el 4 de marzo de 1881.

Su presidencia

Hayes llegó a la presidencia tras los tumultuosos y escandalosos años de la administración Newman. Desde su servicio en la Guerra Civil estadounidense, tenía fama de hombre honesto cuando, siendo general de división, se negó a hacer campaña por un escaño en la Cámara de Representantes por la razón declarada de que "cualquier oficial que abandone a sus hombres para ir a las carreras electorales debería ser descalificado". Como gobernador de Ohio, sus escrúpulos podían a veces desesperar incluso a sus aliados políticos, lo que le valió el apodo de "Old Granny" ("Vieja Abuela"). No obstante, su oponente en la carrera por la Casa Blanca, el demócrata Samuel J. Tilden, era el favorito y también ganó la elección popular por un margen de unos 250.000 votos (de 8,5 millones de votantes).

Las elecciones de 1876

Sin embargo, el Presidente de los Estados Unidos no es elegido directamente, sino por el Consejo de Electores, en el que los electores de cuatro estados no podían tomar una decisión. Para ganar, un candidato necesitaba 185 votos. Tilden tenía 184, Hayes 165, y 20 votos (de esos cuatro estados) estaban indecisos. Y para complicar aún más las cosas, tres de esos estados (Florida, Carolina del Sur y Luisiana) eran estados del Sur y, por tanto, estaban bajo ocupación militar.

Tras meses de deliberaciones y negociaciones, se aseguró a los demócratas del Sur que si Hayes era elegido retiraría las tropas federales del Sur y pondría fin a la Reconstrucción. A cambio, los demócratas aceptaron formar parte de un comité para determinar el resultado final. Ese comité, formado por ocho republicanos y siete demócratas, votó 8 a 7 para otorgar todos los votos abiertos a Hayes. Los republicanos dieron como excusa que el problema en esos cuatro estados había sido una cuestión de quién podía votar y quién no. Los demócratas, sin embargo, se sintieron despojados de la presidencia y además llamaron a Hayes "Rutherfraude".

Legislación clave

Durante su presidencia, Hayes firmó varias leyes, entre ellas una del 15 de febrero de 1879 que otorgaba a las mujeres abogadas el derecho a argumentar casos ante el Tribunal Supremo de Estados Unidos.

Tras su presidencia

Hayes murió en Fremont, Ohio, el 17 de enero de 1893, a la edad de 70 años. Fue enterrado en el cementerio de Oakwood. Después de que su casa fuera regalada al Estado de Ohio como terreno para el Parque Estatal Spiegel Grove, fue enterrado de nuevo allí en 1915.

20. James A. Garfield (1881-1881)

"La verdad os hará libres, pero antes os hará desgraciados".

James Abram Garfield (Moreland Hills, Ohio, 19 de noviembre de 1831 - Long Branch, Nueva Jersey, 19 de septiembre de 1881) fue el vigésimo presidente de los Estados Unidos y el segundo presidente en ser asesinado.

Su mandato fue uno de los más cortos de la historia de los presidentes de Estados Unidos: seis meses y 15 días (el presidente que menos tiempo estuvo en el cargo fue William Henry Harrison).

Garfield nació en lo que entonces era el municipio de Orange, en el condado de Cuyahoga, Ohio, un suburbio al sureste de Cleveland. Su padre murió en 1833 y fue criado por su madre y un tío. Se convirtió en profesor, enseñando lenguas clásicas, y más tarde se convirtió en director del Instituto Ecléctico donde enseñaba. El 11 de noviembre de 1858 se casó con Lucretia Rudolph, y tuvieron cinco hijos. Su hijo James Rudolph Garfield también se convirtió en político y más tarde fue Secretario del Interior con Theodore Roosevelt.

Garfield estudió derecho por su cuenta, pero decidió que la vida académica no era adecuada para él y se hizo político. Fue un apasionado republicano toda su vida. En 1859 se convirtió en senador por Ohio.

Su carrera militar comenzó con la Guerra Civil estadounidense, cuando se alistó en la 42ª Infantería Voluntaria de Ohio del Ejército de la Unión. Entre otras cosas, participó en las batallas de Shiloh en abril de 1862 y de Chickamauga en septiembre de 1863. Finalmente fue ascendido a general de división. Todavía en 1863, renunció al ejército para presentarse como candidato a la Cámara de Representantes de su estado natal.

Hasta 1878, Garfield fue reelegido a la Cámara de Representantes cada dos años. En 1880, en la convención republicana, fue designado candidato presidencial de su partido en la 36ª votación. En noviembre de 1880 ganó las elecciones presidenciales por un estrecho margen sobre Winfield S. Hancock, y fue investido presidente en marzo de 1881. Durante su corto mandato, Garfield se dedicó principalmente a discutir sobre los nombramientos con el jefe del Partido Republicano de Nueva York, Roscoe Conkling.

El 2 de julio de 1881, Garfield recibió dos disparos en una estación de tren de Washington D.C. por parte de Charles J. Guiteau. Una de las balas no pudo ser encontrada ni extraída, y una infección resultante del uso de instrumentos médicos no esterilizados hizo que Garfield enfermara cada vez más. Fue llevado a la ciudad costera de Long Branch con la esperanza de que el aire del mar lo fortaleciera. Sin embargo, Garfield desarrolló allí una grave infección pulmonar y murió a la edad de 49 años el 19 de septiembre de 1881.

Garfield fue sucedido por su vicepresidente. Su asesino, Guiteau, no soportó el hecho de no haber sido elegido cónsul en París. Guiteau fue declarado culpable del asesinato de Garfield y condenado a muerte. El 30 de junio de 1882 fue ahorcado.

21. Chester A. Arthur (1881-1885)

"Sé apto para algo más que lo que estás haciendo ahora. Que todos sepan que tienes una reserva en ti mismo; que tienes más poder del que ahora estás usando".

Chester Alan Arthur (Fairfield (Vermont), 5 de octubre de 1829 - Nueva York, 18 de noviembre de 1886) fue el 21º presidente de los Estados Unidos entre 1881 y 1885. Fue miembro del Partido Republicano.

Arthur nació como hijo de un predicador bautista que emigró de Irlanda. En 1848 se graduó en el Union College de Schenectady. A partir de entonces se dedicó a la enseñanza y al derecho. Siendo un abogado de 24 años, en 1854 defendió a Elizabeth Jennings, una joven negra a la que se le había negado el acceso al nuevo tranvía de Nueva York los domingos por la mañana debido al color de su piel. Arthur ganó la demanda que la mujer había presentado. Se le concedió una indemnización por daños y perjuicios y se abolió la segregación en los tranvías de Nueva York.

Durante la Guerra Civil estadounidense, sirvió en una unidad logística de su ciudad natal, Nueva York. Alcanzó el rango de intendente general. De 1871 a 1878 fue recaudador de impuestos en el puerto de Nueva York. En 1881 se convirtió en vicepresidente, junto al presidente James Garfield. Fue el primer cargo electo de Arthur. Garfield murió el 19 de septiembre de 1881 tras un intento de asesinato, dejando al inexperto Arthur como presidente de forma inesperada.

La presidencia de Arthur se caracterizó por importantes reformas sociales, como la convocatoria de exámenes abiertos y justos para los nombramientos importantes. Como resultado, Arthur estaba bastante bien considerado como presidente. En 1884 intentó sin éxito ser nominado por su partido para un segundo mandato, aunque para entonces sabía que sufría una enfermedad hepática mortal. Arthur murió en 1886 en su casa de Nueva York. Está enterrado en el Cementerio Rural de Albany, también en Nueva York.

22 & 24. Grover Cleveland (1885-1889, 1893-1897)

Partido Demócrata | Vicepresidente: Thomas A. Hendricks

Grover Cleveland fue el 22º y 24º presidente.

"Sé que soy honesto y sincero en mi deseo de hacerlo bien; pero la cuestión es si sé lo suficiente para lograr lo que deseo".

Stephen Grover (Grover) Cleveland (Caldwell (Nueva Jersey), 18 de marzo de 1837 - Princeton (Nueva Jersey), 24 de junio de 1908) fue un político y jurista estadounidense del Partido Demócrata y el 22º y 24º presidente de los Estados Unidos de 1885 a 1889 y de 1893 a 1897.

Cleveland fue un estudiante de derecho autodidacta y trabajó como abogado y fiscal desde 1860 hasta 1871. Cleveland fue alcalde de Buffalo y gobernador de Nueva York, cuando derrotó a James Blaine en las elecciones presidenciales de 1884. Durante su mandato fue alabado por su valor, honestidad e incorruptibilidad. Fue menos popular debido a sus intentos de reducir los derechos de importación, sus frecuentes vetos a las decisiones del Congreso y su sistemática ignorancia de la prensa. En consecuencia, perdió las elecciones de 1888 frente a Benjamin Harrison, aunque fue el más votado a nivel nacional.

Sin embargo, en 1892 derrotó a ese mismo Benjamin Harrison; su segundo mandato duró de 1893 a 1897. Durante todo ese mandato se enfrentó a una profunda crisis económica, que había comenzado justo antes de que él asumiera el cargo. No consiguió controlarla, principalmente por la falta de un Banco Central que regulara la oferta monetaria. Sí consiguió derogar la controvertida Ley Sherman de Compra de Plata de 1890, promulgada por Harrison, que en adelante situaba el oro en lugar de la plata como base de la oferta monetaria. Una medida que fue igualmente controvertida.

En 1894 envió tropas federales para romper la huelga de Pullman, lo que muchos consideraron una mancha en su historial.

Cleveland es el único presidente de los Estados Unidos que ha ejercido la presidencia en dos mandatos no consecutivos. También fue el único presidente que se casó dentro de las paredes de la Casa Blanca. El 2 de junio de 1886 se casó con Frances Cleveland (Frances Clara Folsom), 27 años más joven y en ese momento 21 años, la más joven, y en opinión de muchos también la más bella primera dama hasta el día de hoy. Sustituyó así a Rose Cleveland, la hermana del presidente, que ejerció de primera dama durante el periodo en que él aún no estaba casado.

Murió de un ataque al corazón el 24 de junio de 1908. Sus últimas palabras fueron: "Lo he intentado todo para hacerlo bien". Cleveland vivió hasta los 71 años.

De por vida

Primeros años

Cleveland nació el quinto de una familia de nueve hijos. Su padre, Richard Falley Cleveland, era ministro presbiteriano. En 1844, la familia se trasladó a Fayetville, en el estado de Nueva York. Nueve años después, la familia se trasladó de nuevo, esta vez a Clinton, Nueva York, donde el cabeza de familia se convirtió en secretario de la American Home Missionary Society. Desde el punto de vista económico, la familia no estaba bien, lo que obligó a Cleveland a abandonar la escuela. Poco después de que la familia se trasladara a Holland Pattent, su padre murió a consecuencia de una úlcera de estómago.

A través de su hermano William, Cleveland encontró trabajo como profesor asistente en una institución para ciegos. En 1854 regresó a Holland Pattent, donde un anciano de su iglesia se ofreció a pagar la educación de Cleveland si se convertía en ministro. Cleveland rechazó la oferta y se trasladó a Búfalo, donde su tío Lewis Allen le dio trabajo como empleado. Allen trabajaba en un influyente bufete de abogados en el que había trabajado anteriormente el presidente Millard Fillmore. Cleveland recibió formación interna y fue admitido en el Colegio de Abogados de Nueva York en 1859.

Abogado

Cleveland trabajó para su tío durante tres años, después de los cuales comenzó su propia práctica. En 1863 se convirtió en fiscal del condado de Erie. Ese mismo año fue llamado al servicio militar. Sin embargo, también se le permitió enviar un sustituto. Cleveland pagó 150 dólares al inmigrante polaco George Benninsky para que ocupara su lugar. Benninsky sobrevivió a la Guerra Civil estadounidense.

Como abogado, Cleveland tenía fama de ser muy trabajador. Llevaba un estilo de vida frugal, pero también participaba mucho en la vida social de la ciudad, por lo que su red creció rápidamente. Como abogado, Cleveland defendió a varios participantes en las incursiones fenianas, que eran irlandeses-americanos que invadieron Canadá desde Estados Unidos en protesta por la ocupación británica de Irlanda. Se hizo realmente famoso cuando ganó un caso de difamación contra el editor del periódico *Commercial Advertiser*.

Sheriff

Cleveland era un demócrata de corazón. No quería saber nada de los republicanos John Fremont y Abraham Lincoln. En 1865 se presentó como candidato a fiscal en el condado de Erie, pero perdió las elecciones frente a Lyman Bass. En 1870 fue elegido sheriff del mismo condado.

Probablemente la mayor ventaja de este trabajo era el salario: 40.000 dólares, que se convierten en casi un millón de dólares hoy en día. La operación más sorprendente de Cleveland durante este periodo fue la ejecución de Patrick Morrisey, que había asesinado a su madre. Cleveland, como sheriff, podía pagar a un ayudante para que llevara a cabo la ejecución, pero optó por hacerlo él mismo. Cuando terminó su mandato de tres años, Cleveland volvió a la profesión de abogado.

Durante este periodo, Cleveland trató con la viuda Maria Halpin. Ella le acusó posteriormente de violación. Cleveland acusó entonces a Halpin de ser una alcohólica que no cuidaba el contacto con los hombres. La hizo encerrar en una institución, donde el personal pronto se dio cuenta de que no debía estar allí. Por lo tanto, fue liberada. El hijo que Cleveland tuvo con Halpin desempeñaría otro papel importante durante las elecciones presidenciales de 1884.

Alcalde de Búfalo

El Ayuntamiento de Búfalo tenía mala reputación. Muchos miembros del consejo estaban asociados a la corrupción, tanto demócratas como republicanos. La dirección del partido demócrata se dirigió a Cleveland, que tenía un historial impecable, para saber si estaba disponible para la alcaldía. Aceptó y posteriormente fue elegido.

Cleveland llegó a ser conocido durante este periodo como alguien dispuesto a enfrentarse a la corrupción en la administración pública. Un buen ejemplo de ello fueron las licitaciones para la limpieza de la ciudad. Los partidos podían pujar por ellas. El ayuntamiento, por razones políticas, eligió al licitador más caro, que pedía más de 400.000 dólares, en lugar de la oferta más baja, que sólo pedía 100.000 dólares. Cleveland lo vetó y el Ayuntamiento siguió aceptando la oferta más barata.

Gobernador de Nueva York

En vísperas de las elecciones a gobernador de 1882, Cleveland era visto como un contendiente potencial. La convención estatal demócrata inicialmente parecía querer favorecer a Roswell Flower o a Henry Slocum. Cleveland surgió como candidato de compromiso cuando la convención no pudo hacer una elección entre ninguno de los dos. Cleveland derrotó al candidato republicano Charles Folger por un amplio margen. Esto se debió en parte a que Folger tuvo que lidiar con una división en su propio partido.

También como gobernador, Cleveland hizo hincapié en frenar los gastos innecesarios del gobierno. En los dos primeros meses, vetó ocho veces la ley. Su veto a una propuesta para reducir los precios de los billetes de tren fue controvertido. Los proponentes querían golpear en la cartera al impopular propietario del tren, Jay Gould. Cleveland se opuso porque Gould había conseguido que las vías del tren en cuestión volvieran a ser rentables tras la adquisición. Además, Cleveland temía que la ley propuesta violara la cláusula contractual de la Constitución. A pesar de la oposición inicial, el veto se mantuvo.

Las acciones de Cleveland le convirtieron en enemigo de Tammany Hall, una importante organización demócrata de Nueva York. Su oposición aumentó después de que Cleveland frustrara la reelección de uno de sus líderes, Thomas F. Grady, en el Senado estatal. Después de eso, se enfrentó cada vez más a sus propios compañeros de partido. Por otra parte, Cleveland pudo contar con el apoyo de los republicanos de mentalidad reformista, incluido Theodore Roosevelt, lo que le permitió obtener aún la mayoría para varias leyes importantes.

Elección presidencial de 1884

Samuel Tilden gozaba inicialmente del mayor apoyo dentro del Partido Demócrata, pero declinó el honor debido a su mala salud. No había entonces ningún favorito indiscutible. Cada candidato tenía sus objeciones. Thomas Bayard se había pronunciado a favor de la secesión de los estados del sur en 1861, Benjamin Butler era odiado en el sur por su actuación durante la Guerra Civil, y Allen Thurman era considerado demasiado viejo. Cleveland tenía oponentes dentro del Tammany Hall, pero eso no le impidió ganar la mayoría en la segunda votación de la Convención Demócrata. Su compañero de fórmula fue Thomas Hendricks de Indiana.

Las viejas acusaciones de corrupción contra Blaine se reavivaron cuando salieron a la luz cartas suyas que hacían que las historias parecieran ciertas. Cleveland, en cambio, se presentó como el candidato anticorrupción. Durante la campaña, se reveló que Cleveland tenía un hijo ilegítimo y mantenía económicamente a la madre. Cleveland confirmó esta historia.

La elección parecía que se iba a decidir en Nueva York, Indiana, Nueva Jersey y Connecticut. El Tammany Hall acabó poniéndose del lado de Cleveland porque la alternativa, un presidente republicano, era siempre peor. Blaine era de madre irlandesa y esperaba contar con el apoyo de la población estadounidense-irlandesa. Poco antes de las elecciones, el republicano Samuel Burchard pronunció un discurso sobre los irlandeses en el que hablaba de "ron, romanos y rebelión". Los demócratas explotaron hábilmente el incidente y difundieron la frase entre los irlandeses de Nueva York. Cleveland acabó ganando en los cuatro estados indecisos, incluido Nueva York, por una diferencia de mil doscientos votos. Con ello, obtuvo 219 votos electorales frente a los 182 de Blaine. En votos absolutos, la diferencia fue de un cuarto de punto a favor de Cleveland.

Primer mandato como presidente

Reformas

Era costumbre que un nuevo presidente nombrara a los miembros de su partido en puestos clave del gobierno. Al principio, Cleveland renunció a ese derecho y mantuvo en el cargo a los republicanos que funcionaban bien. Sin embargo, redujo el número de funcionarios federales. Sólo más tarde en su mandato sustituyó a varios republicanos partidistas por demócratas.

Cleveland estableció la Comisión de Comercio Interestatal que supervisaba los ferrocarriles. Junto con el Secretario de la Marina, William Whitney, reformó la Marina. Anuló varios contratos de construcción con empresas responsables de una serie de barcos de baja calidad. El Secretario del Interior, Lucius Lamar, exigió la devolución de grandes extensiones de terreno a varios constructores de ferrocarriles porque no habían cumplido la promesa de seguir ampliando la red ferroviaria.

El Senado, a través de la Ley de Permanencia en el Cargo, tenía el poder de bloquear cualquier renuncia de un funcionario por parte del presidente. Cleveland se negó a cooperar con esto porque consideraba que violaba la posición independiente del presidente. Su actitud llevó a la derogación de la Ley en 1887.

Veto's

Como presidente, Cleveland tuvo que lidiar con un Senado en el que los republicanos eran mayoría. Utilizó con frecuencia su veto. Por ejemplo, bloqueó la concesión de pensiones a cientos de veteranos de la Guerra Civil. Según Cleveland, la Oficina de Pensiones ya había rechazado su solicitud de pensión y no correspondía al Congreso revisar esa decisión.

Su veto más famoso fue el de la Ley de Semillas de Texas. Una sequía había destruido las cosechas en varios condados de Texas. El

Congreso puso a disposición diez mil dólares para comprar nuevas semillas para los agricultores. Cleveland estaba a favor de un gobierno restringido. Además, debilitaría la solidaridad entre los ciudadanos si acudían siempre al gobierno en busca de ayuda.

Aranceles de importación

Durante la Guerra de Secesión, el gobierno estadounidense había implantado aranceles de importación como medida temporal para proteger su propia industria. Sin embargo, después de la guerra, los aranceles nunca se redujeron, y mucho menos se eliminaron. Hicieron que el gobierno ganara mucho dinero, hasta el punto de provocar un superávit presupuestario en la década de 1980. Cleveland, como la mayoría de los demócratas, estaba a favor de reducir los aranceles. Muchos republicanos y demócratas de los estados del norte, donde se encontraba la mayor parte de la manufactura, temían que la reducción de los aranceles perjudicara a sus propias industrias. La Cámara de Representantes aprobó un proyecto de ley en 1887, reduciendo los aranceles del 47 al 40 por ciento. En el Senado, la mayoría se opuso, por lo que el proyecto tuvo una muerte silenciosa. La cuestión se convirtió en un tema importante en las elecciones presidenciales de 1888.

Indios

Un mes antes del nombramiento de Cleveland, su predecesor Chester Arthur abrió más de dieciséis mil millas cuadradas de tierra en el Territorio de Dakota para el asentamiento de blancos. La tierra había sido asignada previamente a los indios Winnebago y Crow Creek. Cleveland consideró que la orden ejecutiva de Arthur violaba una serie de tratados con las tribus. El 17 de abril de 1885, ordenó que los promotores de tierras abandonaran la zona. Envió dieciocho compañías para que se cumpliera su orden.

Cleveland consideraba que los nativos americanos estaban bajo la tutela del Estado, que era el responsable de mejorar sus condiciones de vida y hacer valer sus derechos. Cleveland apoyaba la idea de la asimilación cultural. En virtud de la Ley Dawes, se permitió al gobierno federal subdividir las tierras de los nativos americanos. Hasta ese momento, la tierra había sido gestionada por la tribu en su conjunto. Ahora la tierra se asignaba a miembros individuales de la tribu con la idea de que esto les permitiera dedicarse a la agricultura. Sin embargo, las parcelas asignadas a cada persona eran demasiado pequeñas para ser rentables. Después de la adjudicación, quedaba mucha tierra que se abrió para el asentamiento de no indios. La superficie

disponible para las tribus indias se redujo en dos tercios en cincuenta
años.

Política exterior

Cleveland no era intervencionista y se oponía a una mayor expansión
de Estados Unidos. Su ministro de Asuntos Exteriores, Thomas
Bayard, negoció con el británico Joseph Chamberlain los derechos de
pesca en las aguas de Canadá. El predecesor de Cleveland había
enviado delegados a la Conferencia Colonial de Berlín. Allí se habían
alcanzado acuerdos para proteger los intereses estadounidenses en la
región del Congo. El tratado se presentó al Senado para su
aprobación, pero Cleveland retiró la propuesta cuando llegó a la
presidencia.

Nombramientos judiciales

Cleveland nombró con éxito a dos jueces para el Tribunal Supremo en
su primer mandato. El primero fue Lucius Lamar, antiguo senador de
Mississippi y en ese momento su Secretario del Interior. Sustituyó al
fallecido William Bunham Woods. Lamar era popular como ministro.
Dos décadas antes, había luchado bajo la bandera confederada, lo
que hizo que muchos senadores republicanos votaran en contra de
todos modos. En la votación del Senado, recibió 32 votos a favor y 28
en contra. El presidente del Tribunal Supremo, Morrison Waite, murió
en marzo de 1888. Cleveland nombró a Melville Fuller como su
sustituto. Fue nombrado sin mucha dificultad.

Política militar

A petición del Secretario de Guerra William Endicott, se puso en
marcha un programa de 127 millones para mejorar las defensas
costeras. Se construyeron un total de 70 fuertes en 27 emplazamientos
para defender importantes puertos y desembocaduras de ríos.
También se realizó una importante inversión en la armada. Se
construyeron, por ejemplo, dieciséis buques de guerra de acero, que
más tarde desempeñaron un papel crucial en la Guerra
Hispanoamericana de 1898.

Derechos civiles

Cleveland consideraba la Reconstrucción un experimento fallido y se
negó a utilizar su poder para garantizar el derecho al voto de los
afroamericanos. Condenó la violencia contra los inmigrantes chinos. Al
mismo tiempo, consideraba indeseable la inmigración procedente de

China. Abogó ante el Congreso por la aprobación de una ley que habría hecho que los inmigrantes chinos que regresaran a su país no fueran bienvenidos en Estados Unidos.

Casarse

Cleveland entró en la Casa Blanca como soltero. Durante los dos primeros años fue asistido por su hermana Rose, que desempeñó las funciones de anfitriona. En 1885 recibió la visita de Frances Folsom, la hija de un amigo. Era 28 años más joven que Cleveland. Cleveland obtuvo el permiso de su madre para mantener correspondencia. En poco tiempo, estaban comprometidos y listos para casarse. El 2 de junio de 1886, ese fue el día. Cleveland fue el segundo presidente que se casó durante su mandato. Frances Folsom, con 21 años, fue la Primera Dama más joven de la historia. Ante la opinión pública, la diferencia de edad no jugó un papel importante. Folsom fue bien recibida gracias a su cálida personalidad. Del matrimonio nacieron cinco hijos.

Elección presidencial de 1888

Los republicanos nombraron a Benjamin Harrison como su candidato presidencial en 1888 y a Levi Morton como su compañero de fórmula. El vicepresidente de Cleveland, Thomas Hendricks, murió en 1885. El Partido Demócrata deslizó a Allen Thurman, de Ohio, en la nueva elección como su suplente. Los republicanos atacaron a Cleveland principalmente por su deseo de reducir los aranceles de importación. Con ello ganaron muchos votantes en los estados industriales del norte. Los demócratas del estado de Nueva York también estaban divididos con respecto al gobernador en funciones, David Hill, lo que hizo que Cleveland perdiera votos cruciales. Una muestra de apoyo del embajador británico tampoco le favoreció.

En las elecciones de cuatro años antes, las ganancias en los estados de Nueva York, Nueva Jersey, Connecticut e Indiana habían sido cruciales. En 1888 Cleveland perdió en Indiana y Nueva York, en este último estado sólo por una diferencia de quince mil votos. En total, Cleveland obtuvo el mayor número de votos (48,6 por ciento frente al 47,8 por ciento de Harrison), pero obtuvo menos votos electorales, por lo que el presidente en funciones perdió las elecciones.

Hamburguesa

Tras el traspaso de la presidencia, los Cleveland se marcharon a Nueva York, donde el ex presidente ocupó un puesto en un bufete de abogados. Al principio, Cleveland se mostró reacio a comentar las políticas de su sucesor. Harrison introdujo una ley que elevó muchos aranceles de importación al cincuenta por ciento. Además, debido a sus acciones, se respaldó más dinero con plata. Cleveland resintió ambos cambios de política y criticó al presidente Harrison en una carta abierta en 1891. Esto lo puso de nuevo en el punto de mira hacia las elecciones presidenciales de 1892.

Elección presidencial de 1892

El mayor rival de Cleveland dentro del Partido Demócrata era el senador David Hill. Consiguió unir a varios opositores del ex presidente, pero su apoyo resultó insuficiente. Cleveland fue elegido como candidato presidencial demócrata en la primera votación de la convención del partido en Chicago. Su compañero de fórmula fue Adlai Stevenson.

Las elecciones generales se vieron ensombrecidas por la muerte de la primera dama Caroline Harrison dos semanas antes de ir a las urnas. Tanto Harrison como Cleveland cerraron sus campañas. Cuatro años antes, el debate sobre los aranceles a la importación le había costado muchos votos a Cleveland. Sin embargo, entretanto eran tan elevados que muchos votantes habían cambiado de opinión al respecto. Además, muchos republicanos se decantaron por James Weaver, el candidato del recién creado Partido Populista. Cleveland ganó las elecciones por un amplio margen, tanto en términos de votos electorales como de totales de votos absolutos.

Segundo mandato como presidente

Ajuste de los aranceles de importación

Cleveland consideró que era importante reducir los aranceles de importación. Por iniciativa del delegado William Wilson, en diciembre de 1893 se aprobó en la Cámara de Representantes un proyecto de ley para hacerlo. Los ingresos perdidos por el gobierno se compensarían con la introducción de un impuesto sobre la renta del 2% para las cantidades superiores a cuatro mil dólares. En el Senado, el proyecto de ley encontró más resistencia. Muchos demócratas defendieron los intereses de su propio estado. Se aprobaron 600 enmiendas que anulaban la mayoría de las reformas. Cleveland estaba furioso por el resultado final, aunque al mismo tiempo pensaba que la ley era una mejora respecto al statu quo.

Creciente descontento

El Pánico de 1893 había empeorado las condiciones laborales de muchos trabajadores. Un grupo liderado por Jacob Coxey atrajo mucha atención con una marcha hacia Washington D.C. en protesta por las políticas del presidente Cleveland. De mayor impacto fue la llamada huelga de Pulmann. Esta huelga comenzó en la empresa Pulmann en protesta por los bajos salarios y las largas jornadas de trabajo. Por iniciativa del sindicalista estadounidense Eugene Debs, la huelga se extendió rápidamente. En junio de 1894, ciento veinticinco mil trabajadores ferroviarios dejaron de trabajar, lo que tuvo su efecto en los negocios.

Los ferrocarriles transportaban el correo y algunas líneas estaban bajo control federal. Cleveland recibió la aprobación del tribunal para romper la huelga. Envió tropas federales a Chicago y a una veintena de centros ferroviarios, poniendo fin a la huelga. La mayoría de los gobernadores, con la excepción de John Altgeld, gobernador de Illinois, apoyaron al presidente, al igual que gran parte de los medios de comunicación. Sin embargo, las desavenencias con el movimiento sindical eran cada vez mayores.

Había mucho descontento con las políticas de Cleveland. En las elecciones intermedias de 1894, el Partido Republicano obtuvo su mayor victoria en décadas. Obtuvo la mayoría en la Cámara de Representantes, así como en muchos parlamentos estatales.

Política exterior

Al asumir el cargo, Cleveland se enfrentó a la cuestión de anexionar o no Hawai. Durante su primer mandato, había promovido el comercio con el estado insular y había obtenido permiso para una base naval en Pearl Harbor. En los cuatro años siguientes, la reina Liliuokalani fue depuesta a manos de unos empresarios blancos. Hawaii se convirtió en una república. El nuevo gobierno dirigido por Sanford Dole quiso unirse a Estados Unidos. El gobierno del presidente Harrison estuvo de acuerdo y firmó un tratado que se sometió a la aprobación del Senado. Cleveland retiró la propuesta cinco días después de tomar posesión.

Cleveland pidió al ex congresista James Henderson Blount que viajara tras Hawái e investigara la situación allí. El informe de Blount mostró que gran parte de la población nativa estaba en contra de la anexión. El propio Cleveland tampoco estaba a favor de la anexión. En un principio impulsó el regreso de la reina Liliuokalani, pero abandonó su intento tras la oposición del Senado. Estableció relaciones diplomáticas con la nueva república. No fue hasta el sucesor de Cleveland, William McKinley, que Hawaii se incorporó a los Estados Unidos.

Como presidente, Cleveland defendió una interpretación amplia de la Doctrina Monroe, que se opone a la injerencia europea en las Américas. Presentó una protesta ante Gran Bretaña cuando el país se vio envuelto en una disputa con Venezuela sobre la frontera exacta con la Guayana Británica. La crisis se prolongó hasta que el Primer Ministro británico, Lord Salisbury, se dio cuenta de la importancia del asunto para Estados Unidos. El asunto se remitió a un tribunal de arbitraje independiente, que adjudicó la mayor parte del territorio en disputa a la Guayana Británica.

Nombramientos judiciales

Cleveland tuvo una relación difícil con el Senado y esto afectó a sus nominaciones de candidatos al Tribunal Supremo. Tras la muerte de Samuel Blatchford, William Hornblower se autopropuso como candidato. Hornblower dirigía un bufete de abogados de Nueva York, pero había provocado la ira del senador David Hill al hacer campaña contra uno de sus candidatos. El Senado rechazó la candidatura de Hornblower. Wheeler Hazard Peckham fue el segundo candidato propuesto por Cleveland, pero se enfrentó a los mismos problemas. La candidatura de Peckham también fue rechazada. La tercera nominación de Cleveland fue una opción segura: el senador Edward Douglass White. En 1896, surgió otra vacante. Cleveland nominó a Rufus Wheeler Peckham. A diferencia de su hermano, Rufus Wheeler fue admitido en el Tribunal Supremo.

23. 23. Benjamin Harrison (1889-1893)

Partido Republicano | Vicepresidente: Levi P. Morton

"La oración lo estabiliza a uno cuando camina por lugares resbaladizos - incluso si las cosas pedidas no se dan".

Benjamin Harrison (North Bend (Ohio), 20 de agosto de 1833 - Indianápolis (Indiana), 13 de marzo de 1901) fue el 23º presidente de los Estados Unidos (1889-1893). Era nieto del presidente William Henry Harrison.

Harrison estudió derecho en Cincinnati y se estableció como abogado en Indianápolis en 1854. En 1856 se afilió al recién creado Partido Republicano. Durante la Guerra Civil estadounidense, Harrison sirvió en el 70º Regimiento de Indiana de 1862 a 1865 y ascendió de teniente a general de brigada. Formó parte de las tropas al mando del general William T. Sherman que tomaron la ciudad de Atlanta en septiembre de 1864. Después de la guerra, Harrison retomó el ejercicio de la abogacía. De 1881 a 1887 fue miembro del Senado de los Estados Unidos por su estado natal.

En 1888, Harrison fue elegido presidente. Aunque obtuvo menos votos que su oponente, el actual presidente Grover Cleveland, consiguió más votos electorales (233 frente a 168). Harrison tomó posesión de su cargo el 4 de marzo de 1889 y sigue siendo el único presidente cuyo estado natal es Indiana. Su presidencia ha sido especialmente importante por la legislación económica introducida. Durante su mandato, el presupuesto anual del gobierno nacional alcanzó por primera vez los mil millones de dólares. Además, seis nuevos estados del oeste fueron admitidos en la Unión: Dakota del Norte, Dakota del Sur, Montana, Washington, Idaho y Wyoming. Harrison fue derrotado a su vez por su predecesor Cleveland en las elecciones presidenciales de 1892. Permaneció como presidente hasta el 4 de marzo de 1893.

Tras su jubilación, Harrison se instaló en Indianápolis, reanudó su ejercicio de la abogacía, dio conferencias y escribió artículos en periódicos y revistas. Murió el 13 de marzo de 1901, a la edad de 67 años. Está enterrado en Indianápolis. Su segunda esposa, Mary, le sobrevivió más de 46 años y murió el 5 de enero de 1948 a la edad de 89 años.

25. William McKinley (1897-1901)

Partido Republicano | Vicepresidentes: Garret Hobart y Theodore Roosevelt

"En el momento de la más oscura derrota, la victoria puede estar más cerca".

William McKinley Jr. (Niles (Ohio), 29 de enero de 1843 - Búfalo (Nueva York), 14 de septiembre de 1901) fue el 25º presidente de los Estados Unidos desde 1897 hasta su muerte en 1901. El 6 de septiembre de 1901 fue víctima de un intento de asesinato. Murió el 14 de septiembre a la edad de 58 años y le sucedió el vicepresidente Theodore Roosevelt.

Carrera política

En 1876 se convirtió en miembro republicano del Congreso, donde permaneció, con una breve interrupción, hasta 1891. Se hizo popular al defender, entre otras cosas, el aumento de los derechos de importación (Ley de Aranceles McKinley de 1890). Fue elegido gobernador de Ohio en 1892 y presidente de los Estados Unidos en 1896. Se dejó llevar, aunque a regañadientes, por las corrientes imperialistas de su época, llevando así al país a la guerra con España en abril de 1898. Tras el éxito de esta lucha, abogó por la anexión de Filipinas y la independencia parcial de Cuba bajo un fuerte control estadounidense. También aprobó la anexión de Hawai. En 1900 fue reelegido con una mayoría aún mayor. Fue presidente de los Estados Unidos entre 1897 y 1901.

En noviembre de 1900, el gobierno del Imperio Otomano había decretado que los judíos sólo podían visitar el país (Palestina) durante 3 meses seguidos. Esto hizo que Theodor Herzl escribiera a los judíos estadounidenses y pidiera a los miembros del Senado y del Congreso y al presidente McKinley que hicieran todo lo posible para que se pusiera fin a esta discriminación (los ciudadanos estadounidenses no judíos no se vieron afectados por esta medida). Cuando el embajador estadounidense se quejó en la primavera de 1901, la Puerta Turca respondió que el problema no eran los visitantes judíos individuales, sino los grupos de colonos judíos. La inmigración de judíos sionistas, la adquisición de tierras y la construcción de los primeros kibbutzim en Palestina se habían producido durante más de 20 años y los notables palestinos habían expresado su preocupación al respecto en 1895 en Estambul.

Asesinato de McKinley

Durante una visita a la Exposición Panamericana en Buffalo, Nueva York, el 6 de septiembre de 1901, McKinley fue víctima de un intento de asesinato. El inmigrante polaco Leon Czolgosz, un anarquista fanático que mostraba signos de debilidad mental, disparó dos veces con una pistola contra el presidente. La primera bala se le clavó en el hombro, la segunda le atravesó las tripas y se le alojó en la espalda. La primera bala fue fácilmente encontrada y extraída, pero la segunda los cirujanos no pudieron encontrarla. Sin embargo, McKinley parecía recuperarse, por lo que se decidió dejar la segunda bala en su sitio, ya que buscarla podría causar más daños. La recién desarrollada máquina de rayos X, que se presentó en la exposición, aún no se atrevía a ser utilizada en el presidente. McKinley se recuperó durante una semana, pero finalmente entró en estado de shock y murió el 14 de septiembre de 1901, ocho días después del ataque, por los efectos de la gangrena que había afectado a sus heridas. Vivió hasta los 58 años.

Tres cuartos de hora después de la muerte de McKinley, el apresurado vicepresidente Theodore Roosevelt prestó juramento como nuevo presidente. A los 42 años, Roosevelt era el hombre más joven en llegar a la presidencia de los Estados Unidos, aunque sin una elección directa.

26. Theodore Roosevelt (1901-1909)

Partido Republicano | Vicepresidente: Charles W. Fairbanks

"Haz lo que puedas, con lo que tengas, donde estés".

Theodore (Teddy) Roosevelt (Nueva York, 27 de octubre de 1858 - Oyster Bay (Nueva York), 6 de enero de 1919) fue un político estadounidense del Partido Republicano. Fue el 26º presidente de los Estados Unidos desde 1901 hasta 1909.

Roosevelt, historiador y escritor de profesión, fue subsecretario de la Marina en el gabinete del presidente William McKinley de 1897 a 1898 y el 33º gobernador de Nueva York de 1899 a 1900. Para las elecciones presidenciales de 1900, fue el compañero de fórmula del presidente William McKinley y fue elegido como el 25º vicepresidente de los Estados Unidos. El 14 de septiembre de 1901, el presidente William McKinley murió tras un intento de asesinato y Roosevelt le sucedió. En las elecciones presidenciales de 1904, se convirtió en el primer ex vicepresidente en ser elegido para su propio mandato tras la muerte de su predecesor. En 1906, Roosevelt se convirtió en el primer estadounidense en recibir el Premio Nobel de la Paz.

Después de su presidencia, Roosevelt realizó safaris por África y Sudamérica. Durante las elecciones presidenciales de 1912, Roosevelt intentó sin éxito obtener otro mandato como candidato del Partido Progresista. Roosevelt murió, a los 60 años, el 6 de enero de 1919 por los efectos de una embolia.

Antes de su presidencia

Theodore Roosevelt sufrió asma y otras dolencias en su juventud. Debido a su temperamento, no sintió la necesidad de llevar una vida ociosa. En 1880 completó sus estudios en la Universidad de Harvard. Poco después fue elegido para la Cámara de Representantes del Estado de Nueva York como republicano. Un empeoramiento de su asma y la muerte de su primera esposa hicieron que Roosevelt decidiera irse al oeste. Allí trabajó durante dos años como ganadero. Tras su regreso al este, Roosevelt ocupó varios cargos. Entre otros, fue subsecretario de la Marina. En 1898, estalló la Guerra Hispanoamericana. Roosevelt salió de su escritorio para lanzarse a la lucha. Se convirtió en comandante de una unidad de caballería voluntaria y luchó en Cuba. De 1895 a 1897, fue comisario de policía de Nueva York.

Entonces Roosevelt se involucró en la contienda política. Fue elegido gobernador del estado de Nueva York y comenzó una campaña contra la corrupción en la política. Los líderes republicanos hicieron que Roosevelt se presentara a las elecciones presidenciales con William McKinley como candidato a la vicepresidencia. Esperaban que Roosevelt fuera olvidado como vicepresidente, para no tener más problemas con él. El resultado fue diferente: en 1901, seis meses después de jurar su segundo mandato como presidente, McKinley fue fusilado por un anarquista. Con 42 años, Roosevelt se convirtió en el presidente más joven de la historia.

Presidencia

Durante las dos administraciones de Roosevelt, los logros fueron los siguientes:

Doméstica:

- Reforzó el control del gobierno sobre las grandes empresas, mediante ataques legales a los monopolios corporativos. Creó un Departamento de Comercio y Trabajo al que se le dio el poder de investigar las violaciones de las leyes antimonopolio existentes.
- Ley de Alimentos y Medicamentos Puros. Fue la primera medida gubernamental para proteger a los consumidores.
- Parques Nacionales.

En 1901, el líder afroamericano Booker T. Washington fue invitado por Roosevelt a una cena en la Casa Blanca. Esta cena provocó la indignación de los estados del sur.

En el extranjero:

- Su lema en materia de asuntos exteriores era "hablar *suavemente* pero llevar un gran palo". Sentó las bases, a pesar de la negativa de Colombia, para la construcción del Canal de Panamá. Panamá era entonces una provincia colombiana. Roosevelt apoyó una rebelión panameña y pudo comprar la Zona del Canal al nuevo régimen panameño en 1904 por la suma de 10 millones de dólares.
- Por su mediación entre Rusia y Japón y la creación del Tratado de Portsmouth que puso fin a la guerra ruso-japonesa, recibió el Premio Nobel de la Paz en 1906. Roosevelt fue el primer político en recibir este premio. El premio fue controvertido, los izquierdistas noruegos señalaron su papel militar durante la guerra hispanoamericana que convirtió a Filipinas en una colonia estadounidense.
- Entre diciembre de 1907 y febrero de 1909, una flota de 16 acorazados estadounidenses, la Gran Flota Blanca, dio la vuelta al mundo a instancias de Roosevelt. Quería mostrar al mundo el poder de su armada, en parte con el fin de proteger los territorios de ultramar y hacer cumplir los tratados.
- Al año siguiente, Roosevelt envió a un representante estadounidense a la conferencia sobre la crisis que había estallado entre Francia y Alemania por Marruecos. Estados Unidos contribuyó de forma significativa a la redacción del acuerdo resultante de la conferencia.

- Durante su presidencia estuvo atento a los problemas de los judíos en el norte de África. Y cuando 49 judíos murieron en un pogromo en Kishinev (Rusia), escribió una carta al Zar en 1903, reprochándole severamente este hecho.

Vida posterior

Roosevelt fue sucedido como presidente por William Howard Taft. Cuando dejó la Casa Blanca tenía 50 años, el ex presidente más joven de la historia. Poco después se fue de safari por África, un gran deseo de Roosevelt.

En 1912 Roosevelt quiso volver a presentarse a la presidencia, pero el Partido Republicano nominó al titular William Howard Taft, que había sido nominado a la presidencia por el propio Roosevelt en 1908. Después de esto, fundó su propio partido: el *Partido Progresista*, también llamado el *Partido del Alce de Toro*. Fue nominado con Hiram Johnson como candidato a la vicepresidencia.

Roosevelt perdió las elecciones frente al demócrata Woodrow Wilson, pero terminó segundo en la carrera, por delante del presidente en ejercicio William Howard Taft. Era la primera vez que un presidente en activo acababa tercero en las elecciones.

En 1913 realizó otro safari, esta vez por Sudamérica. Durante el viaje, Roosevelt enfermó gravemente y estuvo a punto de sucumbir a la malaria. Roosevelt se recuperó, pero quedó muy debilitado; él mismo declaró que el viaje le había costado la mitad de su vida.

En 1918 (un año después de la Declaración Balfour británica) escribió que, en su opinión, parecía totalmente correcto establecer un estado sionista alrededor de Jerusalén. En otra carta afirmaba que no podía haber paz a menos que los armenios y los árabes obtuvieran la independencia y los judíos el control de Palestina.

Murió, a los 60 años, el 6 de enero de 1919, de una embolia.

27. William Howard Taft (1909-1913)

"No escribas para que te entiendan, escribe para que no te malinterpreten".

William Howard Taft (Cincinnati (Ohio), 15 de septiembre de 1857 - Washington, 8 de marzo de 1930) fue un político estadounidense del Partido Republicano. Fue el 27º presidente de los Estados Unidos entre 1909 y 1913. Posteriormente, ocupó el cargo de Presidente del Tribunal Supremo de los Estados Unidos de 1921 a 1930.

Taft, abogado de profesión, fue fiscal general de los Estados Unidos de 1890 a 1892 bajo el mandato del presidente Benjamin Harrison. Fue Gobernador General de Filipinas de 1901 a 1904 bajo los presidentes William McKinley y Theodore Roosevelt y posteriormente fue Secretario de Guerra bajo el presidente Roosevelt.

De por vida

Jóvenes

Su padre, Alphonso Taft, fue juez y, más tarde, Secretario de Guerra y Secretario de Justicia con el presidente Ulysses S. Grant. Él mismo fue a estudiar a Yale. Intelectualmente podía seguir el ritmo, pero tenía que confiar principalmente en su dedicación. En 1878 se graduó como el segundo mejor de su año. Después de Yale continuó sus estudios en la Facultad de Derecho de Cincinnati. Durante este tiempo también trabajó como reportero judicial para un periódico local. Poco antes de graduarse, fue admitido en el Colegio de Abogados y pudo trabajar como abogado.

Trabaja como abogado y juez en el Tribunal Supremo de Ohio

El director de Taft le ofreció un trabajo a tiempo completo en el periódico si estaba dispuesto a dejar su trabajo como abogado, pero Taft lo rechazó. En su lugar, en octubre de 1880, fue nombrado fiscal adjunto del condado de Hamilton. Sirvió un año en ese puesto, pero renunció a él después de que el presidente Chester Arthur quisiera nombrarlo para otro puesto. Se negó porque tendría que despedir a personas que eran competentes para sus puestos pero que no gozaban del favor político. En 1884, Taft hizo campaña por el candidato presidencial republicano, el senador James Blaine, pero perdió ante Grover Cleveland.

Hacia 1880, Taft conoció a su esposa Helen Herron. Cuatro años después se veían con regularidad. Tras una primera propuesta rechazada, Herron y Taft se casaron de todos modos. Tuvieron tres hijos. El hijo mayor, Robert, llegaría al Senado.

En 1887, el gobernador de Ohio, Joseph Foraker, nombró a Taft para cubrir una vacante en el Tribunal Supremo de Ohio, con sede en Cincinnati. Después de un año, fue reelegido para un mandato de cinco años. Probablemente dictó su sentencia más sorprendente en el caso *Moores & Co. v. Bricklayers' Union*. En este caso, los albañiles se negaban a trabajar para cualquier empresa que hiciera negocios con una compañía llamada Parker Brothers. Taft declaró en su fallo que había un boicot ilegal.

Fiscal General y Juez Federal

El Tribunal Supremo tenía un puesto vacante en 1889. El gobernador Foraker sugirió al presidente Benjamin Harrison que nombrara a Taft, que aspiraba al puesto. El presidente no lo hizo. En su lugar, Harrison lo nombró fiscal general. Tampoco fue un ascenso inmerecido, pues en ese puesto Taft representó los intereses del gobierno federal de Estados Unidos ante el Tribunal Supremo en los casos en los que era parte. Ganó quince de los dieciocho casos que se presentaron ante el Tribunal Supremo.

El Congreso de los Estados Unidos decidió en marzo de 1891 que cada Tribunal Federal de Apelaciones se ampliaría con un puesto adicional, es decir, un juez más. Harrison nombró a Taft para el Tribunal de Apelaciones del 6º Circuito en Cincinnati en marzo de 1892. Se trataba de un nombramiento vitalicio y parecía un buen trampolín para llegar al Tribunal Supremo. El hermanastro mayor de Taft, Charles, era un exitoso hombre de negocios y complementaba su "modesto" salario de juez, lo que permitía a Taft y a su esposa vivir de pie.

Como juez, se le consideraba conservador, aunque defendió el derecho de sindicación y el derecho de huelga (dos temas importantes en la última década del siglo XIX). En 1896, además de su trabajo como juez federal, comenzó a dar clases en la Facultad de Derecho de Cincinnati. Como juez, no podía involucrarse directamente en la política, pero Taft siguió de cerca los acontecimientos dentro del Partido Republicano. Observó con cierta incredulidad el ascenso del gobernador de Ohio, William McKinley, pero le apoyó cuando quedó claro que tenía la mejor oportunidad de ganar la candidatura presidencial republicana en 1896. Bajo la presidencia de McKinley, sólo quedó vacante un puesto en el Tribunal Supremo. El presidente eligió a Joseph McKenna.

Gobernador General en Filipinas

El presidente McKinley tenía una cita con Taft en enero de 1900. Este último esperaba que fuera sobre una inminente vacante en el Tribunal Supremo. En cambio, el presidente quería que Taft formara parte de un comité para establecer un gobierno civil en Filipinas. Entonces sería necesario que Taft dejara de ser juez, pero McKinley le prometió que, a cambio, le nombraría para el Tribunal Supremo en cuanto hubiera un puesto disponible.

La toma del poder por parte de Estados Unidos en el archipiélago condujo a la Revolución Filipina, que luego se convirtió en la Guerra Filipino-Americana. En 1900, los estadounidenses, bajo el liderazgo del gobernador general Arthur MacArthur Jr., estaban en el bando ganador. MacArthur veía poco sentido al autogobierno de Filipinas, pero se vio obligado a cooperar porque la comisión estaba sobre el presupuesto militar. El 4 de julio de 1900, Taft sucedió a MacArthur como gobernador general. Taft quería trabajar con los filipinos en igualdad de condiciones hacia el autogobierno, pero la plena independencia la veía como algo para un futuro lejano.

McKinley fue asesinado en 1901. Con su sucesor, el presidente Theodore Roosevelt, Taft había sido amigo desde los años 90. Se volvieron a encontrar en enero de 1902, cuando Taft se encontraba en Washington recuperándose de dos operaciones derivadas de una infección. Ese mismo año viajó a Roma para negociar con el Vaticano. El motivo era que quería que se pusieran más tierras de cultivo a disposición de los agricultores filipinos, pero gran parte de las tierras eran propiedad de varias órdenes sacerdotales católicas romanas españolas. Taft quería que vendieran la mayor parte de sus tierras, para luego abandonar el país y ser sustituidos por sacerdotes estadounidenses. La visita ayudó a llegar a un acuerdo al respecto un año después.

A finales de 1902, Taft se enteró por Roosevelt de que el puesto del juez George Shiras en el Tribunal Supremo quedaría disponible. Roosevelt le ofreció el puesto, pero Taft lo rechazó porque, en su opinión, sus obligaciones en Filipinas aún no habían concluido. Una de las razones por las que Roosevelt ofreció el escaño a Taft fue porque era la oportunidad de neutralizar a un potencial rival para la presidencia. De hecho, el éxito de Taft en Filipinas no había pasado desapercibido en la prensa estadounidense. Un año más tarde, Roosevelt pidió a Taft que fuera Secretario de Guerra. Esta vez Taft sí aceptó, también porque las Filipinas estaban bajo la dirección del Departamento de Guerra. De este modo podía seguir participando.

Ministro de la Guerra

Como Secretario de Guerra, Taft tuvo que tratar con el presidente Theodore Roosevelt, quien a su vez estaba muy involucrado en los asuntos militares. Roosevelt había hecho saber públicamente en el período previo a las elecciones presidenciales de 1904 que no se presentaría a un tercer mandato, y quería mantener esa promesa. Taft consideraba firmemente que podía convertirse en el próximo candidato presidencial republicano. Con ese fin, se agradeció en dos ocasiones un puesto en el Tribunal Supremo.

Tras la secesión de Panamá de Colombia en 1903 y con la conclusión del Tratado Hay-Bunau Varilla, Estados Unidos había obtenido el derecho a construir un canal en Panamá que conectara el océano Atlántico con el Pacífico. Roosevelt había determinado que el Departamento de Guerra se encargaría de la construcción. En 1904 Taft visitó Panamá y en 1907 nombró a George Washington Goethals como ingeniero jefe tras la dimisión de John Frank Stevens.

España había perdido Cuba como colonia a manos de Estados Unidos tras la Guerra Hispano-Americana de 1898. Tras un periodo de ocupación, Cuba se independizó en 1902. Los primeros años tras la independencia fueron turbulentos, con numerosos conflictos internos. En septiembre de 1906, el presidente cubano Tomás Estrada Palma pidió a Estados Unidos que interviniera. Taft viajó a Cuba con un pequeño ejército y se proclamó gobernador temporal. Dos semanas después le sucedió Charles Edward Magoon.

Taft siguió implicado con Filipinas. En 1904 exigió que los productos agrícolas filipinos fueran admitidos en el mercado estadounidense libremente, es decir, sin pagar derechos de importación. Esto provocó protestas entre los productores estadounidenses de azúcar y tabaco. El presidente Roosevelt planteó la cuestión a Taft, pero éste amenazó con dimitir si el presidente cambiaba su política. Roosevelt abandonó entonces el tema. En 1905, Taft encabezó una delegación del Congreso a Filipinas. Volvió de nuevo en 1907, cuando se instaló la primera Asamblea de Filipinas.

En ambas ocasiones, tras su visita a Filipinas, Taft viajó a Japón. Su primera visita fue en julio de 1905, un mes antes del final de la guerra ruso-japonesa. Taft se reunió con el primer ministro japonés Katsura Tarō. Llegaron a un acuerdo en el que pactaron que Estados Unidos no tenía ninguna objeción a la ocupación japonesa de Corea y que Japón no tenía ambiciones respecto al territorio de Filipinas. En Estados Unidos había preocupación por el gran número de trabajadores japoneses que llegaban a América. Durante la segunda visita, el ministro de Asuntos Exteriores japonés, Hayashi Tadasu, prometió que se expedirían menos pasaportes a los japoneses que quisieran emigrar a Estados Unidos.

Presidencia

Elecciones presidenciales de 1908

Roosevelt hizo todo lo posible para que Taft obtuviera la nominación republicana. Por ejemplo, exigió que los miembros de su gabinete apoyaran a Taft, o al menos no apoyaran a ningún otro candidato, so pena de dimitir. Varios políticos, como el secretario del Tesoro George Cortelyou, estudiaron si tendrían alguna posibilidad, pero finalmente no se involucraron en la carrera. El gobernador de Nueva York, Charles Evans Hughes, se presentó como candidato, pero el día de su anuncio, el presidente Roosevelt envió un extenso mensaje al Congreso advirtiendo contra la corrupción en los negocios. Como resultado, el anuncio de Hughes de que se presentaba quedó relegado a las páginas interiores de los periódicos.

En la Convención Republicana de Chicago de junio de 1908, Taft no tuvo competidores serios y, para su propia satisfacción, fue elegido en la primera votación. No estuvo tan satisfecho con la elección de su compañero de fórmula para la vicepresidencia por parte de la Convención. Esperaba que fuera un progresista, como el senador Jonathan Dolliver, pero la elección recayó en el delegado conservador James Sherman. Taft renunció el 30 de junio para dedicarse por completo a su campaña.

En las elecciones generales, Taft se enfrentó al demócrata William Jennings Bryan, que representaba a su partido por tercera vez como candidato presidencial. Muchas de las reformas de Roosevelt procedían de las propuestas de Bryan, lo que llevó a muchos demócratas a argumentar que era el verdadero sucesor de Roosevelt.

Taft dio pábulo a las críticas de que sólo era una corriente de escape de Roosevelt al viajar a la casa del presidente en Nueva York para pedirle consejo antes de su discurso de aceptación. De todos modos, Taft apoyó muchas de las políticas de Roosevelt. Por ejemplo, estaba a favor del derecho de sindicación, pero en contra de instituir un boicot empresarial. Además, a diferencia de Bryan, consideraba que la red de ferrocarriles podía estar bien en manos de empresas privadas, supervisadas por una comisión gubernamental que pudiera fijar la tarifa máxima. Durante unas vacaciones en agosto de 1908, aparecieron fotos de Taft en el campo de golf. El presidente Roosevelt le advirtió de que el mundo exterior podría pensar que estaba muy vinculado a los negocios.

La decisión de instituir o no una prohibición del alcohol en todo el país se convirtió repentinamente en un tema importante de la campaña a mediados de septiembre. Carrie Nation exigió que Taft diera a conocer su opinión, pero el candidato republicano ya había decidido de antemano no comentar nada al respecto porque sus partidarios pensaban de forma diferente. Por lo tanto, sólo tenía algo que perder al tomar una posición. Al final, Taft ganó las elecciones por un margen seguro. Obtuvo 321 votos electorales frente a los 162 de Bryan. Obtuvo un total del 51,6 por ciento de los votos.

La toma de posesión tuvo lugar en el interior del Capitolio debido a una tormenta de invierno. Taft tuvo una relación más difícil con la prensa, simplemente porque estaba menos disponible para entrevistas u oportunidades fotográficas que su predecesor.

Política exterior

Principios clave

Taft reformó el Departamento de Estado, el U.S. Department of State. El Departamento se organizó en divisiones geográficas, incluyendo secciones para Oriente Medio, América Latina y Europa Occidental. Taft y su Secretario de Estado, Philander Knox, tenían la intención de no involucrarse en los conflictos internos de Europa y estaban preparados para usar la fuerza si era necesario cuando se violara la Doctrina Monroe (la doctrina instituida por el presidente James Monroe según la cual cualquier forma de interferencia europea en el hemisferio occidental era tabú). La protección del Canal de Panamá, inaugurado en 1914, lideró la política exterior en el Caribe y Centroamérica. Taft animó a los diplomáticos estadounidenses a apoyar activamente a las empresas de su país en el extranjero. Esperaba que el comercio internacional contribuyera a la paz mundial.

América Latina

El gobierno de Taft utilizó la llamada diplomacia del dólar hacia América Latina. Creían que todos los implicados se beneficiarían de la inversión estadounidense en la región, y que también reduciría las influencias de los antiguos gobernantes europeos. Esta política tuvo poco apoyo tanto en el país como en el extranjero. Muchos miembros del Congreso consideraban que Estados Unidos debía comprometerse lo menos posible con los países extranjeros, y muchos países latinoamericanos no deseaban seguir siendo un protectorado de Estados Unidos.

Cuando Taft asumió el cargo, el malestar en México, que había estado bajo el gobierno del dictador Porfirio Díaz durante décadas, iba en aumento. Muchos mexicanos apoyaban al principal oponente de Díaz, Francisco Madero. Se produjeron varios incidentes en los que rebeldes mexicanos cruzaron la frontera hacia Estados Unidos en busca de armas y caballos. Taft quiso evitarlo y envió al ejército estadounidense hacia la región fronteriza. Fue el primer presidente estadounidense que viajó a México. Se reunió con Díaz primero en El Paso, Texas, y luego en Ciudad Juárez, México. Frederick Russell Burnham, junto con un Ranger de Texas, desarmó a un hombre que planeaba un ataque contra ambos presidentes y que se había acercado a ellos a pocos metros. Poco antes de las elecciones en México, Díaz encarceló a Madero, tras lo cual sus seguidores desataron una rebelión armada. Esto condujo a la dimisión de Díaz y también dio paso a la Revolución Mexicana, que se prolongaría durante diez años. En Arizona, dos personas murieron y una docena resultaron heridas por disparos procedentes del otro lado de la frontera. Taft ordenó al gobernador del territorio que devolviera el golpe con fuerza.

El presidente de Nicaragua, José Santos Zelaya, quería retirar todas las concesiones comerciales a las empresas estadounidenses, mientras que los diplomáticos de Estados Unidos apoyaban en secreto a los insurgentes de Juan Estrada. Nicaragua tenía grandes deudas con el extranjero, y Estados Unidos quería evitar que las potencias europeas utilizaran esas deudas para obtener el permiso de excavar un segundo canal que pudiera conectar los océanos Atlántico y Pacífico. Eso anularía la ventaja que los estadounidenses tenían con el Canal de Panamá. El sucesor de Zelaya, José Madriz, no logró sofocar la rebelión porque Taft había enviado tropas estadounidenses para apoyar a los insurgentes. Las tropas de Estrada tomaron la capital en agosto de 1910. Estados Unidos obligó al nuevo gobierno a pedir un préstamo para refinanciar la deuda nacional. La situación siguió siendo inestable en los años siguientes, lo que llevó a Taft a enviar más tropas estadounidenses en 1912. La ocupación estadounidense de Nicaragua duró hasta 1933.

En sus últimos días, la administración Roosevelt había firmado otro acuerdo con Colombia y Panamá. Sin embargo, Colombia se negó a ratificar el tratado. El Secretario de Estado de Estados Unidos, Knox, ofreció diez millones de dólares a finales de 1912, que más tarde aumentaron a veinticinco millones, si Colombia ratificaba el tratado. Los colombianos consideraron que era demasiado poco y que la cuestión no se resolvería bajo la presidencia de Taft.

Extremo Oriente

Durante su estancia en Filipinas, Taft siguió con gran interés todos los acontecimientos de la región. Era muy partidario de las buenas relaciones con China y sustituyó al embajador de Roosevelt, William

Rockhill, ya que éste tenía poco interés en el comercio con China. Su sucesor fue William Calhoun.

La Revolución de Xinhaire tuvo lugar en 1911. Esto marcó el fin del Imperio Chino y precisamente el comienzo de la República de China. Sun Yat-sen fue elegido como primer presidente. Taft se mostró reacio a reconocer el nuevo régimen, a pesar de que la mayoría de la opinión pública estadounidense estaba a favor. La Cámara de Representantes aprobó una resolución en febrero de 1912 instando al reconocimiento. Taft prefería que las distintas potencias occidentales actuaran conjuntamente. En su último mensaje anual al Congreso, en diciembre de 1912, Taft hizo saber que estaba impulsando el reconocimiento, pero como había perdido las elecciones, nunca llegó a producirse.

Taft continuó con su política de limitar la inmigración procedente de China y Japón. En 1911, se firmó un acuerdo de amistad revisado entre Japón y Estados Unidos que otorgaba muchos más derechos a los japoneses que vivían en Estados Unidos. Esto provocó malestar en la Costa Oeste, pero Taft informó a varios políticos locales influyentes de que no había ningún cambio en la política de inmigración.

Europa

El presidente Taft era partidario de resolver los conflictos internacionales mediante el arbitraje. Negoció un acuerdo con Francia y Gran Bretaña para resolver los conflictos mutuos de esta manera. Estos acuerdos se firmaron en agosto de 1911. Tanto Taft como Knox, un antiguo senador, no habían involucrado al Senado en todo el proceso. Hubo una considerable oposición, especialmente entre el propio partido de Taft. El Senado aprobó varias enmiendas que eran inaceptables para Taft, lo que impidió que los acuerdos entraran en vigor.

El gobierno estadounidense logró resolver varios conflictos con Gran Bretaña. Por ejemplo, se alcanzaron acuerdos claros sobre la frontera entre Maine y New Brunswick, y se resolvió una larga disputa que afectaba a la caza de ballenas en el Estrecho de Bering, en la que también estaba implicado Japón. También se resolvió una disputa similar sobre los derechos de pesca en torno a Terranova.

Política interior

Derecho de la competencia

La política de Roosevelt de acabar con las grandes combinaciones empresariales mediante la presión legal fue continuada e intensificada por Taft. Bajo la Ley de Competencia de Sherman ("Sherman's Antitrust Act"), se presentaron setenta casos ante el tribunal en cuatro años. En 1911, dos casos importantes contra la Standard Oil Company y la American Tobacco Company se resolvieron a favor del gobierno.

La Cámara de Representantes, controlada por los demócratas, inició en junio de 1911 una investigación contra U.S. Steel, a la que el presidente Roosevelt había apoyado en su decisión de comprar la *Tennessee Coal, Iron, and Railroad Company*. Con ello, Roosevelt quería evitar que la crisis económica del momento -el llamado Pánico de 1907- se agravara. Taft, Secretario de Guerra en ese momento, había elogiado al presidente por su decisión. En retrospectiva, Roosevelt probablemente había sido engañado por U.S. Steel, que pretendía tener poco interés en la empresa, pero en cambio hizo una gran compra a un precio demasiado bajo.

El Departamento de Justicia de Taft presentó una demanda contra U.S. Steel en octubre de 1911 exigiendo que cientos de filiales se independizaran. También se acusó a varios empresarios y financieros clave de la empresa y sus alrededores. Las acusaciones afirmaban que Roosevelt había contribuido al poder de monopolio de U.S. Steel y que había sido engañado por astutos industriales. A Roosevelt le disgustaba que se le atribuyera toda la culpa y que Taft se saliera con la suya afirmando que sólo estaba remotamente implicado.

Otro caso que tuvo ramificaciones políticas fue la demanda contra International Harvester Company, un fabricante de implementos agrícolas. El gobierno de Roosevelt había investigado a la empresa pero no había tomado ninguna medida contra los abusos detectados. El gobierno de Taft retomó el caso en un momento en que Roosevelt competía con Taft por la candidatura republicana para las elecciones presidenciales de 1912. Los partidarios de Taft culparon a Roosevelt por no haber hecho nada, mientras que éste, a su vez, culpó a Taft por no haber hecho nada durante tres años y medio y por haber actuado sólo cuando era políticamente conveniente.

Asunto Ballinger-Pinchot

Roosevelt era un firme defensor de la conservación, al igual que varios de sus partidarios políticos, como el Secretario del Interior James Garfield. Taft estaba de acuerdo con la necesidad de conservación, pero creía que debía hacerse a través de la legislación, no de decretos presidenciales. Sustituyó a Garfield como Secretario de Estado por el primer alcalde de Seattle, Richard Ballinger. Esto sorprendió a Roosevelt, ya que creía que Taft había prometido mantener a Garfield en el cargo. Este fue uno de los acontecimientos que hizo que Roosevelt se diera cuenta de que Taft seguía un rumbo diferente al suyo.

Durante su presidencia, Roosevelt había sacado una cantidad relativamente grande de tierras del dominio público mediante decretos presidenciales, especialmente declarando grandes extensiones de tierra como parques nacionales, incluyendo grandes áreas en Alaska que eran ricas en carbón. Clarence Cunningham había descubierto allí muchos depósitos de carbón en 1902 y reclamó esos terrenos para su explotación. El gobierno investigó la legitimidad de estas reclamaciones. De ello se encargó Louis Glavis. En 1909, el nuevo ministro del Interior, Ballinger, aceptó las reclamaciones para hacer posible la explotación minera. Entonces Glavis buscó a la prensa y reveló que Ballinger había actuado como abogado de Cunningham en el pasado, creando un conflicto de intereses. En lugar de enfrentarse a Ballinger, Taft despidió a Glavis basándose en un informe del fiscal general George Wickersham.

Gifford Pinchot era el jefe del Servicio Forestal de los Estados Unidos, una agencia federal responsable de la gestión de los bosques del país. Era partidario de Glavis y aún había sido nombrado por Roosevelt. Taft había dado instrucciones a sus subordinados para que no comentaran el asunto, pero en enero de 1910 envió una carta informando sobre el curso de los acontecimientos al senador Jonathan Dolliver. Posteriormente, Pinchot fue despedido, pero el Congreso inició una investigación. Al final, Ballinger pudo contar con una mayoría de votos, exonerándolo, pero la investigación fue embarazosa para la administración Taft. Por ejemplo, el abogado de Glavis, Louis Brandeis, demostró que el informe del secretario Wickersham en el que se basó el despido de Glavis era antiguo. Todo el asunto también provocó una ruptura entre Taft y los partidarios de Roosevelt.

Derechos civiles

En su discurso de investidura, Taft anunció que no nombraría a afroamericanos para puestos federales porque hacerlo sólo contribuiría a las tensiones raciales. Su política difería de la de Roosevelt en que Taft sustituía activamente a los funcionarios negros del gobierno que entraban en contacto con ciudadanos blancos agobiados que no querían tener nada que ver con los afroamericanos. Esto dejó a muy pocas personas de piel oscura en puestos designados en el gobierno federal en el Sur. En el Norte, sólo se nombró a un afroamericano. El

Partido Republicano -el partido de Abraham Lincoln- era originalmente el partido que defendía los derechos de los afroamericanos, pero las políticas de Taft contribuyeron a que empezaran a acercarse al Partido Demócrata.

Nombramientos judiciales

El presidente Taft nombró a seis jueces para el Tribunal Supremo, más que ningún otro presidente excepto George Washington y Franklin Delano Roosevelt. La muerte de Rufus Peckham le proporcionó su primera oportunidad. El presidente nominó a un viejo amigo y colega del Tribunal de Apelaciones del 6º Circuito, concretamente a Horace Lurton. Anteriormente había tratado de persuadir a Roosevelt para que nombrara a Lurton. El secretario de Justicia, Wickersham, objetó que Lurton, antiguo soldado confederado y demócrata, ya tenía 64 años, pero a Taft le importó poco.

Tras la muerte de David Josiah Brewer en marzo de 1910, nombró al gobernador de Nueva York Charles Evans Hughes. Le prometió a Hughes que era su opción más probable para el puesto de presidente del Tribunal Supremo, en caso de que éste quedara vacante. Cuando ese puesto quedó efectivamente disponible tras la muerte del presidente del Tribunal Supremo, Melville Fuller, el 4 de julio de 1910, Taft tardó cinco meses en encontrar un sucesor. Su elección recayó en Edward Douglass White, el primer juez del Tribunal Supremo en activo que ascendió al puesto de presidente del Tribunal Supremo. Posiblemente la elección recayó en White y no en Hughes porque el propio Taft aún ambicionaba ser presidente del Tribunal Supremo. Hughes era mucho más joven que White y, por tanto, la posibilidad de que el puesto volviera a estar disponible en un periodo de tiempo relativamente corto era mucho mayor.

Para el puesto de White, Taft nombró al juez federal Willis de Devanter. En ese momento, también había que encontrar un sustituto para William Henry Moody, que había renunciado por enfermedad. Taft nombró a Joseph Lamar, un demócrata que había conocido jugando al golf y que tenía una buena reputación como juez. Su último nombramiento fue el de Mahlon Pitney tras la muerte de John Marshall Harlan. Esta fue la última vez que se nombró a alguien que no había asistido a la facultad de derecho para el Tribunal Supremo. También fue el nombramiento más controvertido. Pitney tenía poca afinidad con los sindicatos y, por tanto, se enfrentó a más oposición en el Senado que otros candidatos. El Senado votó finalmente con 50 votos a favor y 26 en contra de la elección de Taft.

Elecciones presidenciales de 1912

El ex presidente Theodore Roosevelt realizó un extenso viaje entre marzo de 1909 y junio de 1910. Fue a un safari en África y luego visitó Europa. Taft y él tuvieron poco contacto durante este tiempo, aunque se reunieron dos veces después del regreso de Roosevelt a los Estados Unidos. En la correspondencia privada, el predecesor de Taft expresó su decepción con el presidente en funciones.

A principios del otoño de 1910, Roosevelt pronunció una serie de discursos en los que acusaba al Tribunal Supremo de socavar la democracia. En el caso de *Lochner contra Nueva York, el Tribunal Supremo* había dictaminado en 1905 que el gobierno no podía limitar el número de horas máximas de trabajo. Eso, de hecho, entraba dentro de la libertad de contrato. El Tribunal Supremo emitió su dictamen basándose en la Decimocuarta Enmienda de la Constitución. Como resultado, Roosevelt consideró que el Tribunal Supremo debía ser despojado de la facultad de declarar leyes inconstitucionales. Aunque Taft también debía tener poco en cuenta la sentencia del más alto tribunal de Estados Unidos en el caso de *Lochner contra Nueva York*, no compartía la opinión posterior de Roosevelt.

En las elecciones intermedias de 1910, el Partido Republicano perdió la mayoría en la Cámara de Representantes y varios escaños en el Senado, aunque conservó su mayoría en este último. Tras las elecciones, Roosevelt se volvió cada vez más progresista en sus comentarios. Argumentó que Taft no se guiaba por los principios de Lincoln, sino por los de la Gilded Age. Para ser claros, eso no era correcto.

En vísperas de las elecciones presidenciales de 1912, cada vez estaba más claro que Roosevelt iba a presentarse. Respondiendo a la regla no escrita de que los presidentes no se presentan a un tercer mandato, Roosevelt dijo que se trataba de tres mandatos consecutivos. Ahora ya no se trataba de eso. Además de Roosevelt, el senador Robert La Follette también se presentó a la candidatura republicana.Roosevelt ganó las primarias republicanas, aunque en aquella época eran mucho menos decisivas que hoy y sólo se celebraron en catorce estados. Roosevelt ganó 278 de los 362 delegados. Sin embargo, Taft controlaba el aparato del partido y, por lo tanto, consiguió aportar muchos delegados, más que Roosevelt. En la Convención Republicana, los aliados de Roosevelt intentaron que estos delegados fueran declarados inválidos. Algunos republicanos siguieron buscando un candidato de compromiso cuando quedó claro que Roosevelt abandonaría el partido si no era elegido, pero no tuvieron éxito. Taft fue finalmente elegido en la primera ronda de votaciones.

De hecho, el ex presidente abandonó el Partido Republicano y formó el Partido Progresista con sus seguidores. Taft acudió a las elecciones generales con poca confianza, ya que se dirigía a una derrota casi segura. Los demócratas habían nominado al gobernador de Nueva Jersey, Woodrow Wilson. Éste veía a Roosevelt como su principal oponente, por lo que le atacó especialmente. Taft se adhirió a la costumbre de que los presidentes en ejercicio no hagan campaña activamente y sólo pronunció un discurso de aceptación a principios de agosto. Esperaba que los miembros de su gabinete se presentaran como candidatos, pero se mostraron muy reacios. Para completar el fiasco, su compañero de fórmula, el vicepresidente en ejercicio, James Sherman, murió seis días antes de las elecciones. Aún así, fue sustituido por Nicholas Murray Butler, presidente de la Universidad de Columbia, pero eso no supuso gran diferencia. Wilson ganó la elección fácilmente con 435 votos electorales a su favor frente a los 88 de Roosevelt. Taft sólo ganó en los estados de Utah y Vermont y obtuvo así 8 votos electorales.

Volver a Yale

Taft había nombrado jueces en todos los niveles federales. El regreso a la profesión de abogado no parecía una opción, ya que le haría susceptible de ser acusado de conflicto de intereses cuando compareciera ante un tribunal federal. En su lugar, aceptó una cátedra de la Facultad de Derecho de Yale. En 1913, ocupó durante un año la presidencia de la American Bar Association (ABA).

Durante su presidencia, Taft había sido nombrado presidente del comité responsable de la construcción del Lincoln Memorial. Varios demócratas querían sustituirle por un compañero de partido. Taft argumentó que la pérdida de la presidencia no le perjudicaba, en contraste con los intentos de destituirle de la comisión. Posteriormente se le permitió permanecer en ella y pudo dedicar el monumento él mismo como Presidente del Tribunal Supremo en 1922.

Su sucesor, Wilson, tuvo poco que ver con Taft en su primer mandato. El ex presidente sólo se pronunció públicamente sobre la política de Estados Unidos hacia Filipinas, aunque en privado rechazaba las políticas de Wilson. Tampoco tenía mucho que decir sobre Wilson como persona. En una carta privada, lo llamó "un hipócrita imprudente" y un oportunista "que no tenía convicciones a las que no estuviera dispuesto a renunciar por más votos". A Taft lo que más le preocupaba era la nominación de Wilson de Louis Brandeis para el Tribunal Supremo. De hecho, Brandeis se había enemistado con él en el asunto Ballinger-Pinchot.1 Cuando Brandeis pasó las audiencias, Taft y varios ex presidentes de la ABA escribieron una carta en la que afirmaban que Brandeis no estaba cualificado para el Tribunal Supremo. Sin embargo, el Senado, controlado por los demócratas, aceptó la nominación de Wilson.

Como presidente de la Liga para el Cumplimiento de la Paz, una organización formada tras el estallido de la Primera Guerra Mundial, Taft se pronunció a favor de la política exterior de Wilson en 1915. En lugar de centrarse en la mediación entre las partes combatientes, la Liga para Hacer Valer la Paz reflexionó sobre el establecimiento del orden jurídico internacional después de la guerra. Expresaba la importancia del arbitraje internacional y consideraba que debía ser albergado en una organización permanente, con un tribunal y un Consejo de Conciliación. La organización también debería tener la capacidad de aplicar sanciones económicas y militares. Este era un esbozo de la Sociedad de Naciones, que se crearía más tarde. La Liga para el Fomento de la Paz no estaba formada por figuras marginales idealistas, sino por personas cercanas al centro del poder, como el senador Henry Cabot Lodge Jr. En mayo de 1916, el presidente Wilson intervino en una reunión de la Liga.

Taft apoyó la decisión de Charles Evans Hughes de abandonar el Tribunal Supremo para competir por la presidencia en nombre de los republicanos en las elecciones presidenciales de 1916. Hughes, a su vez, trató de reconciliar a Taft con Roosevelt, pero no llegó a más de un apretón de manos. Esto fue desafortunado para Hughes, ya que necesitaba un partido unido para ganar las elecciones. Cuando el presidente Wilson declaró la guerra a Alemania en abril de 1917, pudo contar con el apoyo de Taft. En ese momento era presidente de la Cruz Roja Americana y eso le requería tanto tiempo que dejó de trabajar temporalmente en Yale.

En febrero de 1918, el presidente del Partido Republicano, Will Hays, se puso en contacto con Taft para intentar una nueva reconciliación con Roosevelt. Cuando Taft cenó en el Hotel Blackstone de Chicago poco después, se enteró de que Roosevelt estaba presente con una fiesta. Buscó a su predecesor y ambos se abrazaron, lo que provocó aplausos en la sala. Su renovada amistad no continuó, ya que Roosevelt murió en enero de 1919.

Después de la guerra, cuando Wilson propuso la creación de una Sociedad de Naciones y la aceptación del Tratado de Versalles, Taft volvió a apoyarlo. Al hacerlo, fue en contra de muchos de sus colegas de partido que no querían ratificar el tratado. Por otro lado, Taft también expresó sus reservas. Al hacerlo, molestó a ambos bandos y perdió así la influencia que aún tenía con la administración Wilson. Al final, el Senado no ratificó el Tratado de Versalles.

Presidente del Tribunal Supremo

En vísperas de las elecciones presidenciales de 1920, los republicanos eligieron al senador Warren Harding como candidato presidencial y al gobernador de Massachusetts Calvin Coolidge como su compañero de fórmula. Tras su victoria electoral, Taft visitó al presidente electo Harding en su casa de Ohio y le asesoró sobre una serie de nombramientos. En esta reunión, Harding preguntó si Taft estaría disponible cuando quedara vacante un puesto en el Tribunal Supremo. Taft dijo que sólo estaba disponible para el puesto de Presidente del Tribunal Supremo. El presidente del Tribunal Supremo, White, informó a Taft de que permanecería en el cargo hasta que un republicano llegara a la Casa Blanca. En el momento en que Harding fue nombrado, White no había dado ninguna señal de que dimitiría. Tampoco White renunciaría, pues murió el 19 de mayo de 1921.

El presidente Harding aún consideraba la posibilidad de nominar a William Day, en ese momento miembro del Tribunal Supremo durante 18 años. Day dejaría el cargo al cabo de seis meses, pero sería la culminación de su carrera. Taft se enteró de la propuesta y no le pareció una buena idea porque un nombramiento a corto plazo pondría en peligro la continuidad del trabajo. Después de que Harding también rechazara esta propuesta, el ministro de Justicia Harry Daughtery instó a Taft a que lo nombrara rápidamente. Harding así lo hizo. El ex presidente fue nombrado por el Senado incluso sin una audiencia. Sólo cuatro senadores votaron en contra, entre ellos tres republicanos progresistas (partidarios de Roosevelt). Taft se convirtió así en el único presidente de EE.UU. que también fue miembro del Tribunal Supremo.

Derechos individuales

La Carta de Derechos, nombre de las diez primeras enmiendas de la Constitución, otorgaba a los ciudadanos muchos derechos que los protegían del gobierno federal. En 1925, el Tribunal Supremo sentó las bases para garantizar que esos mismos derechos protegieran también a los ciudadanos frente a los estados y gobiernos locales. En el caso *Gitlow contra Nueva York*, Taft estuvo de acuerdo con la mayoría que confirmó la condena de Benjamin Gitlow. Éste había pedido el derrocamiento del gobierno, alegando la libertad de expresión. Aunque fue condenado, el Tribunal Supremo aceptó el razonamiento de que la Primera Enmienda también protegía a los gobiernos estatales.

En el caso *Pierce v. Society of Sisters*, el Tribunal Supremo decidió ese mismo año que el estado de Oregón tenía derecho a regular las escuelas privadas, pero no a prohibirlas. Esto afirmó el derecho a la libertad educativa de los padres.

Poder del gobierno

En el caso de *Balzac contra Puerto Rico,* el Tribunal Supremo llegó a un veredicto unánime en 1922. El caso giraba en torno a un editor de periódicos de Puerto Rico al que se le había negado el derecho a un juicio con jurado, un derecho garantizado en la Sexta Enmienda. El Tribunal Supremo dictaminó que Puerto Rico era un territorio y que los ciudadanos puertorriqueños no tenían necesariamente los mismos derechos que los ciudadanos estadounidenses según la Constitución.

Taft escribió la opinión en el caso *Myers vs. Estados Unidos de* 1926 y concluyó que el presidente no necesitaba el consentimiento del Senado para destituir a un funcionario nombrado. Según Taft, que contó con el apoyo de la mayoría de los jueces, la Constitución no imponía ninguna restricción al presidente en este sentido. Taft consideró que esta era su decisión más importante como presidente del Tribunal Supremo.

Al año siguiente, el Tribunal se ocupó del caso *McGrain contra Daughtery*. Una comisión parlamentaria estaba investigando un escándalo en el que el ex fiscal general Harry Daugherty y su hermano podrían haber tenido culpa. Daugherty fue citado para entregar algunos de los documentos de su hermano, pero se negó a hacerlo porque, en su opinión, el Congreso no tenía esa autoridad. El Tribunal Supremo no estuvo de acuerdo con él.

Papel del Presidente del Tribunal Supremo

Como presidente del Tribunal Supremo, Taft era partidario de que las decisiones fueran unánimes. Aconsejó a los distintos presidentes a quiénes debían -en su opinión- nombrar como jueces. Al principio, Taft se llevaba bien con el presidente Calvin Coolidge, pero se decepcionó cuando vio que todos nombraban a Coolidge como juez. Lo mismo ocurrió con el sucesor de Coolidge, Herbert Hoover.

Además, Taft creía que era su responsabilidad como presidente del Tribunal Supremo involucrarse en los tribunales federales inferiores.

Deseaba contar con un personal que pudiera apoyarle en este sentido. En su opinión, muchos tribunales estaban mal gestionados. El Congreso debatió un proyecto de ley a finales de 1921 que nombraría a 24 nuevos jueces federales y daría al presidente del Tribunal Supremo la autoridad para transferir jueces durante un periodo de tiempo determinado a los tribunales que estuvieran luchando con los atrasos temporales. No todo el mundo estaba totalmente entusiasmado con esta ley. Por ello, se estipuló que el presidente del Tribunal Supremo sólo podría hacerlo con el consentimiento del juez superior de los tribunales afectados.

El propio Tribunal Supremo también tuvo que hacer frente a una carga de trabajo cada vez mayor y a un retraso considerable en la tramitación de los casos. Ello se debía a que, en aquella época, cualquier parte en un caso juzgado por uno de los tribunales federales de apelación podía recurrir al Tribunal Supremo. Taft consideraba que en la mayoría de los casos judiciales la última palabra la tenían los distintos tribunales federales de apelación. El Tribunal Supremo, decía, sólo debería conocer los casos en los que una sentencia tuviera consecuencias de gran alcance. Taft y varios de sus colegas impulsaron una ley que otorgaba al Tribunal Supremo la facultad de decidir por sí mismo qué casos aceptaba y cuáles no. Para frustración de Taft, esa ley tardó tres años en convertirse en ley (en febrero de 1925).

Cuando Taft se convirtió en Presidente del Tribunal Supremo, éste aún no tenía su propio edificio, sino que se encontraba en el Capitolio. Allí estaba a punto de estallar. Taft presionó para conseguir un edificio propio. El Congreso accedió y se compró un terreno al sur del Capitolio. Taft esperaba seguir viendo el nuevo edificio con sus propios ojos, pero la construcción no se completó hasta 1935, cinco años después de su muerte.

Durante la toma de posesión de Herbert Hoover como presidente, Taft, que como presidente del Tribunal Supremo era el encargado de administrar el juramento, citó mal una parte del mismo. También le ocurriría a su lejano sucesor John Roberts en la toma de posesión de Barack Obama ochenta años después.

Muerte

Su hermano Charles murió el 31 de diciembre de 1929. Taft asistió a su funeral, pero su salud era precaria. Cuando el Tribunal Supremo regresó de su receso navideño una semana después, no se había recuperado lo suficiente como para tomar posesión del cargo. Su salud se deterioró rápidamente y a finales de enero apenas podía hablar. Le preocupaba que Harlan Stone fuera designado como su sucesor y no dimitió como presidente del Tribunal Supremo hasta que recibió garantías de Hoover de que nombraría a Charles Evans Hughes. Taft dimitió entonces el 3 de febrero. Murió un mes después. Taft es el primer presidente y el primer presidente del Tribunal Supremo en ser enterrado en el Cementerio Nacional de Arlington. Harlan Stone, después de que Charles Evans Hughes se retirara, siguió siendo nombrado presidente del Tribunal Supremo por Franklin Delano Roosevelt el 30 de junio de 1941.

28. Woodrow Wilson (1913-1921)

Partido Demócrata | Vicepresidente: Thomas R. Marshall

"La amistad es el único cemento que mantendrá unido al mundo".

Thomas Woodrow Wilson (Staunton (Virginia), 28 de diciembre de 1856 - Washington D.C., 3 de febrero de 1924) fue el vigésimo octavo presidente de los Estados Unidos entre 1913 y 1921.

Político del Partido Demócrata, Wilson fue el 34º Gobernador de Nueva Jersey de 1911 a 1913. Como candidato del Partido Demócrata, Wilson ganó las elecciones presidenciales de 1912. Derrotó al dividido Partido Republicano del actual presidente William Howard Taft y del ex presidente Theodore Roosevelt. Por su compromiso con la paz mundial, Wilson recibió el Premio Nobel de la Paz en 1919. Fue partidario de la segregación racial.

Woodrow Wilson murió a la edad de 67 años tras sufrir un derrame cerebral.

Antes de su presidencia

Nacido en una familia escocesa del Ulster, Wilson creció en una familia religiosa y académica; su padre era ministro presbiteriano. Estudió derecho en la Universidad de Virginia, ejerció un año como abogado en Atlanta y luego estudió ciencias políticas en la Universidad Johns Hopkins, donde se doctoró en 1886. En 1885 se casó con Ellen Louise Axson y publicó su disertación en la que analizaba la separación de los poderes legislativo y ejecutivo en la Constitución de Estados Unidos (gobierno del Congreso). Hasta la fecha, Wilson es el único presidente estadounidense con un título de doctorado obtenido mediante una tesis doctoral.

En 1890, Wilson se convirtió en profesor de jurisprudencia y economía política en la Universidad de Princeton, donde fue un popular conferenciante y un respetado académico. Tras ser elegido presidente de la universidad en 1902, se hizo conocido a nivel nacional y, sin presentarse, fue nominado para la gobernación de Nueva Jersey en 1910. Fue candidato a la presidencia por el Partido Demócrata en 1912. Los republicanos estaban divididos; tenían dos candidatos: William Howard Taft y Theodore Roosevelt, por lo que Wilson ganó esta elección.

Presidencia

En 1913, Wilson introdujo el Sistema de la Reserva Federal, tras una crisis financiera. Los bancos comerciales querían protección, estructura y ayuda en forma de autorregulación. Wilson quería que el gobierno federal tuviera voz en el capital. Se llegó a un compromiso y se acordó un sistema de doce bancos regionales de la Reserva Federal, que los bancos de esa región dirigirían por sí mismos. En cambio, los siete miembros de la Junta de Gobernadores general serían nombrados por el presidente. Además, los mandatos de los gobernadores se superpondrían durante catorce años para garantizar su independencia.

Los votantes de color de Wilson se sintieron decepcionados cuando continuó y amplió la política de segregación racial. Incluyó a segregacionistas en su gabinete, permitió que los funcionarios negros estuvieran separados de los blancos en los ministerios y defendió esta política como una forma racional y científica de reducir la fricción social (carta de julio de 1913 a Oswald Garrison Villard).

El sufragio universal fue uno de los temas que Wilson tuvo que tratar durante su presidencia. El propio Wilson era progresista y partidario del sufragio universal, pero se enfrentó a una fuerte oposición en esta cuestión. Además, poco después de su toma de posesión, estalló la Primera Guerra Mundial.

En 1915, Estados Unidos, bajo la presidencia de Wilson, invadió Haití, que permanecería ocupado hasta 1934. Según el gobierno de Wilson, se hizo para frustrar una invasión alemana: el Imperio Alemán, de hecho, tenía grandes intereses económicos en Haití. Bajo el mando del enviado estadounidense Franklin Roosevelt, el posterior presidente demócrata, se redactó una constitución y se introdujo una "corvée" general, que anteriormente sólo se había impuesto a la clase baja negra. Se hicieron muchas mejoras en las infraestructuras de la isla, pero las reformas administrativas no dieron buenos resultados. Los desacuerdos con el dictador mexicano Victoriano Huerta llevaron a la ocupación estadounidense de Veracruz en 1914. Bajo la presidencia de Wilson, Estados Unidos también intervino en Panamá, Cuba y Nicaragua.

Inicialmente, Wilson consiguió mantener a Estados Unidos fuera de la guerra mundial, aunque proporcionó apoyo material a Francia y Gran Bretaña. Su política de neutralidad le permitió ser reelegido en 1916. Entonces se impuso al republicano Charles Evans Hughes. En 1917, la presión para participar en la guerra aumentó. La interceptación del telegrama Zimmermann, que demostraba que Alemania quería poner a México en contra de Estados Unidos, y el torpedeo por parte de los alemanes del buque de pasajeros Lusitania, como parte de la guerra submarina ilimitada, llevaron a una declaración de guerra a Alemania y a las demás potencias centrales el 6 de abril de 1917. Esto dio a Estados Unidos el voto decisivo a favor de los aliados occidentales; el imperio ruso se había derrumbado y había hecho la paz por separado con Alemania.

Después de la guerra, Wilson se dedicó a la paz mundial con diversos grados de éxito. El 8 de enero de 1918, Wilson pronunció sus famosos *Catorce Puntos*, en los que abogaba, entre otras cosas, por una alianza de naciones, el derecho de los pueblos a la autodeterminación y una organización que garantizara la integridad territorial y la independencia política de los países grandes y pequeños.

Wilson firmó la 19ª Enmienda a la Constitución de los Estados Unidos el 9 de enero de 1918. Ésta incluía el sufragio universal, incluso para las mujeres. Anteriormente, Wilson se había opuesto a esta enmienda porque su partido estaba dividido al respecto. En agosto de 1920, la enmienda entró en vigor tras ser ratificada por el Congreso y dos tercios de los estados.

Wilson llevó sus Catorce Puntos a las conversaciones de paz de París en 1919. La propuesta de crear una alianza de naciones (la Sociedad de Naciones) se incluyó en el Tratado de Paz de Versalles, pero la mayoría de los demás puntos decayeron o no se aplicaron plenamente.

Los días 18 y 19 de junio de 1919, Wilson realizó una visita a Bélgica. Esta visita de Woodrow Wilson a Bélgica fue la primera visita de un presidente estadounidense a Bélgica.

Por su compromiso con la paz mundial, Wilson recibió el Premio Nobel de la Paz en 1919. Para su gran decepción, los Estados Unidos no se convirtieron en miembros de la Sociedad de Naciones.

Ese mismo año, Wilson envió a Palestina una comisión de investigación encabezada por Herbert Churchill King y Charles Crane para investigar las opiniones de la población árabe-palestina que vivía allí sobre quiénes creían que debían recibir el mandato de la Sociedad de Naciones. La Comisión King-Crane, denominada oficialmente "Comisión (inter)aliada sobre los mandatos en Turquía de 1919", fue una comisión de investigación sobre la división de los territorios del antiguo Imperio Otomano. La Comisión comenzó como una consecuencia de la Conferencia de Paz de París de 1919. Visitó zonas de Palestina, Siria, Líbano y Anatolia , entrevistó a la opinión pública local y evaluó su opinión sobre el mejor curso de acción para las distintas regiones.Así, también viajó por Palestina y descubrió que la mayoría de la población árabe se oponía a la Declaración Balfour y que la gente quería que los Estados Unidos tuvieran el mandato y no los británicos. Que los beduinos del desierto también compartían esta opinión: ¡que los EE.UU. hagan por nosotros lo que hicieron por Filipinas! Al fin y al cabo, los británicos querían dar la tierra a los sionistas para que establecieran en ella un Hogar Nacional Judío y el pueblo ya veía cómo avanzaban la causa sionista en su país.El presidente Wilson, sin embargo, nunca vio el informe de la comisión ni sus recomendaciones. Enfermó y no pudo seguir ejerciendo como presidente. El informe desapareció en un cajón y no fue publicado (por un periódico) hasta 1922.

El 2 de octubre de 1919, Wilson sufrió un derrame cerebral. Esto le dejó apenas capaz de funcionar; los detalles sobre sus limitaciones no se revelaron hasta después de su muerte. Su segunda esposa, Edith Bolling Galt Wilson, hizo una selección de los temas que debían ser tratados por Wilson. Los demás temas fueron tratados por sus ministros. El mandato de Wilson terminó en 1921.

Tras su presidencia

Wilson siguió viviendo con su esposa en Washington, D.C., donde murió el 3 de febrero de 1924, a la edad de 67 años. Su esposa vivió en la misma casa durante 37 años más, donde murió el 28 de diciembre de 1961.

En 2020, la Universidad de Princeton decidió retirar los derechos de denominación de Wilson a dos instituciones por sus opiniones racistas y sus políticas de segregación racial.

29. Warren G. Harding (1921-1923)

Partido Republicano | Vicepresidente: Calvin Coolidge

"La honestidad es lo más esencial. Exalta la ciudadanía individual, y, sin honestidad, ningún hombre merece la confianza del pueblo en la actividad privada o en los cargos públicos."

Warren Gamaliel Harding (Marion (Ohio), 2 de noviembre de 1865 - San Francisco (California), 2 de agosto de 1923) fue un político estadounidense del Partido Republicano. Fue el 29º presidente de los Estados Unidos, de 1921 a 1923.

Harding, empresario de profesión, fue editor del periódico local *The Marion Star* en su ciudad natal de Marion, Ohio. En 1904, Harding se convirtió en vicegobernador de Ohio bajo el mandato del gobernador Myron Herrick. En 1914, Harding fue elegido senador por Ohio. En las elecciones presidenciales de 1920, Harding fue el candidato por el

Partido Republicano. Junto con su compañero de fórmula Calvin Coolidge, derrotó al candidato demócrata James Middleton Cox y a su compañero de fórmula Franklin Delano Roosevelt.

Su mandato se hizo tristemente célebre por la fuerte corrupción que impregnó las altas esferas del gobierno (incluido el escándalo de la Cúpula del Té). Harding, al igual que su sucesor, era un republicano convencido de que el gobierno debía intervenir lo menos posible en la economía. También se oponía a la injerencia extranjera, incluida la participación estadounidense en la Sociedad de Naciones. A pesar de las acusaciones de corrupción, Harding fue elogiado por su compromiso con los derechos civiles de los afroamericanos.

Firmó una resolución conjunta de ambas cámaras del Congreso de Estados Unidos el 21 de septiembre de 1922 (Resolución 360 de la Cámara de Representantes) en la que se expresaba su aprobación del mandato británico sobre Palestina y la intención de establecer en ella una patria judía en la que prevaleciera la libertad religiosa. Los habitantes árabes (palestinos) podían optar por aceptar y permanecer bajo la autoridad judía o establecerse en otro lugar del territorio árabe. Harding nombró a algunos judíos en su consejo asesor . La resolución dice, entre otras cosas: *La tierra que conocemos como Palestina estuvo poblada por judíos desde el principio de la historia hasta la época romana. Es la patria ancestral del pueblo judío.*

Harding enfermó durante una gira por Alaska y el viaje se interrumpió. Harding viajó a San Francisco, donde pronto sufrió problemas respiratorios. Probablemente contrajo una neumonía. Aunque Harding pareció recuperarse, murió repentinamente el 2 de agosto de 1923 a la edad de 57 años. Los historiadores no están seguros de la causa exacta de la muerte; se considera que la causa más obvia es un fallo cardíaco o un derrame cerebral. A Harding le sucedió su vicepresidente Calvin Coolidge.

30. Calvin Coolidge (1923-1929)

Partido Republicano | Vicepresidente: Charles G. Dawes

"Nada en el mundo puede sustituir a la persistencia. El talento no lo hará; . El genio no lo hará; . La educación no lo hará; . Sólo la persistencia y la determinación son omnipotentes".

John Calvin Coolidge Jr. (Plymouth (Vermont), 4 de julio de 1872 - Northampton (Massachusetts), 5 de enero de 1933) fue el trigésimo presidente de los Estados Unidos, cargo al que llegó como el entonces vigésimo noveno vicepresidente debido a la muerte del presidente Warren G. Harding en 1923. Coolidge fue presidente de 1923 a 1929. Coolidge murió de un ataque al corazón a la edad de 60 años.

Biografía

Coolidge nació en Plymouth, en el condado de Windsor, en el estado de Vermont, hijo de John Coolidge y Victoria Moore. Tras su graduación, dejó de llamarse *John*. Estudió en el Amherst College de Massachusetts y se graduó en 1895. Se estableció como abogado en Northampton, en el mismo estado, y se convirtió en miembro del consejo municipal en 1899. Además, fue abogado de la ciudad de 1900 a 1902, secretario del tribunal en 1904 y miembro de la Cámara de Representantes del estado de Massachusetts (que no debe confundirse con la Cámara de Representantes nacional) de 1907 a 1908.

Fue elegido alcalde de Northampton para el periodo 1910-1911 y fue miembro del Senado de Massachusetts entre 1912 y 1915, los dos últimos años como presidente de ese órgano. Fue vicegobernador del estado entre 1916 y 1918 y gobernador entre 1919 y 1920. Ganó fama nacional cuando la policía de Boston se puso en huelga con su declaración "No hay derecho a la huelga contra la seguridad pública para nadie, en ningún lugar y en ningún momento".

En 1920 Coolidge compitió por la nominación a la presidencia del Partido Republicano, pero perdió ante el senador Warren G. Harding de Ohio. El candidato popular a la vicepresidencia era el senador Irvine Lenroot de Wisconsin, pero el partido eligió a Coolidge. El equipo Harding-Coolidge se impuso al gobernador de Ohio, James M. Cox, y a su *compañero de fórmula* y Secretario de Estado de la Marina, Franklin Delano Roosevelt.

Coolidge juró el cargo de vicepresidente el 4 de marzo de 1921 y ejerció hasta el 3 de agosto de 1923. Ese día prestó juramento como Presidente de los Estados Unidos, tras la muerte de Warren Harding. Coolidge se encontraba en su casa -una visita familiar-, donde no había electricidad ni teléfono, cuando le llegó la noticia de la muerte de Harding. Su padre, un notario, le administró el juramento en el salón de su casa a la luz de una lámpara de queroseno; más tarde, en Washington, D.C., le administró de nuevo el juramento un funcionario del Gobierno Federal.

Coolidge era - inusualmente para un político prominente - un hombre de pocas palabras; esto le valió el apodo de "Silent Cal" ("Cal silencioso"). Se cuenta que en una cena oficial en la Casa Blanca, una invitada hizo una apuesta con sus amigos a que podía conseguir que el presidente dijera al menos tres palabras durante la comida. Cuando Coolidge se enteró de esta apuesta por parte de ella, se limitó a contestar: "Tú pierdes".

El 2 de junio de 1924, firmó la Ley de Ciudadanía India, que concedía la ciudadanía a los nativos americanos.

Coolidge ganó las elecciones presidenciales de 1924 para el periodo que va hasta el 4 de marzo de 1929. Su eslogan electoral fue *Keep*

Cool with Coolidge. Aprovechó el entonces nuevo medio de la radio e hizo historia en la radio en varias ocasiones: su discurso de investidura fue el primero en ser transmitido por la radio, el 12 de febrero de 1924 fue el primer presidente en pronunciar un discurso político por la radio, y el 22 de febrero, el primero en tener un discurso de este tipo transmitido desde la Casa Blanca.

Coolidge fue el último presidente que no intentó intervenir en las fuerzas del libre mercado y dejó que el ciclo económico siguiera su curso. Había relativamente pocas razones para hacerlo durante su presidencia, ya que Estados Unidos estaba experimentando un tremendo crecimiento económico: los llamados "locos años veinte". Por ello, a veces se hace referencia a Coolidge como "el presidente cuando Estados Unidos estaba en juego". Coolidge no sólo fue capaz de reducir los impuestos, sino que también pagó un billón de dólares de deuda nacional.

El 15 de abril de 1924 recibió la visita del rabino Abraham Yitzchak Kook, entonces rabino jefe asquenazí en Palestina. Encabezaba una delegación de rabinos que había estado en Estados Unidos durante meses a partir de marzo de ese año para recaudar fondos para las escuelas del Talmud (Yeshivot). Agradeció al presidente el apoyo estadounidense a la Declaración Balfour y dijo que el regreso del pueblo judío a su antigua tierra de Israel (Palestina) sería bueno no sólo para el pueblo judío, sino incluso para toda la humanidad. Coolidge respondió que el gobierno estadounidense estaría encantado de ayudar a los judíos siempre que fuera posible.

Sólo viajó una vez al extranjero: el 16 de enero de 1928 se dirigió a la Sexta Conferencia Panamericana en Cuba. Su presidencia cayó durante el periodo de la Ley Seca, y el alcohol era tabú en las recepciones en Washington. El reportero del Saturday Evening Post tenía curiosidad por saber qué pasaría cuando, en una recepción en La Habana, una gran bandeja de ron cubano se acercó al presidente. "El propio Cal, por supuesto, fue el centro del drama. Cuando la bandeja se acercó por su izquierda, giró artísticamente hacia la derecha, pareciendo admirar un retrato en la pared. La bandeja se acercó. El Sr. Coolidge giró a la derecha otros 90 grados, señalando al Presidente Machado las bellezas del verdor tropical. Para cuando completó su giro de 360 grados, la bandeja incriminatoria había pasado con seguridad más allá de él. Al parecer, nunca la había visto. Su maniobra fue una obra maestra de evasión".

La creciente era de los Estados Unidos en los años 20 trajo consigo muchos cambios sociales, la *era del jazz*, no sólo por la irrupción de la música de jazz como entretenimiento para el gran público blanco, sino también por el auge de los medios de comunicación electrónicos de masas (la radio y el cine y su publicidad asociada) y de una cultura de consumo de masas, con la que Estados Unidos llenaría al resto del mundo de una mezcla de envidia, rechazo e imitación. Coolidge ya no se sentía a gusto en su tiempo. Por ello, no volvió a presentarse. Lo comunicó con el estilo escueto típico de él: "He decidido no presentarme a la presidencia en 1928".

Llegó a ser presidente de la Comisión de Ferrocarriles no partidista y presidente honorario de la Fundación para Ciegos. Murió en el "Beeches", en Northampton, Massachusetts, el 5 de enero de 1933. Fue enterrado en el cementerio Notch de su ciudad natal, Plymouth, Vermont.

31. Herbert Hoover (1929-1933)

Partido Republicano | Vicepresidente: Charles Curtis

"Sé paciente y tranquilo; nadie puede pescar con ira".

Herbert Clark Hoover (West Branch (Iowa), 10 de agosto de 1874 - Nueva York, 20 de octubre de 1964) fue el 31º presidente de los Estados Unidos de 1929 a 1933. Antes de eso, Hoover fue famoso por sus acciones humanitarias durante la Primera Guerra Mundial, especialmente por la ayuda alimentaria a la Bélgica ocupada. De 1921 a 1928 fue Secretario de Economía con el presidente Warren G. Harding y, tras su muerte, con su sucesor Calvin Coolidge. Como presidente, se enfrentó a una grave crisis económica que se conocería como la Gran Depresión. Como resultado, Hoover perdió su reelección en 1932.

Familia y antecedentes

Herbert Hoover nació en West Branch, Iowa. Su familia pertenecía a los cuáqueros. Sus padres eran Jesse Hoover y Hulda Minthorn. Su padre murió en 1880 y su madre en 1884.

En noviembre de 1885, "Bert" Hoover, de 11 años, subió a un tren que se dirigía al oeste, a Newberg, Oregón. Llevaba veinte centavos, cosidos en su ropa, y también una cesta llena de golosinas de su tía Hannah. Al llegar, fue recibido por su tío John Minthorn, un médico y superintendente de la escuela a quien Hoover recordaría más tarde como "un hombre severo en apariencia, pero como todos los cuáqueros, un diamante en bruto con una piedra blanca". Como chico de los recados en la *Oregon Land Company* de su tío, aprendió contabilidad y mecanografía y tomó clases nocturnas de administración de empresas. Gracias a una profesora, la señora Jane Grey, se aficionó a escritores como Charles Dickens y Sir Walter Scott. El "David Copperfield" de Dickens, la historia de un huérfano que también tenía que valerse por sí mismo en el mundo, sería siempre un favorito.

Formación

En el otoño de 1891, Hoover se fue a estudiar geología a la nueva Universidad de Stanford en Palo Alto, California. Hizo más cosas fuera de las aulas que dentro, dirigiendo equipos de béisbol y fútbol americano, montando una lavandería y dirigiendo una agencia de conferenciantes. Buscó el apoyo de otros chicos desfavorecidos contra los administradores del campus y fue elegido a regañadientes tesorero estudiantil del programa "Barbarians", cargo en el que saldó una deuda de 2.000 dólares del sindicato estudiantil.

Hoover se ganó la matrícula haciendo trabajos de mecanografía para el profesor John Casper Branner, que también le consiguió un trabajo de verano como cartógrafo de la región de las montañas Ozark de Arkansas. En el laboratorio de geología de Branner también conoció a Lou Henry, hija de un banquero nacido en 1874. Lou, al igual que su compatriota de Iowa, amaba la naturaleza y era tan independiente como él. "Lo que los demás piensan de ti no es tan importante como lo que sientes por dentro", decía a sus amigos de la universidad.

Hoover se graduó en mayo de 1895, tres meses antes de cumplir 21 años. Dejó Stanford con 40 dólares en el bolsillo y sin perspectivas de trabajo. Se llevó más que un título universitario de su alma mater de las granjas; Stanford le había dado a Hoover una identidad, una profesión y una futura esposa. Stanford se convirtió, para el huérfano de West Branch, principalmente en una familia sustituta, un lugar al que volver.

En 1899 se casó con su novia de Stanford, Lou Henry. Se fueron a China, donde él trabajó para una empresa privada como principal ingeniero de minas de China. En junio de 1900, los Hoovers se vieron atrapados en Tianjin por la rebelión de los bóxers. Durante más de un mes, la ciudad estuvo sitiada. Mientras su esposa trabajaba en el hospital, él dirigió el levantamiento de barricadas y una vez arriesgó su vida para salvar a unos niños chinos.

Tras esta aventura, la pareja partió hacia Australia. Allí Hoover se puso a trabajar en la creación de minas en Australia Occidental y desarrolló un sistema de explotación minera que todavía se utiliza en la actualidad. Allí hizo una considerable fortuna. En 1912, él y su esposa tradujeron del latín la obra clásica renacentista sobre minería del erudito alemán Georgius Agricola, "De Re Metallica". Esta obra se considera hoy en día una de las obras de referencia sobre la minería y su traducción se sigue reimprimiendo.

Los años filantrópicos de Hoover

Hoover sintió entonces que había ganado suficiente dinero; desde su fe cuáquera buscó una forma de estar al servicio de los demás. En agosto de 1914, se presentó una buena oportunidad. El estallido de la Primera Guerra Mundial dejó a 120.000 estadounidenses varados en Europa, sin dinero.

El 3 de agosto, Hoover recibió una petición urgente de ayuda del embajador de Estados Unidos en Londres, Walter Hines Page. En 24 horas, se reunieron 500 voluntarios y el Grand Ballroom del Hotel Savoy se convirtió en una cantina y centro de distribución de alimentos, ropa, billetes para el barco de vapor y dinero en efectivo. "No me di cuenta en ese momento, pero el 3 de agosto de 1914 mi carrera como ingeniero había terminado; había entrado en la resbaladiza pendiente de la vida pública".

Durante las semanas siguientes, Hoover proporcionó ayuda para volver a casa a todo el mundo, desde el Jefe Pluma Blanca de Pawhuska, Oklahoma, hasta viudas con joyas incrustadas. Cuando una señora exigió airadamente una declaración escrita de que su barco no sería torpedeado en medio del océano por un submarino alemán, él firmó inmediatamente.

Junto con nueve amigos ingenieros, Hoover prestó a los desesperados viajeros un total de un millón y medio de dólares. Se devolvió todo menos 400 dólares, lo que consolidó la confianza del Gran Ingeniero en el carácter estadounidense. "La diferencia entre dictadura y democracia", le gustaba decir a Hoover, "es sencilla: los dictadores se organizan de arriba a abajo, los demócratas de abajo a arriba".

En el otoño de 1914, Bélgica, atrapada entre las bayonetas alemanas y los bloqueos británicos, estaba amenazada por la hambruna. Durante su estancia en China, Hoover había trabado amistad con el diplomático y empresario belga Emile Francqui, que ahora estaba al frente de la Compañía General de Bélgica. Le pidió a Hoover que organizara una operación de ayuda humanitaria sin precedentes para el pequeño reino, que dependía de las importaciones para el 80% de su suministro de alimentos. Para ello, tendría que renunciar a su carrera como el ingeniero de minas más importante del mundo. Meditó la petición durante varios días y finalmente le dijo a un amigo "que la fortuna se vaya al diablo". Aceptó la inmensa tarea con dos condiciones: que no recibiría ninguna paga, pero sí plena libertad en la organización y administración de lo que se conocería como la Comisión de Socorro en Bélgica.

La Comisión se convirtió, de hecho, en una república independiente de ayuda humanitaria, con su propia bandera, marina, fábricas y ferrocarriles. Su presupuesto de 12 millones de dólares al mes procedía de donaciones voluntarias y del apoyo del gobierno. En más de una ocasión, Hoover prometió públicamente mucho más dinero del que realmente tenía. Practicó una especie de diplomacia itinerante, ya que cruzó el Mar del Norte 40 veces para persuadir a las potencias beligerantes en Londres y Berlín de que dejaran pasar la ayuda de emergencia para las víctimas de la guerra. Enseñó a los belgas, que consideraban la fécula de maíz como alimento para el ganado, a comer pan de maíz. En total, la Comisión salvó de la inanición a unos diez millones de personas.

Cada día traía nuevas crisis. Los británicos investigaron las acusaciones de que Hoover estaba espiando para el enemigo. Alemania deportó a empleados de la Comisión de la Juventud, incluido un comandante del Ejército de Salvación, por las mismas razones. En Estados Unidos, el senador Henry Cabot Lodge quería procesar a Hoover por conspirar con el enemigo. Sin embargo, Theodore Roosevelt prometió mantener a Lodge bajo control. Informó a Hoover de que "el valor de un político es mayor en su despacho que en el periódico".

A pesar de los obstáculos, Hoover persistió, comprando arroz de Birmania, maíz argentino, frijoles chinos y productos americanos de harina, carne y grasa. Mucho antes del Armisticio de 1918, Hoover era un héroe internacional que, según el embajador Walter Hines Page, "comenzó su carrera en California y la terminará en el cielo".

Cuando Estados Unidos entró en la guerra, el presidente Woodrow
Wilson nombró a Hoover para dirigir la Administración de Alimentos.
Consiguió reducir el consumo interno de alimentos que también se
necesitaban en el extranjero sin ponerlos a la venta en Estados Unidos
y así seguir proporcionando a los aliados una buena comida.

Tras el armisticio, Hoover, miembro del Consejo Económico Supremo y
jefe de la Administración de Ayuda Americana, organizó envíos de
alimentos para los millones de hambrientos de Europa Central. En
1921 ofreció ayuda a la Rusia asolada por la hambruna, que ahora
estaba en poder de los bolcheviques. Cuando un crítico le preguntó si
no estaba apoyando al bolchevismo, Hoover respondió airadamente:
"Veinte millones de personas se están muriendo de hambre. Sea cual
sea su política, serán alimentados".

Presidencia

Resumen

Como presidente republicano, tuvo que enfrentarse sobre todo a la
Gran Depresión, resultado de la caída de la Bolsa de Nueva York, el
24 de octubre de 1929, durante su mandato. Intentó sacar a la
economía del estancamiento estableciendo fondos gubernamentales,
en los que empresarios y agricultores pudieran pedir préstamos
fácilmente. Estas y otras medidas no tuvieron el efecto deseado.

Inicio

Después de servir muy hábilmente como Secretario de Economía bajo
los presidentes Warren Harding y Calvin Coolidge y de liderar la ayuda
de emergencia tras las grandes inundaciones del río Mississippi en
1927, Hoover se convirtió en el candidato del Partido Republicano a la
presidencia de los Estados Unidos en 1928. Dijo entonces: "Aquí en
Estados Unidos estamos ahora más cerca de la victoria final sobre la
pobreza que ningún otro país en la historia del mundo". Animó a la
población a participar activamente en el crecimiento económico en la
medida de lo posible, y especialmente a invertir en acciones ("Una
pequeña cantidad cada mes", fue su consejo). A los pocos meses de
su toma de posesión, se produjo el crack bursátil de 1929 y la
economía se hundió, dando paso a la Gran Depresión. Su candidatura
a la presidencia resultó ser la peor jugada de su carrera para Herbert
Hoover, que hasta ese momento parecía incapaz de cometer errores.

Tras la crisis, Hoover anunció que, aunque equilibraría el gasto estatal, recortaría los impuestos y aumentaría el gasto en obras públicas. Sin embargo, firmó la Ley Arancelaria Hawley-Smoot, que aumentaba los derechos de importación de 20.000 productos sujetos a impuestos. Esta ley se considera a menudo como la causa del empeoramiento de la Depresión y también como el mayor error político de Hoover. La reducción de la cantidad de dinero en libre circulación (por miedo a la inflación) por parte de la administración Hoover también es considerada por los economistas modernos como un error táctico.

El ministro de finanzas de Hoover, por cierto, era Andrew Mellon, que había desertado del gobierno de Coolidge.

Hoover y la economía

Herbert Hoover es uno de los presidentes menos comprendidos y más denostados de la historia de Estados Unidos. Las acusaciones de color político de que era un presidente de "laissez-faire" que no se levantaba de su silla para hacer nada por la economía continúan hasta hoy, a pesar de las claras pruebas de lo contrario. Gracias a las experiencias de Hoover en la Primera Guerra Mundial, creía firmemente que el gobierno tenía los medios para influir positivamente en la vida de las personas. Por ello, Hoover no sólo buscó el acercamiento con el Congreso de Estados Unidos para abordar la economía, sino que también utilizó su poder ejecutivo para establecer diversos programas e implementar reformas.

La siguiente lista es un resumen de algunas de las medidas que Hoover, también conocido como "el progresista olvidado", tomó para apuntalar la economía y remediar el sufrimiento del pueblo estadounidense.

1. Firmó la Ley de Ayuda de Emergencia y Construcción, la primera ley de asistencia social del gobierno federal

2. Aumentó el gasto en obras públicas, incluyendo:

    o   una solicitud al Congreso de 400 millones de dólares adicionales para el programa federal de construcción

    o   una directiva al Departamento de Comercio en diciembre de 1929 para establecer una División de Construcción Pública

- o Subvenciones adicionales para la construcción naval por parte del Consejo Federal Marítimo

- o instar a los gobernadores de los estados a que intensifiquen sus obras públicas (aunque pocos cumplieron)

3. Firmó la Ley del Banco Federal de Préstamos para Viviendas, que creó el Sistema Bancario Federal de Préstamos para Viviendas con el fin de ayudar a los ciudadanos a obtener préstamos para comprar sus propias viviendas.

4. Aumentó las subvenciones a los agricultores (que tenían grandes dificultades)

5. Creó la *Organización de Ayuda de Emergencia del Presidente* para organizar las organizaciones de ayuda locales y privadas, lo que dio lugar a más de 3.000 comités de respuesta de emergencia en todo Estados Unidos.

6. Instó a los banqueros a crear la Corporación Nacional de Crédito para ayudar a los bancos en apuros financieros con el fin de asegurar los fondos de las personas con cuentas bancarias

7. Animó activamente a las empresas a mantener los salarios altos durante la Gran Depresión. Muchos empresarios, sobre todo Henry Ford, aumentaron los salarios de los trabajadores (o los mantuvieron igual) al principio de la Depresión con la esperanza de que proporcionar a los trabajadores mucho dinero frenaría el malestar económico.

8. Firmó la Ley de Financiación de la Reconstrucción. Esta ley creó la Corporación Financiera para la Reconstrucción, que concedía préstamos a los estados para obras públicas y ayuda de emergencia. También proporcionó préstamos a los bancos, los ferrocarriles y los bancos de préstamos agrícolas.

9. Aumentó los aranceles de importación para preservar los puestos de trabajo estadounidenses. Tras las audiencias del Comité de Medios y Arbitrios, el Congreso aprobó la legislación que Hoover firmó, a pesar de algunas dudas. El efecto de esta Ley Arancelaria Hawley-Smoot fue una guerra comercial mundial, a menudo considerada como la razón del empeoramiento de la Depresión. Hoy en día, se considera un

ejemplo clásico de acción gubernamental bien intencionada
que tiene un impacto muy negativo.

Para pagar todas estas medidas, Hoover acordó la mayor subida de
impuestos jamás realizada en Estados Unidos. La Ley de Ingresos de
1932 aumentó el impuesto sobre la renta de las rentas más altas del
25% al 63%; los impuestos sobre la propiedad y las empresas
subieron casi un 15%. Hoover también instó al Congreso a examinar la
Bolsa de Nueva York; esta presión dio lugar a una serie de reformas.

A pesar de estas medidas y de la rigurosa intervención del sucesor de
Hoover, FDR, la economía no mejoró. En 1937-38 se produjo una
grave recesión (que algunos economistas llegan a calificar de
depresión) y la economía pasó apuros hasta la década de 1940 (el
desempleo no bajó del 9,9% hasta 1942).

Palestina

Hoover tuvo una postura aislacionista durante los pogromos de 1929 ,
la primera crisis seria de política exterior de su presidencia. No
intervino para proteger a los judíos palestinos, ni presionó a los
británicos para que lo hicieran. Sí se mantuvo "firme en su apoyo a la
construcción de la Palestina sionista-judía". En 1928 Hoover había
elogiado la labor de los colonos sionistas en la transformación de
Palestina, que, según sus palabras, había permanecido "abandonada y
descuidada durante siglos". Como presidente, envió cartas de apoyo a
la Organización Sionista de América y al Comité Americano de
Palestina, una organización cristiano-sionista, cuando se fundó...

El incidente del Ejército de Bonificación

En julio de 1932, los veteranos de la Primera Guerra Mundial y sus
familias se manifestaron en Washington, D.C., para que se les pagara
inmediatamente la "bonificación" prometida por la Ley de Bonificación
de 1924, que se pagaría en 1945. Hoover desplegó al ejército para
expulsar del Capitolio a los invitados no deseados y se enfrentó a
duras críticas por considerar que se trataba probablemente de una
violación de la Ley Posse Comitatus de 1878.

Tras su presidencia

Los oponentes políticos de Hoover en el Congreso, de quienes
sospechaba que se oponían a sus programas por razones políticas, lo
pintaron como un presidente cruel e insensible.

Hoover sufrió una dura derrota en las elecciones de 1932 y fue sucedido por el demócrata Franklin D. Roosevelt en marzo de 1933. Aunque expresó su apoyo inmediato al presidente en sus esfuerzos por reactivar la economía, Hoover se convirtió en un feroz crítico del New Deal y advirtió repetidamente contra un papel excesivo del gobierno. Expuso sus temores en su libro *The Challenge to Liberty (El desafío a la libertad)*, en el que describía el fascismo, el comunismo y el socialismo como enemigos de las libertades tradicionales estadounidenses.

En marzo de 1947, Hoover se puso en contra del Plan Morgenthau y, con argumentos económicos de momento, hizo sonar la alarma sobre la hambruna en la Alemania ocupada. Entonces, lentamente, se produjo un cambio: Se prepararon paquetes de ayuda para los niños alemanes hambrientos. Según Hoover, la reducción de Alemania a un estado agrícola aislado ocupado costaría la vida a "25 millones de ellos [los alemanes]".

En cierto modo era consciente de la difícil situación de los palestinos y en diciembre de 1945 había presentado un plan que había ideado para Palestina al Comité Anglo-Americano de Investigación sobre Palestina Hoover argumentó que su plan sería beneficioso tanto para los judíos como para los árabes. Resolvería "la cuestión palestina" y aumentaría en gran medida las posibilidades de Palestina como refugio para los judíos. Su propuesta consistía en lo siguiente: la población árabe de Palestina sería trasladada a Irak con la suposición implícita de que este traslado sería voluntario. El comité estuvo de acuerdo en que el plan merecía un estudio cuidadoso.En 1949, con la aparición del problema de cientos de miles de refugiados palestinos, este plan de Hoover adquirió una urgencia especial para él. Hoover escribió a la Casa Blanca que los refugiados estaban "en una situación deplorable" y que podían ser acogidos en Irak. Su plan para Irak sería la solución definitiva para estos desafortunados, creía, y fortalecería la economía de ese país El gobierno de Estados Unidos no adoptó el plan.

También en 1947, el presidente Harry S. Truman nombró a Hoover miembro de una comisión (que lo eligió como presidente) para reformar los departamentos presidenciales. El presidente Dwight D. Eisenhower le nombró miembro de una comisión similar en 1953. Las propuestas de ambas comisiones dieron lugar a numerosos recortes. A lo largo de los años, Hoover escribió muchos artículos y libros; estaba trabajando en uno de ellos cuando murió de cáncer de colon en Nueva York en octubre de 1964, a la edad de 90 años. Fue enterrado en los terrenos de su biblioteca presidencial, inaugurada dos años antes en su ciudad natal de West Branch, Iowa. Junto a él se volvió a enterrar a su esposa Lou, que ya había fallecido en 1944.

32. Franklin D. Roosevelt (1933-1945)

Partido Demócrata | Vicepresidentes: John Nance Garner, Henry A. Wallace y Harry S. Truman

"No siempre podemos construir el futuro para nuestra juventud, pero sí podemos construir nuestra juventud para el futuro".

Franklin Delano Roosevelt, también conocido por sus iniciales **FDR**, (Hyde Park (Nueva York), 30 de enero de 1882 - Warm Springs (Georgia), 12 de abril de 1945) fue un político estadounidense del Partido Demócrata. Fue el 32º presidente de los Estados Unidos de 1933 a 1945.

Roosevelt era abogado de profesión. Fue subsecretario de la Marina de 1913 a 1920 con el presidente Woodrow Wilson. Durante las elecciones presidenciales de 1920, fue el compañero de fórmula del candidato presidencial James Middleton Cox. Cox perdió las elecciones frente al candidato republicano Warren Harding. Roosevelt fue gobernador de Nueva York de 1929 a 1932.

En las elecciones presidenciales de 1932, Roosevelt fue el candidato del Partido Demócrata. Debido a la mala situación económica, derrotó al actual presidente Herbert Hoover. Como presidente, Roosevelt hizo un amplio uso de los medios de comunicación para ganarse a la opinión pública y explicar sus políticas. Su *estilo* informal de conferencias de prensa y sus populares *charlas junto* al fuego, "talk by the fireside" en la radio antes y durante la Segunda Guerra Mundial, son ejemplos. Con el *New Deal*, inició un programa contra las consecuencias sociales y económicas de la Gran Depresión.

Roosevelt es el único Presidente de los Estados Unidos que ha sido elegido cuatro veces, un récord que no puede ser superado porque desde la enmienda XXII de 1947 el Presidente sólo puede ser reelegido una vez. El 12 de abril de 1945, Roosevelt murió de un derrame cerebral a la edad de 63 años.

El presidente Theodore Roosevelt (1858-1919) era un primo lejano suyo.

Juventud y matrimonio

Franklin Delano Roosevelt nació el 30 de enero de 1882, hijo único de padres acaudalados y descendiente lejano del estadounidense de origen holandés Claes Maertensz van 't Rosevelt, nacido en la finca de Hyde Park, al norte del estado de Nueva York. Los Roosevelt habían hecho fortuna con la refinería de azúcar y habían invertido ese dinero en tierras. James Roosevelt, el padre de Franklin, se mantuvo activo en el comercio e intentó crear monopolios en la minería y en el sistema ferroviario del Sur, entre otras cosas. También invirtió mucho dinero en la construcción de un canal a través de Nicaragua.

Franklin disfrutó de una educación privilegiada en la que su madre, Sarah, en particular, cuidó estrictamente de él. Tuvo muchas oportunidades de dedicarse a diversas aficiones. Montaba en poni, coleccionaba sellos, le gustaba pescar y colgar los pájaros que había cazado. Su gran pasión, sin embargo, seguiría siendo la vela durante toda su vida. Fue educado en casa por institutrices. Le enseñaron los fundamentos del francés, el alemán y el inglés. El vínculo con su madre era tan fuerte que siempre se posponía el momento de enviarlo a *la Groton School*, un reputado internado de Massachusetts. En esa escuela Franklin demostró ser un estudiante moderado y tranquilo. Después de Groton, fue a *la Universidad de Harvard* y tomó clases de economía, estudios constitucionales e historia. Una vez más, los resultados de sus estudios fueron más bien moderados, posiblemente porque pasaba más tiempo haciendo contactos sociales que estudiando. Durante este periodo Franklin se enamoró de Eleanor, una prima lejana suya y tío-hermana de Theodore Roosevelt. Tras su compromiso en el otoño de 1904, se casaron el 17 de marzo de 1905. Mientras tanto, Roosevelt había completado su educación en Harvard y se matriculó en la *Facultad de Derecho de Columbia* en Nueva York. En 1907 prestó juramento como abogado y a partir de entonces trabajó como abogado civil.

Senado del Estado de Nueva York

En 1910, debutó en la política estadounidense cuando el partido demócrata le pidió que se presentara como candidato al Senado del Estado de Nueva York. En su campaña electoral, hizo de la lucha contra la corrupción de los jefes de partido, tanto del Partido Demócrata como del Republicano, el tema principal. Lo que también contribuyó a aumentar su popularidad -incluso entre los votantes republicanos- fue el hecho de que estaba emparentado con Theodore Roosevelt y no dejó de recordárselo.

Roosevelt dirigió su campaña *por encima de los partidos*. Financió sus propios gastos y se desplazó en un Maxwell rojo con bandera (el único coche disponible) para estrechar la mano y charlar con todo el mundo. Después de su elección, hizo una feroz campaña como demócrata por Woodrow Wilson, que era candidato presidencial en 1912.

De 1913 a 1920, Roosevelt fue subsecretario de la Marina.

Parálisis infantil

En 1921, Roosevelt sufrió poliomielitis (parálisis infantil). Esta enfermedad le paralizó toda la parte inferior del cuerpo. En 1927 fundó una asociación en un balneario de Georgia para ayudar a otras víctimas de esta enfermedad. Por aquel entonces, Roosevelt volvió a la política. Un estudio realizado en 2003 en Estados Unidos afirmó que probablemente FDR no tenía poliomielitis, sino el síndrome de Guillain-Barré, que puede presentar síntomas similares. Además, se ha documentado que Roosevelt sufría de hipertensión; en aquella época todavía era una enfermedad difícil de tratar que se cree que contribuyó a su condición cardíaca y a su muerte bastante temprana por un derrame cerebral. También se ha sospechado que padecía un melanoma, pero esto último nunca se ha demostrado.

Gobernador de Nueva York

Fue elegido gobernador de Nueva York en 1928. Inmediatamente inició un vigoroso programa de reformas sociales. En 1932 presidió una comisión que investigó la corrupción en la administración demócrata de Nueva York y obligó al alcalde Jimmy Walker a dimitir. De mayor importancia nacional fue el "Brain Trust" (banco de cerebros, grupo de reflexión) de asesores, reunido por Roosevelt para ayudar a Nueva York a recuperarse de las terribles secuelas del malestar que siguió al crack bursátil de 1929.

Presidencia

En 1932, Roosevelt se presentó a la presidencia y ganó fácilmente. Su discurso en la ceremonia de investidura le valió una gran reputación. Proclamó que estaba convencido de que lo *único que había que temer era el propio miedo*. También anunció su New Deal. Este programa implicaba el control gubernamental de la industria y la agricultura y pretendía revitalizar la economía mediante grandes inyecciones de fondos públicos, que, sin embargo, se financiaron con grandes subidas de impuestos hasta 1938. Roosevelt continuó esforzándose por conseguir un presupuesto equilibrado hasta 1938, lo que prometió, lo que condujo a una recesión de la depresión en 1936. No fue hasta 1938 cuando se aplicó una política fiscal expansiva siguiendo el consejo de John Maynard Keynes, que produjo un crecimiento económico muy fuerte.

Primera legislatura

El fenómeno de las ruedas de prensa presidenciales se remonta a principios del siglo XX, empezando por el presidente Theodore Roosevelt. Sin embargo, no todos sus sucesores las utilizaron por igual. Franklin Delano Roosevelt anunció en su primera rueda de prensa como presidente que quería cambiar su estilo. Los periodistas ya no tenían que presentar cuestionarios por adelantado y poco a poco estas conferencias adquirieron un carácter muy informal. Además, exigió a los periodistas presentes que no citaran las cosas que les decía *extraoficialmente,* sino que sólo las utilizaran como una especie de inspiración. La prensa, sobre todo en los primeros años de su política, estaba encantada con su enfoque. Esta buena relación con los periodistas era de gran importancia para Roosevelt, para que su programa del *New Deal* no quedara retratado de forma desfavorable en la prensa. Además de estas conferencias de prensa, Roosevelt también celebraba ocasionalmente *cenas dominicales* en la Casa Blanca los domingos por la noche, a las que la prensa era bienvenida. Roosevelt también prestó atención a las posibilidades de comunicación de la radio. Cuando aún era gobernador del estado de Nueva York, ya había pronunciado sus primeros discursos radiofónicos en marzo y abril de 1929 para defender su política. En sus alabadas *charlas junto al fuego*, ahora pretendía conectar con el pueblo estadounidense. Roosevelt cautivó a su público hablando de política con palabras que todo el mundo podía entender y también consiguió evocar una sensación de intimidad con sus "fireside chats". Sin embargo, preparaba muy bien estos discursos y el día de la emisión se sabía la *charla de* memoria. Las "fireside chats" cobraron especial importancia durante la Segunda Guerra Mundial, cuando Roosevelt trató de levantar al pueblo estadounidense y darle esperanzas para el futuro. Esto se refleja fuertemente en su discurso del 8 de diciembre de 1941 tras el ataque de Japón a Pearl Harbor.

Un indicio de la importancia que Roosevelt otorgaba a la defensa de la reputación es el creciente número de miembros del personal que trabajaban a las órdenes del secretario de prensa durante esos años. La *primera dama,* Eleanor Roosevelt, también desempeñó un papel importante al preparar los discursos de Franklin, publicar sus propias columnas (*My day*) y dar conferencias.

Segunda legislatura

En 1936, Roosevelt ganó las elecciones por segunda vez, la mayor victoria de la historia electoral. En total, obtuvo 523 votos electorales, y sólo los estados de Maine y Vermont habían apoyado al gobernador Alfred L. Landon y a Frank Knox, respectivamente. Sin embargo, la *encuesta del Literary Digest* había predicho un resultado muy diferente, con Landon ganando la discusión. Sin embargo, estaba claro que un gran segmento de la población quería seguir apoyando a Roosevelt y creía en sus planes de reforma social. Roosevelt cumplió su palabra y cuando la tasa de desempleo alcanzó los diez millones, firmó el 21 de junio de 1938 la *Ley de Asignación de Ayuda de Emergencia*, que proporcionaba un fondo de 3.000 millones de dólares para ayudar a mitigar los efectos de la recesión. Unos días más tarde, el 25 de junio, se firmó la *Ley de Normas Laborales Justas*, que establecía un salario mínimo (de 25 a 40 centavos por hora) y limitaba el número total de horas de trabajo (44 horas, que finalmente se reducirían a 40). También consiguió que el Congreso aprobara, en junio de 1939, una ayuda de 1.500 millones de dólares para una de sus administraciones del New Deal, la *Work Projects Administrations* (W.P.A.).En política exterior, Roosevelt se presentó como un "buen vecino" para América Latina y pidió la paz con Hitler y Mussolini.

Tercera legislatura

El 5 de noviembre de 1940, Roosevelt se convirtió en el primer presidente de la historia de Estados Unidos en ser elegido para un tercer mandato. Es el único presidente de la historia de Estados Unidos que ha sido elegido más de dos veces (cuatro veces, véase más adelante). Hoy en día, esto ya no es posible, ya que un presidente sólo puede presentarse a la reelección una vez, en virtud de la 22ª Enmienda de la Constitución de EE.UU., aprobada en 1947.

Había derrotado convincentemente a su oponente republicano Wendell Willkie al obtener 38 estados con un total de 449 votos electorales a su favor. Fue una victoria menos definida que la anterior, lo que probablemente tuvo que ver con la incertidumbre que rodeaba la posible participación de Estados Unidos en la guerra que se libraba en Europa. Franklin tampoco contaba con el apoyo del importante líder sindical John L. Lewis, del C.I.O., que incluso había amenazado con dimitir si Roosevelt era reelegido. Al final, sin embargo, la mayoría de los votantes estaban convencidos de que Roosevelt debía tener la oportunidad de continuar con su programa para revertir los efectos de la Depresión. Roosevelt había prometido trabajar en la seguridad social para los estadounidenses mayores, la reforma bancaria, el control de las cosechas y la electricidad rural.

También quería que Estados Unidos ayudara a Europa en la Segunda Guerra Mundial. En su Estado de la Unión, del 6 de enero de 1941, sostuvo ante el Congreso en su famoso discurso de las Cuatro Libertades que había Cuatro Libertades en juego en la guerra. Para todos, en cualquier parte del mundo: libertad de expresión y de religión, y libertad del miedo y de la necesidad.

En agosto de 1941, Roosevelt se reunió con Winston Churchill en un buque de guerra frente a la costa de Terranova, donde firmaron la Carta del Atlántico, una declaración de objetivos comunes. Se convirtió en el documento fundacional de las Naciones Unidas, firmado por 26 países en 1942. Mientras tanto, los propios Estados Unidos llevaban un mes en guerra, debido al ataque japonés a Pearl Harbor el 7 de diciembre de 1941.

Mientras dejaba la dirección de las operaciones militares en manos del personal militar, Roosevelt dedicó mucho tiempo a negociar y conferenciar con los líderes aliados.

¿Un estado judío?

Prefirió posponer la injerencia en la cuestión de Palestina y la formación de un Hogar Nacional Judío allí hasta que se celebraran conversaciones de paz al final de la guerra. El movimiento sionista, sin embargo, no iba a quedarse de brazos cruzados durante ese tiempo. Decidió trabajar duro. Especialmente en Estados Unidos, esa prometedora potencia emergente. Las organizaciones sionistas estadounidenses tomaron la iniciativa. Unieron sus fuerzas, tras las necesarias discusiones, y formaron el Consejo Sionista Americano de Emergencia (AZEC).Con los miembros de la Organización Sionista Mundial , que se encontraban en Estados Unidos del 9 al 11 de mayo de 1942, entre ellos David Ben Goerion y Chaim Weizmann, el AZEC convocó una conferencia en el Hotel Biltmore de Nueva York para elaborar un plan de acción. Los puntos de partida eran: la condena del Libro Blanco británico de 1939; que Palestina se convirtiera en un Estado judío (mancomunidad); la inmigración ilimitada y el asentamiento de (un millón) de judíos en la (totalidad) de la tierra de Palestina bajo la dirección de la Agencia Judía para Palestina (léase: WZO), para que los judíos formaran la mayoría de la población lo antes posible. Este plan se convirtió en el programa de acción del movimiento sionista, con la excepción de los revisionistas sionistas, una minoría militante.Cuando se adoptó, la gente sacó a relucir que entonces también debía salir a la luz. A esto, el Comité Judío Americano y el Comité Judío del Trabajo - dos grupos judíos no sionistas - no estuvieron de acuerdo y abandonaron la conferencia. Morris D. Waldman, vicepresidente ejecutivo del Comité Judío Americano, declaró más tarde: "El presidente Roosevelt y el Departamento de Estado nos convencieron de que una resolución en la conferencia que implicara un estado judío (mancomunidad) probablemente despertaría la hostilidad del mundo árabe hacia los Aliados y, por tanto, arrojaría esa región crucial al regazo de los nazis". El 11 de junio de 1943, el subsecretario de Estado Sumner Welles había acompañado al Dr. Chaim Weizmann, presidente de la Agencia Judía para Palestina, a la Casa Blanca para una reunión con el presidente Roosevelt. El Presidente observó de pasada que el Primer Ministro Churchill y él habían decidido invitar a un grupo representativo de judíos y árabes para conferenciar con ellos en un esfuerzo por llegar a un entendimiento mutuo sobre el futuro de Palestina.El Teniente Coronel Harold B. Hoskins del Ejército de los Estados Unidos, "un ...arabista y experto en el problema árabe-judío" fue sin embargo enviado al Rey Ibn Saud de Arabia Saudita para medir su opinión.Su informe fue muy desfavorable a la causa sionista.

Cuarto y último trimestre

En 1944, con Harry S. Truman como vicepresidente, ganó las elecciones presidenciales por cuarta vez.

En la Conferencia de Yalta, en febrero de 1945, Roosevelt, por entonces gravemente enfermo, Churchill y Stalin tomaron decisiones vitales sobre la Europa de la posguerra. Se llegó a un acuerdo sobre las cuatro zonas de ocupación en la Alemania conquistada. También se llegó a acuerdos con la Unión Soviética sobre el territorio en Asia. Incluso antes de la muerte de Roosevelt, algunos acuerdos fueron violados por Stalin, sobre lo que Roosevelt reaccionó con gran amargura.

Dos meses después, el 12 de abril de 1945, Roosevelt murió. Tras su muerte, le sucedió el vicepresidente Harry Truman.

En su memoria se construyó el Franklin Delano Roosevelt Memorial en Washington, D.C.

El legado de las cuatro libertades

Ya en vida, Roosevelt encargó el Monumento a las Cuatro Libertades para inspirar a un público más amplio el concepto de las cuatro libertades: libertad de expresión, libertad de religión, libertad de la miseria y libertad del miedo. Tras su muerte, se inauguraron otras dos esculturas con este nombre en Cleveland (Ohio) y Evansville (Indiana). Además, el pintor Norman Rockwell se inspiró para pintar cuatro obras sobre este concepto: Libertad de *expresión*, *Libertad de culto*, *Libertad de la miseria* y *Libertad del miedo*.

Desde 1982 se conceden anualmente cinco Premios Cuatro Libertades, los años pares en Middelburg por la Fundación Roosevelt y los impares por el Instituto Franklin y Eleanor Roosevelt de Nueva York. La conexión con Zelanda está en la ciudad de Oud-Vossemeer, en la isla de Tholen, de donde se cree que proceden los antepasados de Roosevelt. Desde 1986, el Centro de Estudios Roosevelt, que realiza investigaciones sobre la historia (política) de Estados Unidos, existe en la capital de Zelanda. En Middelburg también se encuentra el Colegio Universitario Roosevelt, que ofrece un programa de licenciatura en Artes Liberales y Ciencias para la Universidad de Utrecht, desde 2004.

33. Harry S. Truman (1945-1953)

Partido Demócrata | Vicepresidente: Alben W. Barkley

"Al leer la vida de los grandes hombres, descubrí que la primera victoria que obtuvieron fue sobre ellos mismos.... la autodisciplina con todos ellos fue lo primero".

Harry S. Truman (Lamar (Misuri), 8 de mayo de 1884 - Kansas City (Misuri), 26 de diciembre de 1972) fue el 33º presidente de los Estados Unidos de 1945 a 1953. Antes de eso, fue durante varios meses el 34º vicepresidente de EE.UU. bajo el mandato de Franklin D. Roosevelt. Cuando éste murió como presidente en funciones, Truman asumió el cargo. Era miembro del Partido Demócrata.

Truman no tenía un segundo nombre, sino sólo la inicial del segundo nombre "S". En los estados del sur, incluido Missouri, esto no era inusual. La "S" inicial era un compromiso entre los nombres de sus abuelos Anderson Shippe Truman y Solomon Young.

Biografía

Primeros años de vida

Como hijo de granjeros, Harry S. Truman no asistió a escuelas regulares hasta los ocho años; antes de eso, asistió a una escuela dominical calvinista en Independence, Missouri, entre otros lugares. Después de asistir a la escuela *secundaria de Independence,* fue supervisor del *ferrocarril de Santa Fe* y también trabajó como voluntario en la Convención Nacional Demócrata. También trabajó como oficinista y mecanógrafo en el periódico *Kansas City Star*.

Truman se alistó en la Guardia Nacional de Missouri en 1905. Su vista era inadecuada, ya que tenía un 50% de vista izquierda y un 40% de vista derecha, pero al parecer pasó la inspección estudiando en secreto la tabla de letras. Sirvió hasta 1911.En 1917, tras ser miembro de las tropas de reserva de Missouri durante varios años, entró en activo en la Primera Guerra Mundial. Llegó a coronel en las batallas de los Montes Vosgos, que se convirtieron en la base de su futura carrera política en el Partido Demócrata.

Eclesiásticamente, pertenecía al bautismo. Truman se hizo masón en 1909. En septiembre de 1940, se convirtió en Gran Maestro del Distrito Metropolitano de Missouri.

En 1922, Truman quiso unirse al Ku Klux Klan (KKK), popular en aquella época entre los hombres blancos, a través de un amigo, pero renunció al cabo de un tiempo, tras lo cual solicitó la devolución de su cuota de inscripción. Durante su presidencia, Truman defendió la igualdad de derechos para los ciudadanos negros e introdujo legislación para mejorar la posición de los estadounidenses de raza negra.

En 1919, Truman se casó con Bess Wallace, a quien conocía desde la infancia. No fue fácil para ellos tener hijos: hubo dos niños que nacieron muertos y varios abortos. En 1924 nació su única hija, Margaret.

Presidencia

En las elecciones presidenciales de 1944, Harry Truman fue elegido el 33º Vicepresidente de los Estados Unidos. Cuando el presidente Roosevelt murió el 12 de abril de 1945, Truman se convirtió en su sucesor en el cargo. Su principal tarea al comienzo de su presidencia sería poner fin a la Segunda Guerra Mundial.

La presidencia de Truman estuvo llena de acontecimientos: fue presidente durante el final de la Segunda Guerra Mundial, el comienzo de la Guerra Fría, la creación de las Naciones Unidas y la mayor parte de la Guerra de Corea. Truman fue un presidente informal, con muchas palabras de parada y eslóganes conocidos, como "The buck stops here", con lo que quería decir que él era quien tomaba las decisiones y era y debía ser responsable de ellas. (*Pasar la pelota* significa trasladar la culpa; por lo tanto, con "la pelota se detiene aquí" quería decir "cúlpenme a mí").

Bombas atómicas en Japón

Tras la rendición alemana del 7 de mayo de 1945, la guerra continuó con toda su fuerza en el Lejano Oriente. Para poner fin rápidamente al conflicto, Truman decidió utilizar armas nucleares contra Japón. Truman no se enteró de la existencia de la bomba atómica hasta que llegó a la presidencia, porque su predecesor Roosevelt no le había informado de ella.El 6 de agosto de 1945, la tripulación del Enola Gay lanzó una bomba atómica sobre la ciudad de Hiroshima, y tres días después, el 9 de agosto, la ciudad de Nagasaki también fue objeto de un ataque atómico. Más de 150.000 personas murieron en estos bombardeos (80.000 en Hiroshima y 75.000 en Nagasaki), y otras tantas murieron por sus heridas y por enfermedades relacionadas con la radiación en las semanas siguientes. La consecuencia inmediata del despliegue de las armas atómicas fue la rendición japonesa el 15 de agosto de 1945, y con ello el fin de la Segunda Guerra Mundial.

El uso de las armas atómicas contra Japón sigue siendo un tema delicado que puede dar lugar a acaloradas discusiones. Los defensores argumentan que al desplegar la bomba atómica y acortar así la guerra, se salvaron muchas vidas de civiles en los territorios ocupados por Japón y de soldados al evitar una invasión prolongada y extremadamente sangrienta de las islas japonesas. Los opositores, sin embargo, argumentan que el asesinato de cientos de miles de civiles inocentes mediante el uso selectivo de armas atómicas contra objetivos civiles es un crimen de guerra y no puede justificarse en ninguna situación, en parte por las desastrosas consecuencias a largo plazo. Además, cuestionan la necesidad de lanzar las bombas atómicas antes de la capitulación japonesa, puesto que Japón ya habría manifestado su voluntad de rendirse condicionalmente antes del 6 de agosto de 1945. Sin embargo, la Declaración de Potsdam del 26 de julio de 1945, que amenazaba a Japón con la "destrucción inmediata y total" si no se rendía, fue rechazada por el gobierno japonés con lo que él mismo calificó de "silencio mortal". El 9 de agosto, horas antes de que cayera la segunda bomba, la Unión Soviética declaró la guerra al estado títere japonés de Manchuria y lo invadió. Esto puede haber contribuido a la decisión de Japón, el 15 de agosto, de capitular ante Estados Unidos de todos modos.

Después de la Segunda Guerra Mundial

Tras la guerra, Truman era conocido como un ferviente anticomunista que daba importancia a mantener a Europa fuera de la esfera de influencia de la entonces Unión Soviética. Por otra parte, Truman se mostró partidario de la cooperación internacional, y en 1945 cofundó las Naciones Unidas. En 1947, Truman también apoyó la creación del estado de Israel (aunque su Secretario de Estado George C. Marshall y la mayoría de los expertos en política exterior se opusieron). El bautista Truman sentía una vocación religiosa de apoyo al sionismo moderno, que se vio reforzada por sus contactos con el judío religioso Chaim Weizmann , que desempeñó un importante papel en la Organización Sionista Mundial.Truman también participó en un intenso esfuerzo de presión para ayudar a que la Resolución 181 de la ONU, de 29 de noviembre de 1947, relativa a la partición de Palestina en un Estado judío y otro árabe, obtuviera la mayoría. Junto con los senadores estadounidenses, se ganó a varios países latinoamericanos. 11 minutos después de la declaración de independencia, el 14 de mayo de 1948, reconoció el derecho de facto a la existencia del Estado de Israel. Seguido inmediatamente por José Stalin de la URSS .

En 1947, el Plan Marshall, ideado por George Marshall, fue aprobado por Truman, principalmente porque correspondía a su Doctrina Truman. Este plan consistía en permitir que Europa se reconstruyera a sí misma mediante subvenciones estadounidenses. Para muchos países, el Plan Marshall supuso una importante ayuda en la reconstrucción de posguerra. Ese mismo año, Truman ideó la política de contención. Esto significaba que si algún país amenazaba con convertirse en comunista, Estados Unidos tenía derecho a intervenir.

En las elecciones presidenciales de 1948, el Partido Demócrata estaba muy dividido a la hora de declarar a Truman como su candidato a la reelección. El reajuste de la economía de guerra de Estados Unidos en la posguerra, que implicaba una reducción masiva de las fuerzas armadas (especialmente de la Marina), y la aprobación de una ley sobre los sindicatos (la Ley Taft-Hartley), con el Congreso anulando un veto presidencial, habían estado cargados de dificultades. Al final, Truman se convirtió en un candidato de compromiso. Gracias a su intensa campaña con una gira relámpago por la América rural y a la debilidad de su rival republicano Thomas Dewey, Truman fue reelegido contra todo pronóstico. De hecho, el Chicago Tribune ya había declarado ganador a Dewey.

Al estallar la Guerra de Corea en 1950, Truman tomó la decisión de acudir a la ayuda militar de Corea del Sur.

En 1951 se aprobó la 22ª Enmienda a la Constitución de Estados Unidos. Esta enmienda garantizaba que, en adelante, el presidente de EE.UU. sólo podría ser reelegido una vez o, en caso de sustitución a mitad de mandato, sería presidente durante un máximo de 10 años. (Franklin D. Roosevelt, el predecesor de Truman, había sido reelegido tres veces). Sin embargo, esta norma aún no se aplicaba al presidente en funciones, pero después de que Truman perdiera las primarias demócratas de 1952 por el estado de New Hampshire, retiró su candidatura para un tercer mandato. Posteriormente, Truman comenzó a buscar un sucesor adecuado para el Partido Demócrata. Le echó el ojo al ex general Dwight D. Eisenhower, pero éste prefirió presentarse por el Partido Republicano. El presidente del Tribunal Supremo, Fred M. Vinson, también se negó, mientras que el vicepresidente de Truman, Alben Barkley, fue considerado demasiado viejo. Finalmente, Truman encontró un candidato presidencial adecuado en Adlai Stevenson, gobernador del estado de Illinois, al que los intelectuales tenían en gran estima. Tras algunas insinuaciones, Stevenson se declaró dispuesto a presentarse por el partido demócrata. Sin embargo, en las elecciones presidenciales de 1952, Stevenson fue derrotado por Eisenhower, que sustituyó a Truman en la presidencia el 20 de enero de 1953.

Vida posterior

Tras dejar la Casa Blanca, Truman regresó a Missouri. Allí se encontró rápidamente con dificultades financieras. Tenía pocos ahorros y sólo una escasa pensión de su tiempo en el ejército. Rechazó ofertas comerciales, pero firmó un contrato para escribir sus memorias. Por ello recibió 670.000 dólares, de los cuales 37.000 quedaron después de pagar los impuestos y el personal. Las memorias aparecieron en dos volúmenes y se convirtieron en un éxito. En 1958, el Congreso de EE.UU. aprobó la *Ley de Ex Presidentes*, que daba derecho a los ex presidentes a una pensión de 25.000 dólares al año. Se sospecha que la difícil situación financiera de Truman, en particular, fue la causa de esta ley. El único otro ex presidente vivo en ese momento, Herbert Hoover, no necesitaba realmente el dinero, pero lo aceptó para no avergonzar a Truman.

En el verano de 1957, se inauguró la biblioteca presidencial de Truman en Independence, Missouri. Él mismo había recaudado mucho dinero para ello y también tenía allí su oficina, donde escribía artículos y libros. En 1965, la biblioteca fue el lugar donde el presidente Lyndon B. Johnson firmó la Ley de Asistencia Sanitaria, en honor a los esfuerzos que Truman había realizado durante su presidencia en favor de la asistencia social. Truman siguió haciendo campaña por el Partido Demócrata hasta su vejez. El 26 de diciembre de 1972, murió en un hospital de Kansas City a la edad de 88 años por complicaciones de un edema pulmonar. Su esposa Bess no abogó por un funeral de Estado en Washington D.C., sino por un sobrio funeral en privado. Truman fue enterrado en los terrenos de su biblioteca presidencial. Bess Truman también fue enterrada aquí tras su muerte en 1982.

34. Dwight D. Eisenhower (1953-1961)

Partido Republicano | Vicepresidente: Richard Nixon

"Ningún hombre vale tus lágrimas, pero una vez que encuentres uno que lo haga, no te hará llorar".

Dwight David Eisenhower (Denison (Texas), 14 de octubre de 1890 - Washington D.C., 28 de marzo de 1969) fue un general y político estadounidense. Fue el Comandante en Jefe/General *del Ejército (general de cinco estrellas) de* las Fuerzas Aliadas en Europa durante la Segunda Guerra Mundial y el 34º Presidente de los Estados Unidos (1953-1961).

De por vida

Dwight creció en Abilene, Kansas, siendo el tercero de los siete hijos de la familia de David Jacob Eisenhower (1863-1942) e Ida Elizabeth Stover (1862-1946). Originalmente se llamaba David Dwight Eisenhower, pero pronto se cambiaron los dos nombres de pila porque el de David era más común en la familia. Dwight, al igual que sus hermanos, solía llamarse Ike cuando era niño, un acortamiento del apellido Eisenhower. Dwight mantuvo ese apelativo de por vida y en su campaña electoral el eslogan era "Me gusta Ike". Su antepasado Hans Nicolas Eisenhauer, originario de Karlsbrunn, en el actual Sarre (Alemania), había emigrado con su familia a Lancaster (Pensilvania) en 1741. En 1892, el padre y la madre de Eisenhauer se trasladaron a Abilene (Kansas), donde se graduó en *la Abilene High School* en 1909. Recibió su educación adicional en West Point, la famosa academia militar, donde se graduó en La clase en la que cayeron las estrellas. Mientras estaba destinado en Texas conoció a Geneva Doud (1896-1979), con quien se casó en 1916. Juntos tuvieron dos hijos. El hijo mayor, Doud Dwight Eisenhower (1917-1921), murió de escarlatina cuando era un niño de tres años. El menor, John Sheldon Doud Eisenhower (1922-2013), llegó a general de brigada de la reserva y luego fue embajador de Estados Unidos en Bélgica de 1969 a 1971.

Carrera militar

En la Primera Guerra Mundial, trabajó en la dirección del campo de entrenamiento de guerra de tanques de Estados Unidos. Durante este tiempo, se interesó mucho por la guerra mecanizada, incluso a través de sus discusiones con George Patton y otros colegas. Sin embargo, sus ideas fueron fuertemente desaprobadas por sus generales más antiguos y superiores. Después de la Primera Guerra Mundial, ocupó muchos puestos de Estado Mayor. Entre otros, trabajó para los generales John J. Pershing y Douglas MacArthur. También pasó cuatro años en la Oficina del Subsecretario de Guerra entre las dos guerras mundiales. En medio de esos años sirvió en Filipinas, donde, tras servir dieciséis años como mayor, fue nombrado teniente coronel en 1936. En junio de 1941, fue nombrado jefe de Estado Mayor del 3er Ejército de Estados Unidos de Walter Krueger, que entonces estaba estacionado cerca de San Antonio, Texas. En septiembre de 1941, fue ascendido a general de brigada. Después de Pearl Harbor, el general George C. Marshall lo llevó a Washington para dirigir el departamento que elaboraba los planes para derrotar a Alemania y Japón. En 1942, fue nombrado comandante general de las fuerzas estadounidenses en el campo de batalla europeo. En noviembre de 1942, dirigió las fuerzas de desembarco estadounidenses en la invasión conjunta británico-estadounidense del norte de África, la primera gran ofensiva aliada de la Segunda Guerra Mundial. Al año siguiente, Eisenhower dirigió con éxito la invasión de Sicilia. Italia entró en juego ese mismo año y los combates allí continuaron hasta 1945. A continuación fue nombrado comandante en jefe de la invasión aliada del norte de Europa, que dirigió con éxito junto con el mariscal de campo inglés Bernard Montgomery. Al concluir la guerra en Europa, Eisenhower comandó las tropas que ocupaban Alemania y también ejerció como Jefe de Estado Mayor del Ejército de los Estados Unidos. Al igual que Douglas MacArthur, Dwight D. Eisenhower recibió cinco veces la Medalla al Servicio Distinguido del Ejército. Una página negra en su actuación como Comandante en Jefe fue su orden, tras la capitulación, de designar a los soldados alemanes que se habían rendido como las llamadas "Fuerzas enemigas desarmadas". Esto significaba que dejaban de estar amparados por la Convención de Ginebra y eran encerrados en los llamados "Rheinwiesenlager", donde no recibían ni alimentos ni atención médica adecuados. Las estimaciones del número de muertos varían mucho y van desde miles a cientos de miles debido a la desnutrición y la falta de atención médica.

Títulos y asignaciones

Dwight David Eisenhower, después de la universidad, sirvió en el ejército desde 1915 hasta 1952 y pasó por todos los rangos como oficial del Ejército de los Estados Unidos, asumiendo una gran variedad de tareas.

Vida cívica

En 1948, renunció a sus cargos militares y se convirtió en presidente de la Universidad de Columbia en Nueva York. Este regreso a la vida civil no llevó inmediatamente a Eisenhower a la política. Rechazó las ofertas para presentarse a la candidatura republicana a la presidencia y dejó la universidad en diciembre de 1950 para convertirse en el primer comandante en jefe de la OTAN.

En las elecciones presidenciales de 1952, el actual presidente Harry S. Truman no se presentaría a la reelección. En la búsqueda de un sucesor, Eisenhower fue abordado por Truman en el otoño de 1951 para preguntarle si estaba interesado en la candidatura demócrata. Eisenhower respondió con evasivas, pero cuando se inscribió en las *primarias* republicanas de New Hampshire unos meses más tarde, Truman supo su respuesta. El general cedió ahora al Grand Old Party y ganó la candidatura republicana al conservador Robert Taft. Mientras tanto, el presidente Truman había encontrado un candidato adecuado en Adlai Stevenson, el gobernador del estado de Illinois, que gozaba de gran estima entre los intelectuales. Tras algunas insinuaciones, Stevenson se declaró dispuesto a presentarse por el partido demócrata. Sin embargo, Eisenhower derrotó a Stevenson por una amplia mayoría.

Presidencia

Aunque Eisenhower recortó los impuestos y esperaba frenar el papel del gobierno federal, las tensiones mundiales durante la Guerra Fría le llevaron a solicitar grandes presupuestos para fines militares. Fueron los más altos jamás presentados al Congreso en tiempos de paz. Eisenhower también ganó las elecciones de 1956, con una victoria aún mayor, si cabe, sobre Stevenson.

Eisenhower se sintió conmocionado por el Holocausto, pero dijo que no habría apoyado la creación de Israel si hubiera sido presidente en 1948. Sin embargo, una vez establecido este Estado "tenemos que vivir con él". Durante el mandato de Eisenhower, algunos incidentes tensaron la relación entre Estados Unidos e Israel: el proyecto israelí de irrigación del río Jordán, la masacre de Qibya y la guerra de Suez. Poco a poco la relación se volvió diplomáticamente amistosa .Eisenhower no estaba de acuerdo con el proyecto israelí de desviar el agua del río Jordán a Israel. Hubo un principio de intención de retener la ayuda financiera a ese país (sin que el mundo exterior lo supiera). Justo entonces, a mediados de octubre de 1953, se produjo la masacre de Qibya (matando a 60/69 habitantes y medio) por parte de una unidad israelí 101 (dirigida por Ariel Sharon). Esto fue en represalia por el asesinato de dos residentes de la ciudad judía de Yehud . Tres años más tarde se produjo la crisis de Suez de 1956: Eisenhower puso fin a la conspiración del Reino Unido , Francia e Israel cuyos ejércitos penetraron en Egipto. El alboroto en Estados Unidos por la masacre de Qibya hizo que los amigos de Israel en Estados Unidos y los israelíes empezaran a defender a Israel en Estados Unidos. Surgió el Lobby Israelí (que ahora conocemos como AIPAC). La administración Eisenhower sospechaba que este primer club de lobby estaba pagado por Israel y no lo quería. A partir de entonces, el grupo ganó miembros que pagaban cuotas ....

En 1957, Eisenhower tomó una decisión de política social trascendental. Forzó una sentencia del Tribunal Supremo que habría garantizado la abolición de las escuelas segregadas para blancos y negros. El gobernador del estado de Arkansas, Orval Faubus, llamó a la Guardia Nacional para impedir que blancos y negros asistieran a la misma escuela en la capital del estado, Little Rock. Eisenhower envió tropas federales.

En 1953, tras la muerte del líder soviético Stalin, Eisenhower buscó oportunidades para relajarse en la Guerra Fría con los países de detrás del Telón de Acero. Había llegado al poder en el momento álgido de la caza de brujas contra los comunistas dirigida por el senador Joseph McCarthy. Además, el Secretario de Estado de Eisenhower, John Foster Dulles, estaba obsesionado con combatir lo que él llamaba la amenaza que suponía para el mundo el comunismo revolucionario. Por ello, Estados Unidos apoyó al gobierno nacionalista chino de Chiang Kai-shek en Taiwán contra la China de Mao Zedong y aumentó el apoyo al régimen corrupto de Vietnam del Sur, acudió en ayuda de los regímenes dictatoriales de Oriente Medio con apoyo militar y económico, y se opuso al presidente Nasser de Egipto.

La tensión internacional se redujo cuando Eisenhower recibió al líder soviético Jruschov en una visita de Estado en 1959. Una visita de regreso acordada fue cancelada airadamente por los rusos después de que un avión de reconocimiento U2 estadounidense fuera derribado sobre territorio ruso, capturando al piloto Gary Powers. Pero a pesar de las tensiones, la presidencia de Eisenhower puede considerarse, en retrospectiva, como un periodo de relativa paz internacional y prosperidad en los propios Estados Unidos. La guerra de Corea terminó efectivamente en 1951, aunque las facciones enfrentadas siguieron luchando amargamente hasta 1953, año del armisticio.

Despúes de la presidencia

En 1961, Eisenhower no pudo estar disponible para la presidencia después de dos mandatos (un presidente en EE.UU. sólo puede ejercer dos mandatos). En su discurso de despedida, advirtió del complejo militar-industrial. Le sucedió el demócrata John F. Kennedy. Luego se dedicó a escribir sus memorias. En la primavera de 1969, Dwight D. Eisenhower murió a la edad de 78 años en un hospital de Washington D.C.. Está enterrado en los terrenos de su biblioteca presidencial en Abilene, inaugurada en 1962. Su esposa Mamie fue enterrada junto a él tras su muerte en 1979.

35. John F. Kennedy (1961-1963)

Partido Demócrata | Vicepresidente: Lyndon B. Johnson

"Los que se atreven a fracasar estrepitosamente
pueden conseguir grandes logros".

John Fitzgerald ("Jack") **Kennedy** Brookline (Massachusetts), 29 de mayo de 1917 - Dallas (Texas), 22 de noviembre de 1963), también conocido por sus iniciales **JFK,** fue un político estadounidense del Partido Demócrata. A partir del 20 de enero de 1961, fue el 35º y más joven presidente electo de Estados Unidos hasta que fue asesinado el 22 de noviembre de 1963, a la edad de 46 años, durante una visita oficial en una limusina abierta, en Dallas.

Para el público en general, Kennedy pasó a ser conocido como el presidente que anunció los planes estadounidenses de poner un hombre en la luna para ganar la carrera espacial con la Unión

Soviética. Además, su mandato, prematuramente abortado, estuvo marcado por la crisis de Cuba y la creciente injerencia estadounidense en la guerra de Vietnam y su intento de detener la carrera armamentística. Sin embargo, Kennedy era un líder más pragmático que de inspiración ideológica.

De por vida

Años jóvenes

Kennedy procedía de una familia católica de origen irlandés. Su madre se llamaba Rose Kennedy. Su padre, Joseph (Joe) Kennedy, era un político y empresario rico en piedras. La pareja tuvo nueve hijos. Tras la elección de Kennedy a la presidencia, la familia fue llamada en broma "la *familia real no oficial de Estados Unidos"* y "el *clan Kennedy",* porque muchas personas influyentes procedían de ella.

Kennedy demostró ser muy inteligente y tuvo buenos resultados escolares, pero sufrió una persistente enfermedad gastrointestinal al principio y más tarde graves problemas de espalda que le atormentarían durante el resto de su vida. Vivió y estudió en Londres durante algún tiempo y antes de la guerra realizó un viaje por Europa, en el que escribió un agudo informe analítico con advertencias contra Hitler, titulado "Por qué Inglaterra se durmió", sobre el papel de Gran Bretaña en el Tratado de Múnich, como su tesis de graduación en 1940, tesis que posteriormente se convirtió en un éxito de ventas como libro publicado. Se graduó cum laude en Harvard con un título en relaciones internacionales.

Durante la guerra, sirvió como teniente en la Marina, aunque al principio estaba inhabilitado físicamente. Sin embargo, gracias a la influencia de su familia, consiguió ser colocado en un puesto de combate, algo que podría ser beneficioso en posteriores elecciones.

Un día después de que Japón bombardeara Pearl Harbor (el 7 de diciembre de 1941), Kennedy fue desplegado en el Pacífico. Allí comandó una lancha torpedera a motor (la PT-109) que fue arrollada por el crucero japonés Amagiri cerca de las Islas Salomón y se hundió, tras lo cual aún consiguió rescatar a su tripulación con una valiente acción. Tras el hundimiento de la embarcación, Kennedy y los supervivientes nadaron durante cuatro horas en el mar antes de llegar a una isla situada a 5,6 km (la isla Kasolo o isla Kennedy). Kennedy, que había formado parte del equipo de natación de Harvard, sacó a un miembro de la tripulación herido en el proceso. Como la isla de Kasolo sólo tiene 100 metros de diámetro y no había comida, Kennedy y sus hombres nadaron hasta otra isla (la isla de Olasana). Como los barcos japoneses pasaban regularmente por esta zona, este viaje no estuvo exento de peligro. Tras vivir a base de cocos durante 10 días, Kennedy y sus hombres fueron descubiertos por los residentes locales y finalmente rescatados. Por su valor y perseverancia demostrados, Kennedy recibió la Medalla de la Marina y del Cuerpo de Marines. A los periodistas que le preguntaron cómo se había convertido en un héroe de guerra, Kennedy bromeó: "porque me hundieron el barco".

Como resultado de las lesiones sufridas en esta acción y de otras dolencias, como la enfermedad de Addison (para la que no se había desarrollado una medicación adecuada en ese momento), Kennedy sufría fuertes dolores de espalda. Por lo tanto, fuera de la vista del público, a menudo caminaba con muletas. Aunque exteriormente Kennedy daba la impresión de ser un hombre extraordinariamente sano, en realidad no lo era. Estaba bajo constante supervisión médica y tenía un médico de cabecera.

Kennedy se interesó muy pronto por las mujeres y tuvo un gran número de amantes, entre ellas la periodista danesa Inga Arvad, que llevaba mucho tiempo en Washington en la década de 1940 y de la que se sospechaba que era una espía nazi. También se afirma que Kennedy mantuvo una relación durante su matrimonio con Marilyn Monroe, que le había cantado tan seductoramente en su cuarenta y cinco cumpleaños (*Happy Birthday, Mr. President*). Sin embargo, no hay pruebas de ello. Estaba casado desde 1953 con Jacqueline Bouvier, con quien tuvo cuatro hijos: Arabella (1956, nacida muerta), Caroline (1957), John F. Jr. (1960-1999) y Patrick (1963, fallecido dos días después de su nacimiento).

Carrera política

En 1946, Kennedy fue elegido congresista por Boston y en 1952, senador. En 1956 escribió "Profiles in Courage" (Perfiles de coraje) sobre los senadores estadounidenses que, arriesgando sus carreras, adoptaron posiciones diferentes a las de su partido. Este libro recibió el premio Pulitzer periodístico de biografía en 1957.

Como congresista, Kennedy visitó por primera vez la Indochina francesa, donde en ese momento se desarrollaba la Primera Guerra Indochina. En 1956, tras la fundación de Vietnam del Norte y del Sur, volvió a visitar la región.

Presidencia

John F. Kennedy fue elegido el 35° presidente de los EE.UU. en 1960 tras una estrecha victoria electoral (con una diferencia de medio punto porcentual) sobre el republicano y actual vicepresidente Richard Nixon. Su compañero de fórmula fue Lyndon B. Johnson, que luego se convirtió en su vicepresidente. La presidencia de Kennedy fue fuertemente pragmática; la historiadora Barbara Tuchman caracteriza a Kennedy como "ni progresista ni conservador (...) un hombre de ingenio rápido y fuerte ambición que fue capaz de articular muchos principios elevados de forma convincente, elocuente e incluso misericordiosa, mientras que sus acciones no siempre fueron coherentes con ellos. (...) En el campo de Kennedy, los idealistas eran usualmente llamados 'llorones' o 'bienhechores sentimentales'".

Kennedy no era fácil de manipular y demostró desde el principio quién estaba al mando. Después de la fallida invasión de Bahía de Cochinos, Kennedy despidió a dos altos jefes de la CIA y supuestamente amenazó con "romper la CIA en mil pedazos y esparcirla al viento". Kennedy también quería despedir a J. Edgar Hoover, que había sido el director del FBI desde siempre. Cambió de opinión cuando este plan, debido a sus ramificaciones políticas, resultó inviable. La presidencia de Kennedy también se caracterizó por su búsqueda de la paz y su humanidad. Todo esto le hizo ganar partidarios, pero también le creó adversarios en las altas esferas.

La presidencia de Kennedy comenzó en una época económicamente próspera. Sin embargo, había muchos puntos de conflicto en el país. El racismo estaba especialmente extendido en el Sur y había una estricta segregación racial en la vida pública, similar al apartheid en Sudáfrica. La resistencia a esto creció, en parte bajo la influencia del reverendo Martin Luther King. Muchos luchadores por los derechos civiles se inspiraron en el mensaje de progreso de Kennedy, pero en la práctica no recibieron ningún apoyo del presidente. Kennedy creía que la eliminación de la segregación racial era un asunto de los estados individuales y no del gobierno federal. Sólo cuando se violaban las leyes federales (como la negativa a servir a los viajeros negros en los viajes en autobús entre diferentes estados de EE.UU.) intervenía. La población negra tuvo que esperar a que el presidente Johnson, sucesor de Kennedy, introdujera legislación contra la discriminación por el color de la piel.

Política exterior

Desde el principio, la Guerra Fría predominó en la política exterior de Kennedy, que fue codirigida por el Secretario de Defensa republicano Robert McNamara. El Frente de Liberación Nacional de Vietnam del Sur se había establecido en diciembre de 1960, y dos semanas antes de la toma de posesión de Kennedy, el 20 de enero de 1961, Nikita Khrushchev, el presidente ruso, había prometido pleno apoyo soviético a las "guerras de liberación nacional" en Vietnam, Cuba y otros lugares. Kennedy se refirió a esto en su discurso inaugural como la "hora de mayor peligro" para la libertad. Ya en los primeros diez días de la presidencia de Kennedy, se puso en marcha un plan para utilizar dinero y personal estadounidense para ampliar las fuerzas armadas de Vietnam del Sur con 20.000 soldados y 32.000 paramilitares. La interferencia en la guerra civil vietnamita se intensificó; a principios de 1963, había 17.000 militares estadounidenses presentes en Vietnam del Sur.

Vietnam

El Congreso se mantuvo al margen del proceso de toma de decisiones sobre Vietnam; a las acusaciones de los sectores republicanos de que no era "sincero" con su pueblo, Kennedy respondió en febrero de 1962 que "no se habían enviado tropas de combate en el sentido habitual de la palabra". Las principales actividades de los militares estadounidenses en Vietnam fueron el transporte de tropas, el entrenamiento de hombres survietnamitas, el apoyo aéreo en operaciones antiguerrilleras y la defoliación de los bosques con el agente naranja y otros (a partir de 1961). El número de muertes estadounidenses en la zona durante el primer año de Kennedy en el cargo fue de 14, y al año siguiente de 109. Bajo el liderazgo estadounidense, las probabilidades parecían cambiar a favor de Vietnam del Sur; la violenta deportación de la población rural survietnamita por parte de su propio gobierno, por cierto, también jugó un papel importante en esto, ya que permitió que las guerrillas del "Vietcong" no tuvieran acceso a los alimentos.

Kennedy desempeñó un papel en la escalada de la guerra en Vietnam, al haber apoyado un exitoso golpe militar contra el presidente vietnamita Ngô Đình Diệm, pero no su asesinato. Diệm se oponía a una mayor implicación militar estadounidense en Vietnam y dudaba de la alianza de su país con Estados Unidos.

La invasión de Bahía de Cochinos

Pronto Kennedy tuvo que lidiar con un legado de su predecesor, el presidente Eisenhower: un plan para invadir Cuba por parte de los cubanos anticastristas dirigidos por la CIA y otros. Kennedy fue informado por su personal y decidió seguir adelante con este plan. Kennedy aseguró al pueblo estadounidense que el país no se involucraría en esto. En el último momento, la CIA quería permiso para utilizar las fuerzas americanas porque la invasión con los cubanos anticastristas fracasó. Kennedy se negó y la invasión terminó en un gran fiasco. Cientos de hombres murieron o fueron capturados. A cambio de un alto rescate, Kennedy pudo "comprarlos" a Castro. Este incidente se conoció como la Invasión de Bahía de Cochinos y el Fiasco de Bahía de Cochinos. Kennedy dio un discurso televisado en el que asumió toda la responsabilidad por el error.

Viaje a la Luna

Kennedy dio un gran impulso a la exploración espacial durante su presidencia después de que los soviéticos tomaran la delantera en la carrera espacial. En 1961, propuso al Congreso estadounidense que se destinara dinero a un viaje a la Luna. Sin embargo, Kennedy cuestionó que este viaje fuera un asunto nacional. En una conferencia ante las Naciones Unidas el 20 de septiembre de 1963, indicó que veía posibilidades de realizar este viaje en cooperación con la Unión Soviética. Kennedy no tuvo la oportunidad de profundizar en esa propuesta; dos meses después fue asesinado.

Crisis en Cuba

En la segunda mitad de su presidencia, las tensiones internacionales de la Guerra Fría se intensificaron y culminaron en la crisis de Cuba, que pudo convertirse en la Tercera Guerra Mundial. Había misiles nucleares de por medio y Jruschov había amenazado con derribarlos. Kennedy jugó al póquer de faroles al más alto nivel, pero salió victorioso el 28 de octubre de 1962. Su resolución diplomática de la crisis aumentó su popularidad.

Israel

Hizo posible que Israel comprara misiles antiaéreos estadounidenses Hawk en 1962. El telegrama del Departamento de Estado dice: "En vista de la acumulación en la región de armamento aéreo ofensivo y sistemas de misiles, nos sentimos obligados a responder positivamente a la petición de Israel de poder comprar sistemas de misiles interceptores Tierra-Aire de corto alcance defensivos.Después de que Israel lo mantuviera oculto durante años, se enteró de las actividades nucleares israelíes cerca de Dimona en el Negev . Los documentos publicados muestran que en 1963, el presidente John

Kennedy advirtió al primer ministro israelí, Levi Eshkol, que el apoyo de Estados Unidos al joven país se vería "seriamente comprometido" si Israel no permitía las inspecciones periódicas del reactor nuclear israelí que él solicitaba. Insistió en las inspecciones semestrales de Estados Unidos. Estaba furioso, porque en la Guerra Fría, con dos superpotencias nucleares enfrentadas, estaba muy apegado a la no proliferación . Sin embargo, los acuerdos a los que se llegó posteriormente con los israelíes eran tan débiles que, de hecho, apenas hubo inspecciones reales. Por lo tanto, los inspectores estadounidenses al final sólo tenían sospechas .

Declaraciones

Kennedy era un orador dotado de un fuerte carisma que destacaba entre la gente de todo el mundo occidental. Se convirtió en un icono del campo occidental durante la Guerra Fría. En sus visitas al extranjero, siempre recibía una atención entusiasta, como en Berlín, donde se asomó al balcón del Rathaus Schöneberg y pronunció las legendarias palabras *"Ich bin ein Berliner"*. Otra de sus frases más citadas es *"No preguntes lo que tu país puede hacer por ti, pregunta lo que tú puedes hacer por tu país"*, que formó parte de su discurso de investidura.

Otras declaraciones llamativas y todavía muy citadas relacionadas con los primeros años de la década de 1960 expresaban la intención de "poner *gente en la luna"* en un plazo de diez años (y traerla de vuelta sana y salva). Esto también ocurriría con el programa Apolo, que entonces estaba en marcha. De su discurso ante la Asamblea General de las Naciones Unidas en septiembre de 1961 proceden las declaraciones de que esta organización sería *"la única alternativa a la guerra"* y que *"la humanidad debe poner fin a la guerra, de lo contrario la guerra pondrá fin a la humanidad"*.

Asesinato

El 22 de noviembre de 1963, a las 12:30 CST (18:30 UTC), Kennedy fue herido mortalmente por dos balas de rifle, una en la cabeza y otra en la espalda, mientras era conducido en una limusina presidencial abierta a través de la Plaza Dealey en Dallas, Texas. Su recorrido en coche era parte de una gira pública por Texas, organizada en parte para su eventual reelección en 1964.

Kennedy fue el cuarto Presidente de los Estados Unidos en ser asesinado y el octavo en morir en acto de servicio. Dos investigaciones oficiales llevaron a la conclusión de que Lee Harvey Oswald, que trabajaba en el almacén de libros de texto de Dealey Plaza, fue el asesino. Según la investigación de la Comisión Warren, Oswald actuó solo; según la investigación del Comité de Investigación de la Cámara de Representantes, hubo al menos otro tirador. El asesinato de Kennedy sigue siendo objeto de especulación y ha proporcionado material para muchas teorías conspirativas.

Dos días después del asesinato de Kennedy, Oswald fue asesinado en la comisaría de Dallas por el propietario de un club nocturno, Jack Ruby, lo que impidió que fuera procesado y juzgado.

La tumba de John F. Kennedy se encuentra en el Cementerio Nacional de Arlington, Virginia, cerca del Pentágono. Con una "llama eterna", es un lugar de recuerdo para sus numerosos visitantes.

Tras el asesinato de Kennedy, Jim Garrison, fiscal del distrito de Nueva Orleans, dirigió una amplia investigación sobre las circunstancias que lo rodearon. Esto condujo finalmente a un juicio por conspiración contra el empresario Clay Shaw, quien, sin embargo, fue absuelto.

Honores

El nombre de Kennedy perdura, entre otras cosas, en el Aeropuerto Internacional John F. Kennedy (antes *Idlewild*), en el barrio neoyorquino de Queens, y tras su muerte su sucesor determinó que la base de lanzamiento de Cabo Cañaveral, en Florida, se llamara en adelante Centro Espacial Kennedy. A mediados de la década de 1960 se construyó en Estados Unidos el portaaviones USS John F. Kennedy, el único barco de la clase John F. Kennedy. La gran impresión que había causado quedó patente cuando, pocos meses después de su muerte, importantes calles y plazas también recibieron su nombre en Europa. El 9 de enero de 1964, la Rivierenlaan de Ámsterdam pasó a llamarse President Kennedylaan. En Amberes, un túnel bajo el Escalda recibió su nombre. En Gante, un puente sobre el Moervaart lleva su nombre.

36. Lyndon B. Johnson (1963-1969)

Partido Demócrata | Vicepresidente: Hubert Humphrey

---

*"Los libros y las ideas son las armas más eficaces
contra la intolerancia y la ignorancia".*

Lyndon Baines Johnson (también conocido por sus iniciales **LBJ**)
(Stonewall (Texas), 27 de agosto de 1908 - allí, 22 de enero de 1973)
fue el 36º presidente de los Estados Unidos.

Carrera política y elección como presidente

Johnson fue un político del Partido Demócrata y fue delegado por el
10º Distrito del estado de Texas de 1937 a 1949. Después fue senador
por Texas hasta 1961. En las elecciones presidenciales de 1960,
Johnson fue candidato a la nominación del Partido Demócrata. Perdió
la nominación frente a John F. Kennedy, que eligió a Johnson como
compañero de fórmula. Junto con Johnson, Kennedy derrotó al
candidato republicano Richard Nixon y a su compañero de fórmula
Henry Cabot Lodge Jr.

El 22 de noviembre de 1963, el presidente Kennedy fue asesinado durante un recorrido por la ciudad de Dallas. Johnson, también tejano, actuó como anfitrión durante este viaje; Kennedy aún visitó su rancho. Johnson participó en el mismo desfile, pero no fue alcanzado. Ese mismo día juró su cargo como 36º presidente de los Estados Unidos. En las elecciones presidenciales de 1964, él y su compañero de fórmula Hubert Humphrey fueron ampliamente reelegidos, derrotando al candidato republicano Barry Goldwater y a su compañero de fórmula William Miller.

Gran Sociedad

En Estados Unidos, Johnson es descrito casi unánimemente como un político extraordinariamente hábil y astuto que consiguió que muchos de sus planes sociales fueran aprobados por el Congreso de Estados Unidos. Dio a estas políticas sociales el nombre de Gran Sociedad. Entre otras cosas, introdujo Medicare, un seguro médico para los ancianos. También puso en marcha una legislación para combatir la contaminación ambiental. Además, Johnson se mostró activo en el campo de los derechos civiles. Por ejemplo, consiguió aprobar la Ley de Derechos Civiles de 1964, que abolía la segregación. El 6 de agosto de 1965, firmó la Ley del Derecho al Voto, que aumentó exponencialmente el número de votantes y funcionarios electos negros. A principios de 1966, nombró a Robert C. Weaver como Secretario de Planificación y Vivienda, el primer estadounidense de raza negra en formar parte de un gobierno estadounidense. También nombró a Thurgood Marshall como primer presidente del Tribunal Supremo negro.

Guerra de Vietnam

Johnson había heredado el conflicto de Vietnam de John F. Kennedy, pero bajo la presidencia de LBJ el conflicto descarrilaría hasta convertirse en una guerra abierta. Desde el Incidente de Tonkín en 1964 hasta el final de su presidencia en 1969, la guerra se intensificaría cada vez más. Sin embargo, la guerra empezó a costar cada vez más dinero, provocando el declive de la economía estadounidense a finales de la década de 1960 e impidiendo que LBJ realizara su *Gran Sociedad de la* forma que deseaba. La guerra suscitó mucha oposición, incluso dentro de su propio partido. Para las elecciones presidenciales de 1968, Johnson encontró un rival formidable en el senador Robert F. Kennedy. El 31 de marzo de 1968, Johnson celebró una conferencia de prensa televisada en directo en el Grand Ballroom del Hilton Chicago, en la que anunció que no se presentaba a la reelección. Dejó la Casa Blanca el 20 de enero de 1969. El sucesor de Johnson, Nixon, prometió un final honorable de la guerra de Vietnam.

Israel

Johnson tomó el relevo de Francia como principal proveedor de armas a Israel en el extranjero. En 1964 dio 52 millones de dólares en ayuda civil, aviones Skyhawk y tanques Patton y otros equipos militares. Estas armas marcarían la diferencia en 1967 durante la Guerra de los Seis Días, por ejemplo en el primer ataque sorpresa que acabó con la fuerza aérea egipcia. Desde ese año hasta el presente, Estados Unidos desempeñaría cada vez más este papel de prestamista y proveedor de armas a Israel.

Por cierto, se puso furioso cuando le llegó la noticia de que Israel había recurrido a la guerra (en 1967). Seguiría considerando esta decisión como un gran error durante toda su vida.

Muerte

Johnson murió de un paro cardíaco el 22 de enero de 1973. Tenía 64 años. La viuda de Johnson, Lady Bird Johnson, murió 34 años después.

37. Richard Nixon (1969-1974)

Partido Republicano | Vicepresidentes: Spiro Agnew y Gerald Ford

"Recuerda siempre que los demás pueden odiarte, pero los que te odian no ganan si no los odias tú, y entonces te destruyes a ti mismo".

Richard Milhous Nixon (Yorba Linda, 9 de enero de 1913 - Nueva York, 22 de abril de 1994) fue un político estadounidense del Partido Republicano. Fue el trigésimo séptimo presidente de los Estados Unidos entre 1969 y 1974.

Anteriormente, Nixon fue diputado por California (distrito 12) desde 1947 hasta 1950, cuando fue elegido senador por California. En 1952 fue elegido por Dwight D. Eisenhower como su *compañero de fórmula para las* elecciones presidenciales de 1952, que también ganaron. Nixon renunció al Senado para convertirse en el 36° Vicepresidente de los Estados Unidos. Tras dos mandatos como vicepresidente de

Eisenhower, Nixon se presentó a las elecciones presidenciales de 1960. Ganó la nominación por el Partido Republicano, pero perdió ante el senador por Massachusetts John F. Kennedy. Tras un intento fallido en 1962 de convertirse en gobernador de California, Nixon se retiró de la política y retomó su antigua profesión de abogado.

Sin embargo, Nixon regresó con éxito a la política al ganar la nominación del Partido Republicano para las elecciones presidenciales de 1968. Junto con su *compañero de fórmula* Spiro Agnew, derrotó al candidato del Partido Demócrata, el vicepresidente Hubert Humphrey. Nixon también ganó las elecciones presidenciales de 1972, en las que derrotó al candidato del Partido Demócrata, George McGovern, en una de las mayores victorias políticas de la historia de las elecciones presidenciales estadounidenses.

La presidencia de Nixon estuvo marcada por la guerra de Vietnam y la creciente oposición a la misma en Estados Unidos, siguiendo una política de relajación con la Unión Soviética y estableciendo relaciones con la República Popular China. También durante su presidencia se crearon la Agencia de Protección Medioambiental y la Administración de Control de Drogas y el Apolo 11 realizó el primer alunizaje.

Nixon dimitió el 9 de agosto de 1974 cuando su posición se hizo insostenible debido al escándalo del Watergate. Esto le convirtió en el primer presidente de los Estados Unidos en dimitir voluntariamente. Le sucedió su segundo vicepresidente, Gerald Ford.

Biografía

Juventud y carrera profesional

Nixon nació en una familia pobre de Yorba Linda, California. Su padre tenía una tienda de comestibles y una gasolinera. Creció con las normas y costumbres de la comunidad conservadora y cristiana de los cuáqueros. Durante su carrera política, se refirió a menudo a sus orígenes sencillos.

Nixon era un chico con talento, pero su familia no podía permitirse el lujo de llevarle a una costosa universidad. En su lugar, tomó clases en una escuela local de cuáqueros, el Whittier College, donde se graduó en 1934. Luego le ofrecieron una beca para estudiar derecho en la Universidad de Harvard, que tuvo que rechazar porque no podía faltar en casa. Más tarde fue, con una beca, a la recién creada (y ahora prestigiosa) facultad de Derecho de la Universidad de Duke.

En 1946 obtuvo un escaño en el Congreso de Estados Unidos. Sus campañas en esta etapa de su carrera se caracterizaron por un tono anticomunista y un estilo agresivo.

En 1950, Nixon fue elegido senador, derrotando a la actriz y congresista Helen Gahagan, a quien había acusado de tener simpatías comunistas durante la campaña.

Nixon se convirtió en el 36º vicepresidente en 1952, a las órdenes de Dwight D. Eisenhower.Cabe destacar de su vicepresidencia que llegó a dirigir el país en tres ocasiones; en todas ellas Eisenhower estaba enfermo. Además, como presidente del Senado (una de las funciones del vicepresidente), apoyó abiertamente al senador Joseph McCarthy y su persecución de (supuestos) comunistas.

La primera vez que Nixon compitió por la presidencia fue en 1960, contra John F. Kennedy, un amigo cercano y el primero en felicitarle por su vicepresidencia en 1952. Perdió esta batalla por poco. Uno de los factores que influyeron fue el primer debate televisado en Estados Unidos entre candidatos presidenciales. Nixon rechazó el maquillaje televisivo (a pesar de su barba incipiente) y se sintió mal porque se estaba recuperando de una importante operación de rodilla. Esperaba ganarse a los votantes con sus conocimientos y experiencia en asuntos exteriores, pero su aspecto (enfermizo, pálido y sudoroso) contrastaba demasiado con el del bronceado y carismático Kennedy (aunque éste también tenía mala salud y su "saludable bronceado" probablemente se debía a la enfermedad de Addison). Además, mucha gente no vio las oportunidades de la televisión, mientras que Kennedy, como nadie, sí vio las ventajas del nuevo medio y supo aprovecharlas. Investigaciones posteriores demostraron que la gente que había seguido el debate por la radio señalaba mayoritariamente a Nixon como ganador, mientras que los espectadores de la televisión tenían una clara preferencia por Kennedy.

En 1962 perdió la carrera por la gobernación de California y en el discurso posterior declaró que sería su última conferencia de prensa: "Ya no tendréis a Nixon para patearos el culo".

Presidencia

Tras este bache en la carrera de Nixon, volvió a presentar su candidatura a la presidencia en 1968, tras una etapa como abogado en Nueva York, derrotando al entonces vicepresidente Hubert Humphrey.

Los principales temas de su mandato son:

- Normalización de las relaciones diplomáticas con la República Popular Comunista de China.

- Creación de la Agencia de Protección del Medio Ambiente, una agencia para proteger la salud humana y el medio ambiente.

- Creación de la Drug Enforcement Administration, una agencia para combatir la distribución ilegal de estupefacientes.

- En 1971, puso fin al intercambio de dólares estadounidenses por oro. Esto puso fin al patrón oro y al sistema de tipos de cambio fijos acordado en Bretton Woods en 1944. Esta acción también se conoce como el choque de Nixon.

- La retirada de las tropas estadounidenses de Vietnam.

- El inicio del programa Spaceshuttle.

Nixon reabrió las negociaciones de paz con Vietnam del Norte, que habían sido extremadamente difíciles. Su Secretario de Estado, Henry Kissinger, desempeñó un papel importante en este sentido. Simultáneamente a las negociaciones de paz, se reforzaron los lazos con China y la Unión Soviética. Esta política también se conoce como diplomacia triangular. En 1973, esto condujo en parte a los Acuerdos de París, que permitieron a Estados Unidos dejar de interferir en la guerra de Vietnam.

La política exterior de Nixon se caracterizó por un espíritu de acercamiento. Al fortalecer las relaciones con China, se vislumbraba el fin de la Guerra Fría y se podía poner fin lentamente a la Guerra de Vietnam, con la ayuda de la llamada *doctrina Nixon*, que establecía que los aliados asiáticos de Estados Unidos volvían a ser responsables de su propia defensa militar, para lo cual se reforzaron militarmente algunos aliados leales (como Irán). En 1973, a través de la CIA, ayudó a Augusto Pinochet en su exitoso golpe de Estado en Chile, que depuso al socialista Salvador Allende.

Ese mismo año, cuando -en la festividad judía de Yom Kippur- el ejército israelí en el Canal de Suez había sido atacado sorpresivamente por el ejército egipcio y hecho retroceder una cierta distancia en el desierto del Sinaí, Nixon acudió en ayuda de Israel mediante un importante puente aéreo con envíos masivos de armas (567 transportes aéreos de la Fuerza Aérea de Estados Unidos, además de vuelos de El Al y envíos por mar). El Sinaí había sido conquistado a Egipto en 1967 durante la Guerra de los Seis Días.En los años siguientes, fue el enviado estadounidense Henry Kissinger quien medió entre Israel y Egipto. Por la prensa que le seguía en sus viajes entre las distintas capitales, esto se llamó "diplomacia de lanzadera". Su mediación se refería a la separación de fuerzas entre, respectivamente, los ejércitos de Israel y Egipto (en la península del Sinaí) y los ejércitos de Israel y Siria (en los Altos del Golán. Porque también Siria había atacado las posiciones israelíes en los Altos del Golán con la intención de recuperar este territorio sirio capturado por Israel en 1967.

En su política interior, Nixon se concentró más en una legislación estricta y menos en programas sociales para la integración racial y contra la pobreza que sus predecesores. Su política interior era de derechas, y se ha argumentado que su victoria electoral fue el resultado del resentimiento supuestamente despertado entre gran parte de la población blanca estadounidense de los estados del sur en los turbulentos años 60, como consecuencia de la imposición por parte del gobierno federal de la abolición de la segregación racial.

Watergate

Como consecuencia del escándalo del Watergate, Nixon dimitió el 9 de agosto de 1974 para evitar la destitución. Su sucesor, Gerald Ford, le indultó por adelantado, una decisión controvertida.

Después de la presidencia

Nixon consiguió restaurar un poco su reputación y se convirtió (todavía) en un respetado hombre de Estado. Realizó algunos viajes no oficiales a China y a la Unión Soviética, entre otros.

En 1977, el productor de televisión británico David Frost realizó una serie de entrevistas con Nixon, que abarcaban diferentes periodos de su presidencia. Nixon se excusó (con muchas palabras) ante el pueblo estadounidense por el asunto Watergate.

Nixon murió de un derrame cerebral en Nueva York en abril de 1994 a la edad de 81 años. Fue enterrado en los terrenos de su biblioteca presidencial, la *Richard Nixon Presidential Library and Museum* de Yorba Linda. Su esposa Pat Nixon, que había fallecido diez meses antes, también está enterrada aquí.

38. Gerald Ford (1974-1977)

Partido Republicano | Vicepresidente: Nelson Rockefeller

Gerald Rudolph Ford Jr. (Omaha (Nebraska), 14 de julio de 1913 - Rancho Mirage (California), 26 de diciembre de 2006) fue el 38º presidente de los Estados Unidos. Anteriormente, fue el 40º vicepresidente de los Estados Unidos, de 1973 a 1974, bajo el mandato del presidente Richard Nixon. Fue un político del Partido Republicano.

Biografía

Juventud y carrera profesional

Ford nació como *Leslie Lynch King Jr.* y se crió en Grand Rapids, Michigan, como hijo de Leslie Lynch King Sr. y Dorothy Ayer Gardner Ford. Fue rebautizado como Gerald Rudolph Ford Jr. tras ser adoptado de niño por el segundo marido de su madre. Fue un buen jugador de fútbol americano. Su equipo de *la Universidad de Michigan estuvo* invicto durante dos temporadas. En 1934, Ford fue elegido el *jugador más valioso*. A continuación, estudió derecho en la Universidad de Yale.

Durante la Segunda Guerra Mundial, sirvió en un portaaviones, entre otros, que participó en batallas frente a Saipán y Filipinas. En diciembre de 1944, estuvo a punto de perder la vida cuando su barco quedó atrapado en un huracán. En 1946, dejó el servicio como teniente coronel y se incorporó a un bufete de abogados.

Ford eligió la carrera política en 1948 y fue elegido a la Cámara de Representantes por el Partido Republicano en 1949. Durante su primera campaña, visitó a muchos granjeros y les prometió que iría a ordeñar sus vacas si era elegido. Fue representante del 5º distrito de Michigan de 1949 a 1973. Como congresista, fue el miembro más activo de la Comisión Warren que investigó el asesinato del presidente Kennedy. De 1965 a 1973 fue jefe de grupo de los republicanos. Durante este periodo fue un opositor declarado del presidente demócrata Lyndon Johnson; pensaba que sus planes sociales iban demasiado lejos y que el compromiso militar en Vietnam no era suficiente.

Vicepresidente

En 1973, el vicepresidente Spiro Agnew dimitió por corrupción. Poco antes se había añadido a la Constitución una disposición que autorizaba al Congreso a cubrir una vacante de vicepresidente. Hasta entonces, el *Presidente de la* Cámara de Representantes había sido el sucesor interino del Presidente. El nombramiento de Ford fue aprobado sin problemas, ya que en ese momento era probable que Nixon tuviera que dimitir tarde o temprano. Ford prestó juramento durante una sencilla ceremonia en la Cámara de Representantes. Como vicepresidente, Ford defendió a Nixon todo el tiempo posible durante el escándalo del Watergate, pero finalmente él también tuvo que reconocer que la posición del presidente se había vuelto insostenible.

Presidente

Ford llegó a la presidencia el 9 de agosto de 1974 tras la dimisión del presidente Richard Nixon por el escándalo del Watergate. Ford es la única persona en la historia de Estados Unidos que ha llegado a la presidencia sin haber sido elegido por el pueblo en las elecciones (vice)presidenciales. Diputados anteriores, como Johnson, habían sido *compañeros de fórmula* de su predecesor.

Poco después de tomar posesión, Ford indultó a Nixon. Esta decisión fue muy resentida por gran parte del pueblo estadounidense. Ford continuó la política de relajación con la entonces Unión Soviética iniciada por su predecesor. En 1975, permitió que el ejército estadounidense se retirara definitivamente de Vietnam. Durante el mandato de Ford como presidente, Estados Unidos seguía teniendo problemas económicos.

Durante su presidencia, hubo dos intentos de asesinato contra Ford. El 5 de septiembre de 1975, un seguidor de Charles Manson consiguió apuntarle al abdomen con una pistola. Diecisiete días después, se frustró un segundo atentado.

Ford contrató a Henry Kissinger como mediador. Anwar Sadat les convenció a él y a Kissinger para que impulsaran un segundo acuerdo entre Israel y Egipto sobre el Sinaí en 1975. Sin embargo, las negociaciones para este segundo acuerdo fueron mucho más difíciles y duraron varios meses. Tras las conversaciones iniciales con egipcios e israelíes, Ford llegó a la conclusión de que los israelíes no eran tan cooperativos como Egipto. En marzo, pidió una reevaluación de la política estadounidense hacia Israel. Esto provocó la indignación del Senado estadounidense, y Ford moderó su tono a principios del verano. Finalmente, en agosto, se vislumbraba un acuerdo. Kissinger completó el segundo acuerdo de retirada egipcio-israelí, conocido como el Acuerdo Interino del Sinaí o Sinaí II, que Egipto e Israel firmaron el 4 de septiembre. Este acuerdo supuso la retirada de las fuerzas israelíes más al este del Sinaí y la formación de una zona de amortiguación de la ONU en su lugar. Con el acuerdo, Estados Unidos también se comprometió a financiar el establecimiento de tres estaciones tripuladas y tres campos de sensores electrónicos no tripulados en el Sinaí.

En las primarias republicanas de 1976, Ford se impuso por escaso margen al candidato opositor Ronald Reagan, posteriormente presidente. Como candidato presidencial republicano, Ford fue superado por su oponente demócrata Jimmy Carter en las elecciones presidenciales de noviembre de 1976. Las principales razones de la derrota fueron la inminente desaceleración económica y la gratificación de su predecesor Richard Nixon.

Tras su presidencia

En 1980, Ford estuvo a punto de convertirse en el *compañero de fórmula de* Ronald Reagan, pero éste quería nuevos poderes como vicepresidente, especialmente en el ámbito de la política exterior. Por ello, Reagan eligió finalmente a George H.W. Bush. Tras su presidencia, Ford se convirtió en cierto modo en portavoz del ala izquierda de los republicanos; por ejemplo, se pronunció repetidamente contra la prohibición del aborto y a favor de la igualdad de derechos para los homosexuales. Fue uno de los pocos republicanos que se opuso a la destitución del presidente demócrata Bill Clinton.

Tras su presidencia, Ford se hizo buen amigo de Jimmy Carter, el hombre que le derrotó en 1976. Juntos, en el año 2000, intentaron romper el bloqueo que se produjo durante las elecciones presidenciales.

En los últimos años, Ford ha tenido problemas de salud. En 2000, sufrió dos veces un leve derrame cerebral, y en 2004, por primera vez en su vida, no pudo asistir a la Convención Republicana. Posteriormente fue hospitalizado tres veces, incluso por neumonía.

El 26 de diciembre de 2006, Gerald Ford murió a la edad de 93 años. El 30 de diciembre de 2006 hubo seis días de luto nacional en Estados Unidos. El 3 de enero de 2007, Ford fue enterrado.

39. Jimmy Carter (1977-1981)

Partido Demócrata | Vicepresidente: Walter Mondale

"Debemos adaptarnos a los tiempos cambiantes y seguir manteniendo los principios inalterables".

James Earl (Jimmy) Carter Jr. (Plains (Georgia), 1 de octubre de 1924) es un ex político estadounidense del Partido Demócrata. Fue el 39º presidente de los Estados Unidos de 1977 a 1981.

Carter, agricultor de profesión, poseía una plantación de cacahuetes en Georgia y fue gobernador de ese estado de 1971 a 1975. Se presentó a las elecciones presidenciales de 1976 y derrotó al titular, el republicano Gerald Ford. En las elecciones presidenciales de 1980, Carter fue derrotado por el candidato republicano Ronald Reagan.

Tras su presidencia, Carter se dedicó al activismo y escribió más de veinte libros. En 2002, Carter recibió el Premio Nobel de la Paz por su compromiso con los derechos humanos.

Desde el fallecimiento de George H. W. Bush el 30 de noviembre de 2018, Jimmy Carter es el expresidente vivo de mayor edad de los Estados Unidos de América y, a partir del 22 de marzo de 2019, el expresidente de mayor edad de la historia de los Estados Unidos.

Biografía

Presidencia

Carter heredó de sus predecesores gigantescos problemas económicos y financieros. La federación estaba en números rojos debido a la guerra de Vietnam, mientras que la confianza de la población en sí misma se había visto gravemente erosionada. La carga de los intereses, combinada con la crisis del petróleo y la falta de voluntad de las empresas para invertir, provocó un nuevo fenómeno en la economía: la estanflación. Durante el mandato de Carter no se encontró la respuesta a este problema.

Carter tuvo más éxito en su política exterior. Durante su mandato, consiguió mediar en un tratado de paz entre el presidente egipcio Anwar Sadat y el primer ministro israelí Menachem Begin. Esto dio lugar a los Acuerdos de Camp David. Sin embargo, poco después de este éxito, en el último año de Carter en el cargo, 52 ciudadanos estadounidenses y personal militar fueron tomados como rehenes en Irán, en la embajada de Estados Unidos en Teherán. Esta situación de rehenes duró 444 días.

En su política exterior, Carter vio la importancia de los derechos humanos. Esto iba en contra de la política de la administración de Richard Nixon, que a menudo hacía la vista gorda con los regímenes amigos. La administración Carter puso fin al apoyo al dictador nicaragüense Somoza, respaldado por Estados Unidos durante mucho tiempo, y dio a la nueva administración una ayuda millonaria.

El principal choque entre la importancia de los derechos humanos y el interés propio de Estados Unidos surgió de los vínculos de Carter con el Sha de Irán. El Sha había sido, desde la Segunda Guerra Mundial, un fuerte partidario de Estados Unidos en Oriente Medio. Sin embargo, su régimen era brutal y opresivo. Aunque Carter elogió al Sha como un líder sabio y valioso, Estados Unidos no intervino cuando estalló un levantamiento popular contra la monarquía del Sha.

El Sha fue destituido del trono y exiliado. Desde entonces, muchos consideran que la disminución del apoyo estadounidense al Sha fue la causa principal de su rápida revolución. Carter estuvo inicialmente dispuesto a reconocer el movimiento revolucionario, pero sus esfuerzos resultaron infructuosos.

En 1979, el Sha recibió asilo político y tratamiento médico en Estados Unidos. En respuesta, militantes iraníes asediaron la embajada de

Estados Unidos en Teherán para luego tomar como rehenes a 52 estadounidenses y exigir la extradición del Sha a Irán para su juicio y ejecución. A pesar de que el Sha abandonaría Estados Unidos ese mismo año para morir en Egipto, la crisis de los rehenes continuó. Una fallida operación de liberación el 25 de abril de 1980 hizo que los Guardias Revolucionarios se empecinaran aún más, y el tema dominó así el último año de la presidencia de Carter.

Según el asesor de seguridad de Carter, Zbigniew Brzeziński, la invasión soviética de Afganistán en diciembre de 1979 fue una respuesta a la presencia militar estadounidense en ese país. Tras la invasión, Carter anunció la Doctrina Carter, que establecía que Estados Unidos no permitiría que ninguna otra potencia se hiciera con el control del Golfo Pérsico. Otras respuestas de Carter fueron la prohibición de la participación de estadounidenses en los Juegos Olímpicos de Moscú de 1980 y el restablecimiento de la inscripción en el servicio militar.

Para contrarrestar la ocupación soviética de Afganistán, Carter y Zbigniew Brzeziński lanzaron un programa de entrenamiento de 40.000 millones de dólares para fundamentalistas islámicos en Pakistán y Afganistán. En retrospectiva, está bien considerado como la causa de la inestabilidad de los gobiernos afganos postsoviéticos, que condujo al ascenso de la teocracia islámica en la región.

En 1980, Jimmy Carter perdió las elecciones presidenciales frente a Ronald Reagan. Desapareció ingloriosamente de la escena, dadas las tensiones internacionales que se estaban produciendo, como la toma de rehenes en la embajada de Estados Unidos en Irán. Irónicamente, el día que Carter dejó la presidencia, los rehenes en Irán fueron liberados. Más tarde se afirmó que la tardía liberación de los rehenes fue el resultado de un acuerdo entre la campaña de Reagan y el gobierno de Irán, pero esta teoría nunca se demostró.

Tras su presidencia

Tras su carrera presidencial, Carter fue muy apreciado por su labor humanitaria. En 1982 fundó el Centro Carter, dedicado a los derechos humanos, la difusión de la democracia, la resolución de conflictos internacionales y la lucha contra enfermedades como la dracunculosis y la oncocercosis. Se hizo buen amigo de su predecesor Gerald Ford. Juntos, en el año 2000, intentaron desbloquear las elecciones presidenciales.

En 2002, Carter recibió el Premio Nobel de la Paz "por décadas de inquebrantable compromiso con la búsqueda de soluciones pacíficas a los conflictos internacionales y la promoción de la democracia, los derechos humanos y el desarrollo económico y social". Desempeñó un papel de mediador en el conflicto de Ogaden entre Somalia y Etiopía, en Bosnia y Herzegovina y supervisó muchas elecciones, entre otras cosas.

Carter se opuso firmemente a la guerra de Irak de 2003. En marzo de 2004, condenó a George W. Bush y a Tony Blair por librar una guerra innecesaria "basada en mentiras y malas interpretaciones" para eliminar a Saddam Hussein. Afirmó que Blair había permitido que su juicio se viera enturbiado por el deseo de Bush de poner fin a una guerra que había iniciado su padre.

En abril de 2006, Carter, junto con Bill Clinton y Bill Underwood, director de la Universidad de Mercer, inició el *Nuevo Pacto Bautista*. El objetivo del movimiento es mostrar que el bautismo no es idéntico al de la Convención Bautista del Sur, social y culturalmente conservadora, la mayor iglesia protestante de Estados Unidos con 16 millones de miembros. El *Nuevo Pacto Bautista* llama la atención principalmente sobre la reducción de la pobreza, los problemas medioambientales y los conflictos en todo el mundo. También está comprometido con la integración de las iglesias bautistas, que a menudo siguen separadas por la raza. La iniciativa cuenta con el apoyo de unos 20 millones de bautistas estadounidenses. Las propias raíces de Carter están en la Convención Bautista del Sur, pero tiene dificultades con su dirección conservadora. Ha sido profesor de escuela dominical casi toda su vida y sirve como diácono en la Iglesia Bautista Maranatha de su ciudad natal, Plains.

Libro sobre el acuerdo de paz con Palestina

En noviembre de 2006 se publicó el libro *Palestina: Peace not Apartheid* fue publicado. Según Carter, "el objetivo final de mi libro era presentar hechos sobre Oriente Medio que son en gran medida desconocidos en [los Estados Unidos de] América, iniciar el debate y ayudar a reabrir las conversaciones de paz (...)".

Carter sostiene en su libro que "el control y la colonización continuos de Israel sobre las tierras palestinas son los primeros obstáculos para un acuerdo de paz coherente en Tierra Santa". Carter fue quien hizo posible el acuerdo de paz entre Egipto e Israel en 1978, los Acuerdos de Camp David, una paz que desde entonces ha demostrado ser sostenible. Se enfrentó a las críticas por su libro, que según los críticos era selectivo en el uso de los datos históricos y los interpretaba sólo en perjuicio de Israel.

En una visita a Israel en abril de 2015, el primer ministro Benjamin Netanyahu y el presidente Reuven Rivlin se negaron a reunirse con Carter tras consultar con el Ministerio de Asuntos Exteriores y el Consejo de Seguridad Nacional de Israel. Una fuente de seguridad israelí no quiso cooperar con su equipo en relación con su visita a Gaza para calibrar las posibilidades de paz de Hamás.

A partir de 2014

En 2014, Carter, que ahora tiene 90 años, se lanzó a otra campaña. Esta vez no para él, sino para su nieto Jason. Jason fue el candidato demócrata a gobernador de Georgia, pero no fue elegido.

En agosto de 2015, Carter anunció que durante una operación de hígado se le había diagnosticado un cáncer con metástasis en el cerebro y otras zonas. A principios de diciembre de 2015, se comprobó que volvía a estar libre de cáncer. Carter fue tratado con el fármaco pembrolizumab, desarrollado en Oss. Después de febrero de 2016, no fue necesario ningún otro tratamiento.

En octubre de 2017, Carter dijo a un profesor surcoreano que le gustaría mediar en el conflicto con Corea del Norte. Estaría dispuesto a ir a Pyongyang para negociar con el líder norcoreano Kim Jong-un la "paz definitiva". La postura de Carter es contraria a la del gobierno estadounidense. En 2011, Carter, junto con los ex presidentes de Finlandia e Irlanda y un ex primer ministro de Noruega, ya visitó Corea del Norte. En esa ocasión habló con el padre de Kim Jong-un, Kim Jong-il, entre otros.

40. Ronald Reagan (1981-1989)

Partido Republicano | Vicepresidente: George H. W. Bush

"El mejor líder no es necesariamente el que hace las cosas más grandes. Es el que consigue que la gente haga las cosas más grandes".

Ronald Wilson Reagan (Tampico (Illinois), 6 de febrero de 1911 - Los Ángeles, 5 de junio de 2004) fue el cuadragésimo presidente de los Estados Unidos entre 1981 y 1989. Reagan, tras una carrera como actor, se dedicó a la política. Miembro del Partido Republicano, fue el 33º Gobernador de California de 1967 a 1975, antes de convertirse en el 40º Presidente de Estados Unidos como sucesor del demócrata Jimmy Carter y gobernar Estados Unidos durante dos mandatos: de 1981 a 1989.

El primer mandato de Reagan como presidente se caracterizó principalmente por las políticas económicas sobre el terreno, más tarde llamadas *Reaganomics*, con énfasis en los recortes de impuestos para estimular el crecimiento económico, las restricciones a la oferta de dinero para reducir la inflación, la desregulación de la economía, la reducción del gasto público y la limitación del poder de los sindicatos. Fue reelegido presidente en 1984. Su segundo mandato estuvo dominado por acontecimientos exteriores, como el final de la Guerra Fría, el bombardeo de Libia de 1986 llevado a cabo por él mismo, y el descubrimiento del asunto Irán-Contra, que causó un gran daño a la imagen de su gobierno: resultó que se habían suministrado secretamente armas a Irán, con cuyos beneficios se habían financiado insurgentes en Nicaragua. Reagan describió públicamente a la Unión Soviética como "el imperio del mal" y apoyó los movimientos anticomunistas en todo el mundo. Sin embargo, Reagan buscó simultáneamente una salida diplomática a la carrera armamentística entre Estados Unidos y la Unión Soviética; esto dio lugar a la conclusión del Tratado INF, en el que ambos países acordaron destruir un gran número de misiles (nucleares).

Biografía

Jóvenes

Reagan era hijo del vendedor de zapatos y narrador Jack Reagan (de ascendencia irlandesa-católica) y de Nelle Clyde Wilson Reagan (de ascendencia escocesa-inglesa). Nació en Tampico, pero creció en Dixon. Su primer trabajo fue como socorrista en el río Rock en Lowell Park, cerca de Dixon, en 1927. En este puesto rescató a 77 personas, y registró cada intento de rescate haciendo una marca en un trozo de madera. A continuación, disfrutó de su educación en el Eureka College, donde se licenció en economía y sociología. Mientras estaba en la universidad, destacó en política, deportes y teatro, y fue miembro del equipo de fútbol y capitán del equipo de natación. Mientras estaba en la universidad, Reagan lideró una revuelta estudiantil contra el presidente de la universidad.

Carrera de actor

Después de la universidad, Reagan comenzó su carrera en una emisora de radio regional como locutor deportivo. La compañía cinematográfica Warner Bros le ofreció un contrato en 1937; pasó los siguientes años en Hollywood como actor de películas de serie B, en las que, como bromeaba Reagan, los productores *no los querían buenos, sino jueves*. Aunque sus papeles quedaban a menudo eclipsados por los de otros, recibió buenas críticas por sus dotes interpretativas. El primer papel importante de Reagan fue el de protagonista en la película *El amor está en el aire* (1937), y a finales de 1939 había aparecido en 19 películas, incluida *La victoria oscura*. Justo antes de la película *Santa Fe Trail,* interpretó el papel de George "The Gipper" Gipp en el largometraje *Knute Rockne, all American.* Esta película le valió posteriormente el apodo de "The Gipper". En 1941, fue votado como el quinto actor más popular de la nueva generación en Hollywood. El papel favorito de Reagan fue el de un hombre con doble amputación (Kings *Row,* 1942), en el que pronunció las líneas *¿Dónde está el resto de mí?*; posteriormente utilizó estas palabras como título de su autobiografía, que salió a la luz en 1965. Muchos críticos consideran hoy en día que Kings Row es una de las mejores películas de Reagan, aunque el crítico del New York Times Bosley Crowther la criticó, y sin embargo fue nominada a tres Oscars.

Aunque Reagan calificó *Kings Row* como la película que le convirtió en una estrella, no pudo aprovechar el éxito porque fue llamado al servicio activo por el ejército estadounidense en San Francisco; eso ocurrió dos meses después del estreno de la película. Tampoco recuperaría el estatus de estrella en el cine en el futuro. En la posguerra, tras casi cuatro años de servicio en la primera Unidad Cinematográfica de la Segunda Guerra Mundial, reanudó su carrera cinematográfica con *La voz de la tortuga, Juan ama a María, El corazón apresurado, La hora de acostarse de Bonzo, La reina del ganado de Montana*, El *socio de Tennessee, Los gatos del infierno de la marina* y *Los asesinos* (su última película, un remake de 1964). Durante su carrera cinematográfica, solía responder personalmente al correo de sus fans.

Películas

Servicio militar

La carrera de Reagan, como la de muchos otros actores en aquellos años, se vio afectada por la Segunda Guerra Mundial. Justo antes de su estallido, había firmado un contrato que le convertía en uno de los actores mejor pagados de la época. Durante la vigencia de este contrato, estalló la guerra y fue llamado al servicio activo en el ejército estadounidense. Había realizado 14 cursos del Ejército en la década de 1930, durante el tiempo que fue oficial de reserva, y el 29 de abril de 1937 fue incorporado como soldado raso a la tropa B, 322º de caballería en Des Moines. El 25 de mayo de 1937, fue ascendido a subteniente del cuerpo de reserva de oficiales de caballería. Debido a que Reagan tenía mala vista, no fue enviado a Europa, sino que fue desplegado como oficial de enlace en el puerto de San Francisco con la Oficina de Puertos y Transportes.

Reagan solicitó su traslado a la AAF el 15 de mayo de 1942 y fue incorporado a la unidad de Relaciones Públicas de la AAF y, finalmente, colocado en la Primera Unidad de Películas. Reagan regresó a esta unidad al terminar su período de servicio y fue ascendido a capitán el 22 de julio de 1943. Durante este tiempo fue partidario del Partido Demócrata. Mientras servía en la Primera Unidad Cinematográfica, en 1945, participó directamente en el descubrimiento de la actriz Marilyn Monroe. Luego regresó a Fort MacArthur, California, donde dejó el servicio activo el 9 de diciembre de 1945. Al final de la guerra, su unidad había producido más de 400 películas de entrenamiento para la AAF.

Después de la guerra

Al final de la guerra, Reagan se unió al HICCASP (*Comité de Ciudadanos Independientes de las Artes, las Ciencias y las Profesiones de Hollywood*), una asociación progresista de actores de Hollywood que defendía el legado del New Deal del presidente Roosevelt. Su principal miembro, Olivia de Havilland, se opuso a la dirección cada vez más izquierdista del HICCASP en 1946 y recibió el apoyo de Reagan. Cuando se hizo evidente que la organización había sido infiltrada por miembros del Partido Comunista Americano, De Havilland y Reagan dimitieron.

Trabaja para el gremio de actores de cine

Reagan fue elegido por primera vez miembro de la Junta Directiva del Screen Actors Guild en 1941. Tras la Segunda Guerra Mundial reanudó esta labor y en 1946 fue elegido vicepresidente tercero. En 1947, la aprobación de una serie de leyes provocó la dimisión del presidente del SAG y de seis miembros de la junta; Reagan fue elegido presidente en unas elecciones especiales; además, fue elegido para ocupar este cargo durante siete años más, de 1947 a 1952 y en 1959. Dirigió el SAG durante años difíciles, marcados por diversas disputas, la *Ley Taft-Hartley*, las audiencias del *Comité de Actividades Antiamericanas de la Cámara de Representantes* (HUAC) y la era de la Lista Negra. Durante el periodo del Mccarthyismo, dispuso que el FBI obtuviera nombres de actores que creía que eran seguidores del comunismo. Reagan también testificó sobre esto ante el Comité de Actividades Antiamericanas de la Cámara de Representantes. Era un anticomunista acérrimo y expresaba su apoyo a los principios democráticos, sobre los que dijo: "Como ciudadano, *no quiero ver nunca que nuestro país se vea urgido, ya sea por el miedo o el resentimiento hacia este grupo, a comprometer ninguno de nuestros principios democráticos por ese miedo o resentimiento".*

Carrera en General Electric

En 1950, además de su vida de actor, entró a trabajar en la empresa General Electric (electrodomésticos). Se convirtió en la "cara publicitaria" de GE y recorrió el país con un espectáculo itinerante para promocionar sus productos. También trabajó de vez en cuando para la televisión, que entonces era un medio todavía incipiente. Ronald Reagan actuó como "anfitrión" de varios programas de sábado por la noche, siendo el más famoso el GE Theater.

Matrimonios

En 1938, Reagan protagonizó junto a la actriz Jane Wyman (1917-2007) la película *Brother Rat*. Se comprometieron en el Teatro Chicago y se casaron el 26 de enero de 1940 en la iglesia Wee Kirk o' the Heather de Glendale. La pareja tuvo dos hijos, Maureen (1941-2001) y Christine (1947, fallecida al cabo de un día) y adoptó un tercer hijo, Michael (1945). Tras una disputa sobre las aspiraciones políticas de Reagan, Wyman solicitó el divorcio en 1948, citando como motivo las actividades de Reagan para el Screen Actors Guild, que habían creado una distancia insalvable. Reagan fue posteriormente el primer y, hasta la elección de Donald Trump en 2016, el único presidente estadounidense divorciado.

Reagan conoció a la actriz Nancy Davis (1921-2016) en 1949, después de que ella se dirigiera a él en calidad de presidente del Gremio de Actores de Cine para que la ayudara con asuntos relacionados con su aparición en la lista negra de Hollywood (en la lista la habían confundido con otra Nancy Davis). Se casaron discretamente en el Valle de San Fernando el 4 de marzo de 1952. Los únicos invitados fueron el actor William Holden y su esposa Brenda Marshall. Ronald y Nancy tuvieron dos hijos, Patti (1952) y Ron Jr. (1958).

41. George H. W. Bush (1989-1993)

Partido Republicano | Vicepresidente: Dan Quayle

"Mi tío me ofreció un trabajo en Wall Street. Pero yo queria salir. Hacerlo por mi cuenta".

George Herbert Walker Bush (Milton (Massachusetts), 12 de junio de 1924 - Houston (Texas), 30 de noviembre de 2018) fue un político y diplomático estadounidense del Partido Republicano y el 41° presidente de Estados Unidos entre 1989 y 1993.

Empresario de profesión, Bush fue anteriormente miembro de la Cámara de Representantes por el 7° Distrito de Texas de 1967 a 1971, embajador en las Naciones Unidas con el presidente Richard Nixon de 1971 a 1973, embajador en China con el presidente Gerald Ford de 1974 a 1975 y director de la Agencia Central de Inteligencia (CIA) para el presidente Ford de 1976 a 1977. Durante las elecciones presidenciales de 1980, fue el *compañero de fórmula del* candidato a la presidencia Ronald Reagan y luego fue el 43º vicepresidente de los Estados Unidos de 1981 a 1989. Para las elecciones presidenciales de 1988, Bush fue designado candidato presidencial por el Partido Republicano y derrotó al candidato en nombre del Partido Demócrata, el gobernador de Massachusetts Michael Dukakis, tras lo cual Bush prestó juramento como 41º Presidente de los Estados Unidos el 20 de enero de 1989.

Biografía

Jóvenes

Bush nació en una familia política. Su padre, Prescott Bush, fue banquero y senador por Connecticut de 1952 a 1963. Su madre, Dorothy Walker Bush, era hija del rico empresario y banquero George Herbert Walker.

Bush estudió en la Academia Phillips de Andover (Massachusetts), donde se convirtió en uno de los primeros capitanes del equipo local de béisbol.

En 1942, durante la Segunda Guerra Mundial, Bush se incorporó a la Marina de Estados Unidos como piloto de un destructor Grumman TBF Avenger en un portaaviones. En ese momento, era el piloto más joven de la historia. Bush se distinguió en varias ocasiones. Fue derribado por los japoneses durante un ataque a una estación de radio en el Pacífico. Después de que Bush saltara del avión, porque la aeronave se había vuelto irremediablemente incontrolable, Bush golpeó la cola del Grumman con su cabeza. Bush no quedó inconsciente en el impacto y logró abrir su paracaídas. Después de flotar en el mar durante tres horas en una balsa inflable, Bush fue rescatado por el submarino estadounidense USS *Finback*.

Después de la guerra, fue a estudiar ciencias comerciales a Yale, donde se unió a la hermandad Delta Kappa Epsilon y a la sociedad secreta Skull and Bones. El 6 de enero de 1945 se casó con Barbara Pierce. Juntos tuvieron seis hijos, entre ellos George W. y John (Jeb) Bush. En 1948 Bush fue a trabajar al oeste de Texas en la industria petrolera para Dresser Industries. El principal accionista de Dresser era Brown Brothers Harriman & Co., donde Prescott Bush era socio y participaba activamente en la gestión de Dresser. El primer trabajo que le dio el director Henry Neil Mallon fue para la International Derrick and Equipment Company (Ideco) en Odessa. Aunque provenía de una familia acomodada, Bush hacía aquí largas jornadas de trabajo físico para conocer también esta faceta de la industria. En la primera casa, compartían el baño con dos prostitutas, tras lo cual la familia se mudaría dos veces más a Odessa hasta que Bush pudo trabajar en California en 1949. En California, la familia vivió en Ventura, Bakersfield y Compton hasta que regresaron a Texas y se instalaron en Midland. En 1950, Bush y James Overby fundaron la Bush-Overbey Oil Development Company. En 1953, los hermanos Liedtke se unieron a ellos en lo que se convertiría en la Zapata Petroleum Corporation. Al año siguiente se creó la Zapata Off-Shore Company, de la que Bush fue presidente hasta 1966. Así estableció importantes contactos con la familia real de Arabia Saudí y la familia Bin Laden.

Carrera política

En 1964, Bush se presentó como candidato al Senado de EE.UU. por Texas. Al hacerlo, desafió al actual senador demócrata Ralph Yarborough y centró su campaña en su apoyo a la Ley de Derechos Civiles, que pretendía evitar cualquier tipo de discriminación. Esta ley no era nada popular entre los demócratas, especialmente en el sur de EEUU, que votaba mayoritariamente a los demócratas. Yarborough fue uno de los pocos partidarios de la ley allí. Bush jugó con esto, pero aun así perdió.

En 1966 y 1968 tuvo mejor suerte y fue elegido delegado de la séptima circunscripción de Texas en la Cámara de Representantes. En 1970, el presidente Nixon le instó a competir de nuevo por un escaño en el Senado. De nuevo Bush perdió, esta vez frente a Lloyd Bentsen. En 1971 Nixon le nombró embajador en las Naciones Unidas. Mantuvo este cargo hasta 1973. En la época del escándalo Watergate, Nixon le pidió que presidiera el Comité Nacional Republicano (la dirección del partido). Tras la dimisión de Nixon como presidente, su sucesor Gerald Ford nombró a Bush embajador de Estados Unidos en China, cargo que ocupó de 1974 a 1975. A continuación, Bush fue nombrado por el presidente Ford para ser el nuevo director de la CIA. Bush ocupó este cargo desde 1976 hasta la presidencia de Jimmy Carter en 1977.

En 1980, Bush presentó su primera candidatura a la presidencia en las elecciones presidenciales de 1980. Perdió las primarias republicanas frente a Ronald Reagan y se convirtió en su compañero de fórmula. Reagan eligió para ello a George Bush en lugar de Gerald Ford. Junto con Reagan, Bush derrotó al actual presidente Carter y a su vicepresidente Walter Mondale y se convirtió así en vicepresidente de los Estados Unidos. Cuatro años después, en las elecciones presidenciales de 1984, Reagan fue reelegido presidente y Bush obtuvo un segundo mandato como vicepresidente.

Tras ocho años como vicepresidente, Bush volvió a optar a la presidencia en las elecciones presidenciales de 1988. Con el apoyo de Reagan, Bush ganó las primarias republicanas por un amplio margen. Continuó ese éxito contra el candidato demócrata Michael Dukakis y ganó las elecciones junto con su compañero de fórmula Dan Quayle. Bush fue el primer vicepresidente en ejercicio en ser elegido presidente desde Martin Van Buren en 1836.

Presidencia

Como presidente, Bush intentó reconciliarse con los demócratas.

Su primer encuentro con el líder soviético Mijail Gorbachov, en un barco cerca de Malta en diciembre de 1989, fue visto como un nuevo comienzo para unas relaciones más relajadas entre Estados Unidos y la Unión Soviética.

En agosto de 1990, Irak, dirigido por Saddam Hussein, conquistó y ocupó el país vecino de Kuwait. Entonces, Bush, junto con su Secretario de Estado James Baker y con el respaldo del Consejo de Seguridad de la ONU, organizó una coalición internacional, que incluía incluso a estados rivales como Egipto y Siria, que liberó de nuevo el país a principios de 1991 durante la breve Guerra del Golfo .

Ahora que él y su "coalición de voluntarios" habían ganado esta Guerra del Golfo, comprendió que era necesaria una conferencia de paz en Oriente Medio. Con ese fin se comprometió, ahora en la cima de su poder. La conferencia se celebró en Madrid. Israel se sentó por primera vez a la mesa con sus enemigos árabes. Una delegación de palestinos (¡sin partido!) fue acogida por la delegación jordana. (Sin embargo, en última instancia, fue a través de las consultas secretas entre israelíes y palestinos en Oslo que los Acuerdos de Oslo llegaron a un punto muerto.)Con respecto al conflicto israelí-palestino, Bush demostró ser capaz de mostrar un "amor duro" concreto a ambas partes. Es decir, también a Israel. Israel necesitaba mucho dinero para acoger a los numerosos judíos que se les permitió salir de la Unión Soviética. Bush puso como condición para los préstamos baratos de Estados Unidos que Israel no los utilizara para los asentamientos plantados/planificados por Israel en territorio palestino, que Estados Unidos consideraba ilegales. Justo antes de "Madrid" ahora, el primer ministro israelí Yitzhak Shamir pidió un gran préstamo y se enfureció por la condición. Shamir creyó entonces que conseguiría el préstamo a través del Congreso estadounidense por medio del AIPAC. Bush se mantuvo firme y el Congreso se mantuvo al margen, y cuando se concedió el préstamo en la primavera de 1992, fue con la cláusula de que por cada mil millones de dólares de préstamo que se garantizara, Estados Unidos deduciría 200 millones en proporción a la construcción de asentamientos ilegales prevista por Israel.

Bush intentó reducir el enorme déficit presupuestario con severas medidas de austeridad.

Elecciones presidenciales de 1992

En las elecciones presidenciales de 1992, Bush se presentó a un segundo mandato. Para ello, se enfrentó a su contrincante demócrata Bill Clinton y a su compañero de fórmula Al Gore. Un año antes de las elecciones, el éxito de Bush en la Guerra del Golfo parecía asegurar que ganaría las elecciones fácilmente, pero la mala economía redujo su popularidad. A pesar de su promesa de no introducir nuevos impuestos (*Léanme los labios: no hay nuevos impuestos*), se impusieron nuevos impuestos de todos modos. Perdió las elecciones de 1992 por un claro margen de 168 a 370 votos electorales.

Vida posterior

Bush dejó la vida pública, pero siguió activo como ex presidente. Por ejemplo, fue el único ex presidente que ejerció su derecho a recibir informes de la CIA una vez finalizada su presidencia.

Sus hijos continuaron la tradición política: George W. Bush fue el 46º gobernador de Texas desde 1995 hasta que fue elegido como 43º presidente de Estados Unidos en 2000, cargo que ocupó de 2001 a 2009. Jeb Bush fue el 43º gobernador de Florida de 1999 a 2007 e hizo una apuesta (fallida) por la candidatura en las elecciones presidenciales de Estados Unidos de 2016.

En abril de 1993, las autoridades kuwaitíes frustraron un intento de asesinato de Bush mediante una serie de coches bomba. El Servicio de Seguridad iraquí (Jihaz Al-Mukhabarat Al-A'ma) estuvo presuntamente implicado en el atentado. El atentado, por el que fueron detenidas 17 personas, fue respondido dos meses después por el presidente Clinton con el lanzamiento de 23 misiles de crucero contra la sede del Mukhabarat. El hijo George W. Bush -en el período previo a la guerra de Irak- citó este incidente en un discurso de campaña de septiembre de 2002 como motivación personal por la que Estados Unidos debía deponer a Saddam Hussein con las palabras *Después de todo, éste es el tipo que intentó matar a mi padre.*

El 15 de febrero de 2011, George H. W. Bush recibió la Medalla Presidencial de la Libertad de manos del presidente Barack Obama.

En 2014, celebró su 90 cumpleaños con un salto en paracaídas. A finales de ese año, fue ingresado en un hospital de Houston por falta de aire. En julio de 2015, Bush, de 91 años, se rompió una vértebra cervical en una caída. En enero de 2017, volvió a estar en un hospital con problemas respiratorios debido a una neumonía.

En el libro de Mark K. Updegrove *The Last Republicans,* publicado en 2017, Bush declaró que no votó por Donald Trump en las elecciones presidenciales de 2016 en Estados Unidos, sino por su candidata opositora demócrata Hillary Clinton. Sobre Trump, dijo: "No me gusta. No le conozco, pero sé que es un chivo expiatorio". Tras su victoria electoral, Bush envió una felicitación a Donald Trump.

A partir de octubre de 2017, Bush se vio envuelto en una polémica porque varias mujeres lo acusaron de haberlas manoseado lascivamente, sobre todo en oportunidades fotográficas. Su portavoz respondió afirmando que, por un lado, esto se explicaba por el hecho de que Bush está confinado a una silla de ruedas desde hace años y sus brazos llegan a la altura de la cadera como resultado, pero que, por otro lado, Bush se disculpaba si había ofendido a alguien.

Su esposa Barbara Bush falleció el 17 de abril de 2018.

Bush sufría de parkinsonismo vascular, una forma de la enfermedad de Parkinson que le obligaba a utilizar un scooter o una silla de ruedas motorizada desde al menos 2012. Bush murió el 30 de noviembre de 2018, a los 94 años, en su casa de Houston.

42. Bill Clinton (1993-2001)

Partido Demócrata | Vicepresidente: Al Gore

"A todos nos va mejor cuando trabajamos juntos.
Nuestras diferencias importan, pero nuestra
humanidad común importa más".

William Jefferson (Bill) Clinton (Hope (Arkansas), 19 de agosto de 1946) es un político estadounidense del Partido Demócrata. Fue el 42º presidente de los Estados Unidos de 1993 a 2001.

Clinton, abogado de profesión, fue profesor de derecho constitucional en la Universidad de Arkansas de 1973 a 1976. Fue fiscal general de Arkansas de 1977 a 1979 y el 40º y 42º gobernador de Arkansas de 1979 a 1981 y de 1983 a 1992, respectivamente.

En 1992, Clinton, junto con su compañero de fórmula Al Gore, ganó las elecciones de 1992, derrotando al actual presidente George H.W. Bush. En las elecciones de 1996, derrotó al republicano Bob Dole y fue así elegido para un segundo mandato.

Clinton está casado con la ex secretaria de Estado y ex senadora Hillary Clinton. Juntos tienen una hija, Chelsea. Hillary Clinton fue la candidata presidencial en nombre del Partido Demócrata para las elecciones presidenciales de 2016, pero perdió las elecciones frente a Donald Trump.

Biografía

Juventud y matrimonio

Clinton nació como William Jefferson Blythe III el 19 de agosto de 1946 en Hope, Arkansas. Su padre, William Jefferson Blythe, Jr. murió en un accidente de coche tres meses antes de que Clinton naciera. Cuando William tenía cuatro años, su madre se volvió a casar con Roger Clinton, de Hot Springs. Allí también creció William (Bill). Durante su estancia en el instituto local, adoptó el apellido Clinton.

Cuando conoció al Presidente John F. Kennedy durante una visita a la Casa Blanca en 1963 y dio a Martin Luther King su histórico discurso "Tengo un sueño", Clinton decidió seguir una carrera política.

En 1968 se graduó en la Universidad de Georgetown y obtuvo la prestigiosa beca Rhodes en la Universidad de Oxford. En 1973 recibió el título de "Juris Doctor" de la Universidad de Yale.

Mientras estudiaba en Yale, conoció a Hillary Diane Rodham. Se casaron en 1975. Cinco años después, en 1980, nació su única hija, Chelsea Victoria.

Después del asunto Lewinsky, les dijo que se avergonzaba de la relación que había tenido con Lewinsky, y sobre todo de haberla negado explícitamente cuando salió en las noticias.

Los inicios de la carrera profesional

Después de dar clases de derecho durante varios años como profesor asociado en la Universidad de Arkansas, Clinton se convirtió en Fiscal General (Attorney General) de Arkansas.

En 1978, Clinton fue elegido como el 40º gobernador de Arkansas, pero perdió ante su contrincante republicano Frank White en 1980. Clinton pasó los dos años siguientes trabajando en su regreso. En 1982, consiguió ser reelegido como el 42º gobernador. Ocupó el cargo de gobernador de Arkansas durante un total de tres mandatos (en 1981, un mandato era de dos años; después, de cuatro), concretamente de 1979 a 1981, y de 1983 a 1992.

En 1992, Clinton se presentó a la presidencia. Al ganar la Guerra del Golfo, el presidente George H.W. Bush parecía tener asegurada la reelección. Por ello, varios demócratas destacados no se presentaron a las elecciones. En las primarias, Clinton compitió contra Jerry Brown y Paul Tsongas. Clinton ganó las primarias con una amplia mayoría y con ello la nominación del Partido Demócrata. Eligió al senador Al Gore, de Tennessee, como compañero de fórmula.

Gracias en parte a la mala economía (Clinton: "¡Es la economía, estúpido!"), a una subida de impuestos y -no hay que subestimar- a su excepcional encanto y carisma, Clinton ganó las elecciones de 1992 junto con Al Gore.Según los comentaristas, sin embargo, el carisma de Clinton también tenía un lado negativo, que se expresaría dolorosamente durante su presidencia.

Presidencia

Clinton fue el primer demócrata desde Franklin D. Roosevelt en completar dos mandatos completos como presidente.Su elección marcó el fin de una era de dominio de los republicanos, que habían proporcionado el presidente durante los 12 años anteriores y durante 20 de los 24 años anteriores. Esta elección devolvió a los demócratas, por primera vez desde Jimmy Carter, el control total de los tres principales poderes del gobierno federal: las dos cámaras del Congreso y la presidencia.

Inmediatamente después de tomar posesión del cargo, Clinton cumplió una promesa electoral al firmar la llamada "Family and Medical Leave Act" (1993), una ley que obligaba a las empresas de cierto tamaño a conceder a sus empleados permisos no remunerados en caso de problemas médicos o familiares graves. Esto hizo más bien por su popularidad que su reticencia a cumplir otra promesa, la de aumentar la aceptación de personas abiertamente homosexuales en el ejército. Desde la izquierda se criticó que su enfoque era demasiado poco comprometido, mientras que la derecha creía que Clinton entendía poco sobre el ejército. Tras un largo debate, Clinton y el Pentágono se decidieron por la política "Don't ask, don't tell" ("no preguntes, no digas"), que tras un largo debate fue abolida el 22 de diciembre de 2010 bajo la presidencia de Barack Obama.

Con Clinton, a lo largo de la década de los 90, se produjo un crecimiento económico sostenido (que, según la Oficina de Gestión y Presupuesto, comenzó ya en abril de 1991), un descenso del desempleo y un aumento de la prosperidad como resultado del boom de Wall Street. Hasta qué punto esto se debe a Clinton es una cuestión muy debatida. El Congreso y Alan Greenspan, el nuevo jefe de la Reserva Federal nombrado por Clinton, también influyeron positivamente. También influyó la combinación de desarrollos tecnológicos positivos y el estado favorable de la economía mundial, cosas sobre las que Clinton tuvo poca influencia.

Entre 1992 y 1994, los demócratas lograron un gran impacto, pero las llamadas elecciones de "medio término" de 1994 se convirtieron en una tragedia para el partido. Perdieron la mayoría en la Cámara y el Senado por primera vez en 40 años. Esto se debió en gran medida al intento fallido de su compañera, Hillary Clinton, de crear un sistema de salud pública integral.

Tras las elecciones de 1994, la atención se centró principalmente en el "Contrato con América" ("Contract with America") promovido por el "Speaker of the House" (Presidente de la Cámara) Newt Gingrich. El Congreso, de mayoría republicana, se peleó con Clinton por el presupuesto. Clinton fue reelegido en las elecciones de 1996 por un amplio margen a costa del candidato republicano Bob Dole. Los republicanos mantuvieron su mayoría en el Congreso, pero perdieron algunos escaños.

El escándalo Whitewater, el caso Paula Jones, el asunto Lewinsky, la impugnación y la absolución

Gran parte de la presidencia de Clinton se vio ensombrecida por escándalos o falsos escándalos. Kenneth Starr era el *fiscal especial* (*consejero independiente*) que investigaba el escándalo de Whitewater, sobre un acuerdo de tierras fallido años antes, pero este caso se amplió para incluir el suicidio de Vince Foster, amigo de Clinton, y el "Troopergate", un caso que giraba en torno a un "Trooper" (guardia de seguridad) del estado de Arkansas que afirmaba haber organizado encuentros sexuales para Clinton, entonces gobernador. Más tarde, el Trooper se retractó de esas afirmaciones y aseguró haber recibido dinero de la revista conservadora *American Spectator*. Algo similar ocurrió con Jones, que admitió haber recibido dinero de grupos políticos conservadores. El sucesor de Starr, Robert Ray, no procesó ninguna de las acusaciones.

El ámbito de trabajo de Starr se amplió sucesivamente para incluir los dos casos mencionados a continuación.

Paula Jones, una empleada del estado de Arkansas, inició una demanda civil contra Clinton, por un incidente de acoso sexual durante la época en que Clinton era gobernador de Arkansas. Este caso se resolvió posteriormente por 850.000 dólares. Un juez federal condenó a Clinton por desacato (mentir en una declaración) a pagar una multa de 90.000 dólares. Para evitar que se le privara de su derecho a ejercer la abogacía, él mismo renunció a este derecho.

En el contexto de este caso, Clinton fue obligado a nombrar cualquier relación sexual que hubiera tenido en el trabajo, incluidas las de mutuo consentimiento (esto sería lo habitual en un caso como éste). Clinton declaró entonces bajo juramento que no había tenido ninguna relación sexual en el trabajo. Fue acusado de perjurio cuando se descubrió que había tenido una relación sexual con la becaria Monica Lewinsky. Se le volvió a interrogar al respecto (una *declaración (de descubrimiento)*) en enero de 1998, y en agosto de 1998 en un interrogatorio en la Casa Blanca que fue seguido en directo por vídeo en el juzgado por el *gran jurado* de este caso. En enero seguía negando todo, incluso a su esposa e hija. Las *deliberaciones del gran* jurado incluyeron la definición de una relación sexual. Principalmente había recibido sexo oral de Lewinsky (esto se desprende de las declaraciones de Lewinsky, él mismo sólo dijo que era un comportamiento inapropiado), y que no creía que eso entrara en la definición que se le presentó. Por cierto, también le había tocado los pechos, lo que al menos entraba en la definición.

Starr presentó el caso a la Cámara de Representantes de EE.UU. en septiembre de 1998 para la "destitución" de Clinton (un procedimiento de impeachment) por sospecha de perjurio y obstrucción a la justicia (no por la relación en sí, que no era formalmente un problema). La Cámara de Representantes decidió entonces el impeachment. Sin embargo, el Senado decidió el 12 de febrero de 1999, en un juicio que comenzó el 7 de enero de 1999, no condenar a Clinton, permitiéndole terminar su segundo mandato. El Senado necesitaba 67 votos para destituir al presidente. El cargo de perjurio recibió 45 votos a favor y 55 en contra. En cuanto a la acusación de obstrucción a la justicia, los votos se dividieron por igual: 50 a 50.

Después de la destitución

Clinton desarrolló una estrecha relación de trabajo con Tony Blair, que había sido elegido primer ministro británico en 1997. Mostró un interés personal por la cuestión de Irlanda del Norte y visitó la zona en tres ocasiones para promover la paz. Esto condujo a conversaciones entre los dos bandos, que culminaron con la promesa del Ejército Republicano Irlandés, el 23 de octubre de 2001, de desarmarse.

En 1999, Clinton y el Congreso dominado por los republicanos consiguieron equilibrar el presupuesto por primera vez desde 1969.

43. George W. Bush (2001-2009)

Partido Republicano | Vicepresidente: Dick Cheney

George Walker Bush (New Haven (Connecticut), 6 de julio de 1946) es un político estadounidense del Partido Republicano. Entre 2001 y 2009, fue el 43º presidente de los Estados Unidos. De 1995 a 2000, Bush fue el 46º gobernador de Texas.

George W. Bush es el hijo de George y Barbara Bush. Su padre fue el 41º presidente de los Estados Unidos. Bush se licenció en la Universidad de Yale en 1968 y obtuvo un máster en administración de empresas en la Harvard Business School en 1975. Entre esos dos estudios, fue piloto de un F-102, para la Guardia Nacional de Texas.

Bush es descendiente de una familia de políticos. Prescott Bush, el abuelo de Bush, fue senador y su padre fue presidente de 1989 a 1993. Su hermano Jeb fue gobernador de Florida de 1999 a 2007.

George W. Bush se casó en 1977 con Laura Welch, antigua profesora y bibliotecaria. Tienen dos hijas.

Primeros años de vida

Bush nació en el estado de Connecticut, siendo el primer hijo de George H.W. Bush y su esposa Barbara Bush. Cuando tenía dos años se trasladaron al estado de Texas. Se crió en Midland y Houston. El matrimonio Bush tuvo cinco hijos más después de George, Jeb, Neil, Marvin, Dorothy y Robin. Robin murió de leucemia en 1953 a la edad de tres años.

Bush asistió a la Academia Phillips y luego se matriculó en la Universidad de Yale, universidad en la que también había estudiado su padre. En 1968 se licenció en Filosofía y Letras tras estudiar historia. Durante su estancia en Yale, ayudó en varias campañas electorales de los republicanos. En Yale, Bush se hizo miembro de la sociedad privada Skull and Bones. Según el propio Bush, era un estudiante medio.

En 1968, Bush se convirtió en piloto oficial de reserva en la Guardia Nacional de Texas. Durante el resto de su carrera, sería criticado porque su servicio allí fue demasiado corto y por su asistencia irregular. En 1972, fue trasladado a Alabama para que pudiera trabajar en la campaña republicana al Senado de ese país. En 1974, se le concedió permiso para terminar su servicio de seis años seis meses antes para poder estudiar en Harvard.

Durante esta época, Bush tuvo problemas con el alcohol. Más tarde, Bush admitió que había bebido demasiado durante esta época y que había tenido una infancia irresponsable. El 4 de septiembre de 1976, Bush fue detenido por conducir bajo los efectos del alcohol. Fue declarado culpable y no se le permitió conducir hasta 1978. Bush consiguió mantener esto en secreto, durante sus años como gobernador de Texas, pero más tarde saldría a la luz en la prensa.

Después de obtener su MBA en Harvard, Bush se puso a trabajar en la industria petrolera. En 1977, unos amigos le presentaron a Laura Welch, que entonces era profesora y bibliotecaria. La chispa fue inmediata y George y Laura se casaron tres meses después, el 5 de noviembre de 1977 en Midland, Texas. También se fueron a vivir allí y tuvieron gemelos en 1981: Jenna y Barbara.

En 1978, Bush se presentó como candidato a la Cámara de Representantes, pero perdió frente al demócrata Kent Hance. Bush volvió a trabajar en la industria petrolera y trabajó para varias empresas energéticas. En 1986 se despidió definitivamente del alcohol y comenzó a estudiar la Biblia.

Bush se trasladó con su familia a Washington D.C. en 1988, donde apoyó a su padre en su campaña para la presidencia. Junto con Lee Atwater, Doug Wead y Jimbo Oldhand, diseñó una estrategia para ganarse a los votantes conservadores.

Cuando Bush regresó a Texas, compró una participación en el equipo de béisbol Texas Rangers. En 1993, corrió el maratón de Houston justo antes de las elecciones a gobernador.

Gobernador de Texas

Simultáneamente a la elección de su padre a la presidencia en 1988, se especuló con la posibilidad de que George W. Bush se presentara como candidato a gobernador en 1990. Sin embargo, problemas personales y el hecho de que acababa de convertirse en copropietario de los Rangers de Texas lo impidieron. Debido en parte a su éxito con los Rangers, George decidió presentarse a gobernador de Texas en 1994. Su hermano Jeb también se presentó a las elecciones, pero en Florida. Cuando Bush fue elegido con bastante facilidad por los republicanos como nuevo candidato, se enfrentó a la entonces gobernadora Ann Richards.

Bush contó con la ayuda de un grupo de asesores en su campaña, entre ellos Karen Hughes, John Allbaugh y Karl Rove. Su equipo de asesores decidió centrar la campaña en la educación, la delincuencia y la desregulación de la economía. Bush desarrolló una imagen positiva durante las elecciones. La campaña fue criticada por utilizar métodos controvertidos para atacar las políticas de Richards. Debido a su impresionante actuación durante los debates, la popularidad de Bush creció.

Como gobernador, mejoró las escuelas y reformó el sistema judicial. Durante su mandato, se ejecutaron 152 presos, más que durante cualquier otro gobernador.

En 1998, Bush fue reelegido con una mayoría del 69% de los votos. Esto le convirtió en el primer gobernador de Texas elegido para dos mandatos de cuatro años (antes de 1975 había mandatos de dos años).

Elecciones presidenciales

Elecciones presidenciales 2000

En las elecciones presidenciales de 2000, Bush fue elegido presidente con un margen muy estrecho de victoria sobre el candidato demócrata y actual vicepresidente Al Gore. Bush obtuvo 271 votos electorales frente a los 266 de Gore. Debido a la escasa diferencia, el proceso de recuento de votos fue especialmente difícil en el estado de Florida. Hubo un gran revuelo en el estado de Florida: algunos de los votos en algunos distritos fueron declarados inválidos porque se dijo que los votantes eran delincuentes (los autores de ciertos tipos de delitos pierden su derecho a votar en los Estados Unidos). También se dijo que los formularios de votación en un condado eran poco claros, lo que habría provocado que muchas personas votaran de forma incorrecta, y que en otros lugares no todos los votos habían sido contados correctamente por las máquinas, lo que hizo necesario un recuento manual. Gore acudió al Tribunal Supremo de Florida para solicitar dicho recuento, pero sólo para cuatro condados concretos (concretamente los condados en los que se sabía que la mayoría de los votantes registrados eran demócratas), y se le concedió.

Entonces Bush argumentó en una petición al mismo tribunal que el recuento en sólo cuatro condados seleccionados no está permitido por la ley electoral de Florida y que, por tanto, el recuento debería detenerse, o al menos llevarse a cabo en *todos los* condados. Este argumento fue rechazado, por lo que Bush acudió al Tribunal Supremo Federal de Estados Unidos para detener los recuentos locales. (No había tiempo suficiente para un recuento general según la ley electoral de Florida). En una decisión de 5-4, el Tribunal Supremo Federal falló a favor de Bush.

Al final, gracias a una diferencia de 537 votos en Florida, Bush obtuvo la mayoría absoluta de los votos en el Colegio Electoral y fue así elegido el 43º presidente de los Estados Unidos. Como en otras cinco elecciones de la historia de Estados Unidos, Bush no obtuvo la mayoría de los votos, pero aun así ganó la elección presidencial, porque en las elecciones presidenciales se trata de conseguir el mayor número posible de votos electorales.

Elecciones presidenciales 2004

En las elecciones presidenciales del 2 de noviembre de 2004, Bush ganó por 286 votos electorales frente a los 251 de su oponente John Kerry (51% de los votos frente al 48%). Los republicanos también reforzaron su dominio en el Congreso, con la obtención de sendos escaños en la Cámara de Representantes y en el Senado. La estrategia política para la reelección de Bush fue determinada en parte por Karl Rove, considerado un asesor clave del Presidente Bush. El segundo y último mandato de Bush terminó el 20 de enero de 2009.

Al igual que en las elecciones presidenciales de 2000, hubo ruidos de fraude electoral, esta vez supuestamente ocurrido en el estado de Ohio. Sin embargo, estos ruidos no fueron tan fuertes como en 2000. Además, al contrario que en 2000, los resultados fueron abrumadoramente favorables a los republicanos.

Presidencia

Aunque Bush fue elegido con un programa que incluía la mayoría de las políticas nacionales, como la reducción de impuestos y otras cuestiones sociales y económicas, fueron los atentados del 11 de septiembre de 2001 los que definirían la presidencia de Bush más que ningún otro acontecimiento.

Política exterior y seguridad

Uno de los pilares de la política exterior de Bush es la llamada *Doctrina Bush*, que establece que Estados Unidos no distinguirá entre terroristas y quienes albergan a terroristas.

Protocolo de Kioto

Durante su primera visita presidencial a Europa en junio de 2001, Bush fue criticado por los líderes europeos por su rechazo al Protocolo de Kioto, que pretende reducir las emisiones de dióxido de carbono que contribuyen al calentamiento global. Mientras los representantes de Estados Unidos y otros países seguían negociando el Protocolo de Kioto, el Senado estadounidense había exigido en una votación de 95-0 en 1997 que el protocolo incluyera compromisos vinculantes para los países en desarrollo. Aunque el protocolo fue firmado simbólicamente en 1998 por Peter Burleigh, embajador en funciones de Estados Unidos ante las Naciones Unidas, nunca fue propuesto al Senado para su ratificación por el entonces presidente Bill Clinton. En 2002, Bush protestó enérgicamente porque el tratado sería perjudicial para el crecimiento económico: "Mi enfoque reconoce que el crecimiento económico es la solución, no el problema". El gobierno de Bush también cuestionó la base científica del tratado. En noviembre de 2004, Rusia ratificó el tratado, alcanzando el número mínimo de países necesarios para que el protocolo entrara en vigor sin Estados Unidos.

Acero

La imposición por parte de Bush de aranceles al acero importado fue controvertida, dada la política de libre mercado de Bush, y fue criticada tanto por sus compañeros conservadores como por los países implicados. El arancel sobre el acero se derogó posteriormente por la presión de la Organización Mundial del Comercio.

Madera blanda

Canadá y Estados Unidos están en conflicto por el comercio de madera blanda desde principios de los años ochenta. Un acuerdo firmado en 1996 expiró en 2001 y el conflicto volvió a estallar cuando los dos países no pudieron acordar un nuevo trato. El gobierno de Bush impuso entonces un arancel a la importación de madera blanda canadiense que fue declarado ilegal por el TLCAN en 2003. En la misma decisión, además, el TLCAN dictaminó que Canadá subvencionaba injustamente su industria de madera blanda. Organizaciones internacionales como el GTO y el TLCAN emitieron sentencias contradictorias y no fue hasta julio de 2006 cuando la administración Bush llegó a un acuerdo con el gobierno canadiense en el que se satisfacían parcialmente los deseos de Canadá, aunque Estados Unidos no tendría que devolver todos los impuestos a la importación recaudados.

América Latina

Durante su campaña de 2000, la plataforma de política exterior de Bush incluía el apoyo a una relación económica y política más fuerte con América Latina, especialmente con México, y la reducción de la participación en compromisos civiles y militares a pequeña escala. En Colombia, Bush ve un fuerte aliado regional en la lucha contra el terrorismo, mientras que el presidente populista venezolano Hugo Chávez, al que Bush se dirigió de forma muy poco diplomática en las Naciones Unidas, es visto como una influencia perturbadora. Con varios países de América Latina, Bush está intentando negociar acuerdos de libre comercio.

Afganistán

Tras los atentados terroristas del 11 de septiembre de 2001, en los que murieron casi 3.000 estadounidenses, la política exterior de Bush se centró mucho más en Oriente Medio. Poco después de los atentados, Bush lanzó una invasión estadounidense de Afganistán para derrocar al régimen talibán por albergar a Osama bin Laden. Los talibanes se negaron a entregar incondicionalmente a Bin Laden, así como a cerrar los campos de entrenamiento del grupo terrorista, por lo que Estados Unidos, junto con sus aliados, intervino militarmente. Esta acción recibió un fuerte apoyo internacional y los talibanes cayeron poco después de la invasión.

Los esfuerzos de reconstrucción bajo el mando del presidente afgano Hamid Karzai, en concierto con las Naciones Unidas, tuvieron resultados dispares; en ese momento no se encontró a Bin Laden. Diez años más tarde, bajo la administración del presidente Barack Obama, Estados Unidos consiguió localizar a Bin Laden y matarlo en la villa de Pakistán donde residía entonces. A día de hoy, un importante contingente de tropas y asesores estadounidenses se encuentra en Afganistán, y parte del país sigue sin estar en paz.

Tratado sobre los misiles

El 14 de diciembre de 2001, Bush retiró a su país del tratado de misiles antibalísticos de 1972, que había sido la base de la estabilidad nuclear entre Estados Unidos y la Unión Soviética durante la Guerra Fría, y que ya no consideraba relevante. Desde entonces, Bush ha concentrado sus recursos en un sistema de defensa contra misiles balísticos. El sistema propuesto ha sido objeto de muchas críticas científicas. Las pruebas realizadas en este ámbito han sido variadas, con éxitos y fracasos. Está previsto que comience a desplegarse en 2005. Un sistema de defensa contra misiles balísticos no detendrá los misiles de crucero ni los misiles transportados por un barco o un vehículo terrestre. Por lo tanto, los críticos del sistema argumentan que es un error costoso, ya que se construye para el ataque menos probable, un misil balístico con armas nucleares. Bush también gasta en investigación y desarrollo militar y en la modernización de los sistemas de armas, pero canceló programas como el sistema de artillería motorizada Crusader. En un principio, también se inició la investigación sobre misiles nucleares que se infiltran en los búnkeres.

Iraq

Desde el establecimiento de la política en la Ley de Liberación de Irak de 1998, Estados Unidos declaró que despojaría a Saddam Hussein del poder en Irak. Tras los atentados terroristas del 11 de septiembre de 2001, el gobierno de Bush declaró que la situación en Irak se había vuelto grave. Afirmó que el régimen de Saddam había intentado adquirir material nuclear y no había dado cuenta adecuadamente del material biológico y químico que podía poseer, incluidas las posibles armas de destrucción masiva, en violación de las sanciones de la

ONU. Seguía existiendo un prolongado debate entre partidarios y detractores de la guerra sobre las pruebas que tenían Estados Unidos y sus aliados de que Irak tenía armas de destrucción masiva y vínculos con organizaciones terroristas.

Bush afirmó que Saddam podía proporcionar armas de destrucción masiva a terroristas como Al Qaeda. A partir de 2002 y con múltiples grados en la primavera de 2003, Bush presionó a la ONU para que actuara en sus mandatos de desarme a Irak, lo que condujo a la crisis de desarme de Irak. Comenzó presionando para que se renovaran las inspecciones de armas de la ONU en Irak, para lo cual la ONU instituyó la Resolución 1441 del Consejo de Seguridad. Hans Blix y Mohamed ElBaradei dirigieron a los inspectores de armas de la ONU en Irak. Hubo algunos lapsos de cooperación y restricciones impuestas a las inspecciones por el gobierno iraquí, lo que dio lugar a un intenso debate sobre la eficacia de las inspecciones. La creciente presión de Estados Unidos en la primavera de 2003 obligó a los inspectores de armas de la ONU a poner fin a las inspecciones. Tras su detención, Saddam seguía afirmando que no tenía armas de destrucción masiva y que no dejaría entrar a los inspectores en las zonas presidenciales por motivos de privacidad.

En la administración Bush, el Secretario de Estado Colin Powell insistió en que Estados Unidos no entraría en guerra sin la aprobación de la ONU. La administración exploró la posibilidad de obtener una resolución del Consejo de Seguridad de la ONU que autorizara el uso de la fuerza militar según la Carta de las Naciones Unidas, pero abandonó la idea porque la mayoría de los miembros del Consejo de Seguridad se oponían a la idea y había una amenaza pública de veto por parte de Francia. En su lugar, Estados Unidos reunió a un grupo de unos cuarenta países, entre ellos el Reino Unido, España, Italia, Polonia y los Países Bajos, en la "coalición de los dispuestos".

La coalición invadió Irak el 20 de marzo de 2003, alegando numerosas resoluciones del Consejo de Seguridad sobre Irak (715, 778, 1060, 1150, 1205 y 1441), así como la falta de cooperación actual y pasada de Irak con esas resoluciones, la negativa intermitente de Saddam a cooperar con los inspectores de armas de la ONU, la acusación de que Saddam intentó asesinar al ex presidente George H.W. Bush en Kuwait y la violación de Saddam de los tratados de alto el fuego de 1991. La coalición afirmó que estas resoluciones autorizaban el uso de la fuerza. Otros líderes mundiales, como el Secretario General de las Naciones Unidas, Kofi Annan, no estuvieron de acuerdo y calificaron la guerra de ilegal. El principal objetivo declarado de la guerra era impedir que Irak fabricara y desarrollara armas de destrucción masiva mediante la eliminación de Saddam del poder.

La coalición tuvo un gran éxito contra las fuerzas iraquíes armadas convencionalmente y pronto consiguió la superioridad militar en todo el país. Sin embargo, tras el fin declarado de las principales operaciones de combate el 1 de mayo de 2003, los insurgentes causaron muchos más problemas de los que los dirigentes estadounidenses habían previsto. El apoyo de la opinión pública estadounidense a la política de Bush en Irak disminuyó a medida que continuaban los combates. Además, un informe elaborado por personas de ambos partidos políticos de la comunidad de inteligencia no encontró pruebas creíbles de que Saddam Hussein poseyera armas de destrucción masiva, aunque el informe sí concluyó que el gobierno de Hussein estaba tratando activamente de adquirir tecnología que permitiera a Irak producir armas de destrucción masiva una vez que se levantaran las sanciones de la ONU.

El informe tampoco encontró "ninguna asociación" entre Saddam Hussein y Al Qaeda. No obstante, Bush siguió defendiendo su decisión, argumentando que "el mundo es más seguro hoy". Sin embargo, seguían existiendo dudas sobre la formación sesgada o la distorsión de los informes de inteligencia previos a la guerra, la democratización de Oriente Medio, su relación con la "lucha contra el terrorismo", la relación de Estados Unidos con las potencias europeas y el papel y la función de las Naciones Unidas, la reconstrucción de Irak y el efecto en países cercanos como Irán, Siria, Líbano y Turquía. En diciembre de 2006, Bush admitió por primera vez que no estaba ganando en Irak.

En respuesta al continuo deterioro de la situación en Irak, Bush anunció el 10 de enero de 2007 un fuerte aumento del número de tropas estadounidenses en Irak, conocido como aumento de *tropas*. Una vez completado el aumento de tropas, en el verano de 2007, la violencia en Irak comenzó a disminuir considerablemente. Los críticos de Bush citaron la falta de progreso político y siguieron protestando por su política en Irak.

Segundo discurso de investidura

Bush utilizó su segundo discurso de investidura en 2005 para dar su visión de la difusión de la democracia en el mundo. Afirmó que la política de Estados Unidos sería promover la difusión de los valores democráticos con el objetivo de "acabar con la tiranía en el mundo". Afirmó además que mantener "la libertad en nuestro país depende cada vez más del éxito de la libertad en otros países". Los críticos calificaron el discurso de demasiado idealista y vago, mientras que los partidarios alabaron la visión de Bush.

Israel y Palestina

Durante los primeros años de su presidencia, Bush dedicó relativamente poco tiempo al conflicto palestino-israelí. Se negó categóricamente a tratar con el antiguo líder de la OLP, Yasser Arafat, y esperó a un nuevo liderazgo palestino.

En mayo de 2003, el Cuarteto (Estados Unidos, la UE, Rusia y la ONU) presentó la Hoja de Ruta para la Paz. El objetivo era alcanzar una solución al conflicto para 2005. En 2006, tras las elecciones, Hamás llegó al poder. Tras el fracaso de las negociaciones con Al Fatah, Hamás formó el gobierno (ANP). Debido a que Hamás era considerada una organización terrorista, el cuarteto inició un boicot a la Autoridad Nacional Palestina. Hamás se negó a reconocer a Israel, a reconocer los acuerdos alcanzados y a renunciar a la violencia contra Israel.

En 2005, Bush se convirtió en el primer presidente estadounidense en expresar abiertamente su apoyo a un "Estado palestino democrático que coexista pacíficamente con un Israel seguro". En noviembre de 2007, Bush convocó una conferencia en Annapolis (Maryland) a la que asistieron Israel, los palestinos y otros países árabes. Bush dijo que su objetivo era alcanzar un acuerdo de paz definitivo entre Israel y los palestinos para finales de 2008.

Gastos militares

De los 2,4 billones de dólares del presupuesto de 2005, unos 401.000 millones se destinan a la defensa (16,7%). Ajustado a la inflación, este presupuesto militar es más alto que en la década de 1990, pero más o menos comparable a la media durante la Guerra Fría.

Ideología política

A Bush se le describe generalmente como conservador o "conservador compasivo"; este último es un término que ha utilizado en referencia a sí mismo. Los conservadores han criticado a Bush por su voluntad de mantener grandes déficits presupuestarios. En su primer documento político de 2005, esbozó su nueva política exterior como "Estrategia de Seguridad Nacional". Los partidarios de Bush consideran que el rechazo a las políticas de "equilibrio de poder" y la redefinición del

papel de Estados Unidos en el foro internacional es una política
necesaria. Los críticos de Bush la ven como una retirada de Estados
Unidos del foro internacional.

Política interior

Iniciativas de carácter religioso

A principios de 2001, Bush, con la ayuda de los republicanos en el
Congreso, modificó la ley que regula el modo de control, los impuestos
y la financiación por parte del gobierno federal de las iniciativas
benéficas y sin ánimo de lucro de las organizaciones religiosas.
Aunque antes de la legislación era posible que estas organizaciones
recibieran ayuda federal, la nueva legislación ya no exige que estas
organizaciones separen sus funciones caritativas de las religiosas.
Bush ofreció un puesto dentro de la Casa Blanca para las iniciativas y
comunidades religiosas. Varias organizaciones, como la Unión
Americana de Libertades Civiles (ACLU), criticaron el programa de
iniciativas religiosas de Bush, por considerarlo una violación del
principio de separación de la Iglesia y el Estado.

Diversidad

Bush se opuso a la mayoría de las formas de acción afirmativa, pero
expresó su aprobación de una sentencia del Tribunal Supremo federal
que permitía seguir seleccionando a los solicitantes universitarios en
función de la diversidad. Bush se ha reunido con la Liga Urbana
Nacional como presidente. En 2000, habló en Baltimore como
candidato presidencial ante la conferencia anual de la NAACP

Colin Powell se convirtió en el primer Secretario de Estado negro en el
primer mandato de Bush. En 2005, Powell fue sucedido por
Condoleezza Rice, la primera mujer negra en el mismo cargo.

Bush se opone al matrimonio entre personas del mismo sexo y apoyó
una propuesta para enmendar la Constitución de Estados Unidos de
modo que el matrimonio se defina como la unión de un hombre y una
mujer. Esto debería hacer imposible que los estados individuales
legalicen el matrimonio entre personas del mismo sexo en sus leyes.
Sin embargo, Bush sí quiere dejar margen para que los estados
reconozcan los contratos de convivencia civil.

Durante el primer mandato de Bush, Michael Guest se convirtió en el
primer embajador abiertamente gay (en Rumanía). (El primer
embajador abiertamente gay, James Hormel, había recibido un

nombramiento por receso de Bill Clinton cuando el Senado no lo confirmó).

Economía

Durante su primer mandato como presidente, Bush consiguió que el Congreso aprobara tres importantes recortes fiscales que aumentaban la rebaja del impuesto sobre la renta para las parejas casadas, eliminaban el impuesto sobre el patrimonio y también reducían otros tipos impositivos marginales. Estos recortes fiscales expirarán en su forma actual al cabo de una década. Bush ha pedido al Congreso que haga permanentes estos recortes fiscales. Según el Centro de Prioridades Presupuestarias y Políticas, estos recortes fiscales han reducido los ingresos federales totales de 2003 como porcentaje del producto interior bruto (PIB) al nivel más bajo desde 1959.

El efecto de estos recortes de impuestos, combinado con el aumento simultáneo del gasto, tuvo que crear déficits presupuestarios. En el último año de la presidencia de Clinton, el presupuesto federal registró un superávit anual de más de 230.000 millones de dólares. Con Bush, volvió el déficit presupuestario. El déficit anual alcanzó niveles récord de 374.000 millones de dólares en 2003 (ajustados a la inflación) y 413.000 millones en 2004. Sin embargo, como porcentaje del PIB, estos déficits fueron menores que el récord establecido después de la Segunda Guerra Mundial como resultado de las políticas fiscales de Ronald Reagan en la década de 1980. En una carta abierta de 2004, más de 100 profesores de finanzas y economía atribuyeron el "giro fiscal" a las políticas de Bush de *recortes de impuestos que benefician principalmente a la parte superior de la pirámide de ingresos. "*

Los partidarios de Bush replicaron que, principalmente como resultado de la duplicación del valor del crédito fiscal por hijos, *"7,8 millones de familias de ingresos bajos y medios vieron cancelada la totalidad de su deuda tributaria como resultado de los recortes fiscales."* Además, el gobierno de Bush tuvo que hacer frente a una combinación única de factores negativos, como el fin del bombo de Internet, varios escándalos contables, las secuelas de la crisis asiática y la conmoción de la confianza de los consumidores tras el 11-S, todo lo cual había dañado gravemente la economía mundial. Las políticas de Bush mantuvieron el consumo en Estados Unidos. Esto benefició tanto a la economía estadounidense como al resto del mundo.

Según la previsión "de referencia" de ingresos y gastos federales de la Oficina Presupuestaria del Congreso (CBO; en sus Proyecciones Presupuestarias de Referencia de enero de 2005), la tendencia al aumento de los déficits durante el primer mandato de Bush cambiaría a la reducción de los déficits durante su segundo mandato. Según esta proyección, el déficit será de 368.000 millones de dólares en 2005, 261.000 millones en 2007 y 207.000 millones en 2009, con un pequeño superávit en el año 2012. Sin embargo, la CBO señaló que esta proyección *"excluye una parte significativa de los gastos de este año -y quizás de años futuros- para las acciones militares de Estados Unidos en Irak y Afganistán y para otras actividades relacionadas con la 'lucha contra el terrorismo' mundial"*. La proyección también supone que los recortes fiscales de Bush expirarán el 31 de diciembre de 2010, tal como establece la ley. Sin embargo, si -como anunció Bush- los recortes fiscales continúan, entonces las "proyecciones presupuestarias para 2015 cambiarán de un superávit de 141.000 millones de dólares a un déficit de 282.000 millones".

Tras la publicación del último informe sobre el empleo antes de las elecciones de 2004, los partidarios de Kerry siguieron criticando a Bush por ser el primer presidente estadounidense después de Herbert Hoover durante cuyo mandato se había producido una pérdida neta de puestos de trabajo. Al incluir las cifras de noviembre y diciembre, Bush consiguió llegar a un crecimiento neto del empleo durante su primer mandato.

Servicios sociales

Bush ha propuesto cambios significativos en la Administración de la Seguridad Social de Estados Unidos (Social Security), cuestión que identifica como una prioridad para su segundo mandato. En 2005, Bush hizo una propuesta para reducir progresivamente las exenciones fiscales de la Seguridad Social e incluir una privatización parcial en el plan de jubilación, permitiendo a los trabajadores individuales invertir una parte de sus impuestos de la Seguridad Social en cuentas personales de jubilación. La mayoría de los demócratas y muchos republicanos son críticos con estas ideas, en parte por el coste necesario del plan (1 billón de dólares o más) para pagar la transición y por los problemas que surgieron en la financiación del plan de pensiones privatizado en el Reino Unido.

Salud

Bush firmó la Ley de Mejora y Modernización de los Medicamentos Recetados de Medicare de 2003, que añadió la cobertura de medicamentos recetados al programa de Medicare de Estados Unidos, subvencionó a las empresas farmacéuticas e impidió que el Gobierno Federal negociara descuentos con las empresas farmacéuticas.

Bush está a favor de la vida (de la protección de la vida humana desde la concepción). Su objetivo, dice, es promover la cultura de la vida.

Educación

En enero de 2002, Bush firmó la Ley Que Ningún Niño Se Quede Atrás, que se centra en el apoyo al aprendizaje temprano. La ley regula la medición del rendimiento de los estudiantes, ofrece opciones políticas para abordar las escuelas que fracasan y asegura más recursos para las escuelas. Los críticos, entre los que se encuentran el senador Kerry y la Asociación Nacional de Educación, afirman que las escuelas no están recibiendo los recursos necesarios para cumplir las nuevas normas, a pesar de que el Comité de Educación de la Cámara de Representantes afirmó en junio de 2003 que en tres años, bajo la administración Bush, el presupuesto del Departamento de Educación se ha incrementado en 13.200 millones de dólares. Los gobiernos de algunos estados de EE.UU. se niegan a aplicar las disposiciones de la Ley hasta que no reciban fondos suficientes.

Ciencia

El 19 de diciembre de 2002, Bush firmó la ley H. R. 4664, que da un gran impulso a la Fundación Nacional de la Ciencia (NSF) para duplicar su presupuesto en cinco años y crear nuevas iniciativas para las matemáticas y la ciencia, tanto a nivel preuniversitario como universitario.

Algunos científicos están molestos por las restricciones a la inmigración derivadas de consideraciones de seguridad nacional, con la consecuencia no deseada de la disminución de la inmigración de científicos extranjeros.

Bush se opone a la investigación con células madre embrionarias y sólo pone a su disposición fondos limitados. La financiación federal para la investigación con células madre embrionarias se introdujo bajo la administración Clinton (el 19 de enero de 1999), pero no se podía gastar el dinero hasta que se publicaran las directrices. Las directrices se publicaron con Clinton (el 23 de agosto de 2000). Permitían el uso de embriones congelados no utilizados. El 9 de agosto de 2001, antes de que se concediera ninguna financiación, Bush anunció cambios en las directrices que sólo permitirían el uso de las líneas de células madre existentes.

Aunque Bush afirmó que ya existían más de 60 líneas de células madre embrionarias financiadas con fondos privados para la investigación, los científicos afirmaron en 2003 que sólo había 11 líneas utilizables; a esto le siguió en 2005 el anuncio de que todas las líneas con financiación federal aprobada estaban contaminadas y no eran utilizables. La financiación de la investigación con células madre adultas no estaba restringida.

En febrero de 2004, más de 5.000 científicos -entre ellos 48 premios Nobel- de la Unión de Científicos Preocupados firmaron una declaración "en la que se oponen al uso que hace la administración Bush del asesoramiento científico del gobierno". Argumentaron que "la administración Bush ha ignorado el asesoramiento científico imparcial en la elaboración de políticas que son tan importantes para nuestro bienestar colectivo".

El 14 de enero de 2004, Bush anunció un importante aumento del presupuesto de la NASA en su "visión de la exploración espacial". En ella, pedía el regreso a la Luna para 2020, la finalización de la Estación Espacial Internacional (ISS) para 2010 y, finalmente, el envío de astronautas a Marte. Aunque el plan tuvo una acogida generalmente tibia, el presupuesto se aprobó con algunos cambios menores tras las elecciones de noviembre. En enero de 2005, la Casa Blanca publicó un nuevo documento en el que se describía la política espacial de la administración y se vinculaba el desarrollo de las capacidades de transporte espacial a los requisitos de seguridad nacional.

Medio ambiente

Las políticas medioambientales del gobierno de Bush han sido criticadas por la mayoría de los ecologistas, que argumentaron que las políticas de Bush cedieron a las demandas de la industria para debilitar las protecciones medioambientales. Sin embargo, dos leyes importantes encontraron poca resistencia en 2002: la Ley del Legado de los Grandes Lagos, que autoriza al gobierno federal a empezar a limpiar la contaminación y los sedimentos contaminados en los Grandes Lagos, y la Legislación de los Campos Marrones, que acelera la limpieza de los emplazamientos industriales abandonados y los "campos marrones" (instalaciones de almacenamiento de materiales peligrosos abandonadas, gasolineras y similares).

En diciembre de 2003, Bush firmó leyes para aplicar los puntos clave de su "Iniciativa de Bosques Saludables". Los grupos ecologistas argumentaron que este plan equivalía simplemente a regalar los bosques a los aserraderos. Por su parte, Bush insistió en la extracción de petróleo de grandes yacimientos en el ecológicamente sensible Refugio Nacional de Vida Silvestre del Ártico, una reserva natural por encima del Círculo Polar Ártico. Esta zona está considerada como el último espacio natural prístino de Estados Unidos. La mayor parte del petróleo extraído aquí se envía a otros países, como Japón, donde las compañías petroleras estadounidenses pueden obtener mayores beneficios. La venta al extranjero de este petróleo aumentó la polémica, ya que antes se argumentaba que la perforación en esta zona reduciría la dependencia de Estados Unidos de la energía fósil extranjera. Otro tema controvertido fue la "Iniciativa del Aire Limpio"; los opositores decían que la iniciativa permitiría a las empresas de servicios públicos aumentar realmente el nivel de sus emisiones contaminantes.

Bush se opuso al Protocolo de Kioto porque creía que perjudicaría a la economía de Estados Unidos. Los grupos ecologistas señalaron, sin embargo, que muchos funcionarios de la administración Bush, además de los propios Bush y Cheney, tenían vínculos con la industria energética, la industria del automóvil y otros grupos que luchaban contra la protección del medio ambiente. El propio Bush dijo que su razón para no apoyar el Protocolo de Kioto era que era excesivamente estricto con Estados Unidos, pero que al mismo tiempo dejaba prácticamente intactos a otros grandes países como China e India. Bush declaró que China es el segundo mayor productor de gases de efecto invernadero. Sin embargo, China quedó completamente exenta de los requisitos del Protocolo de Kioto". También expresó sus dudas sobre la base científica del calentamiento global antropogénico y pidió más investigación para determinar su validez.

A principios de 2005, la Casa Blanca anunció que la administración Bush estaba ahora convencida de la existencia del efecto invernadero. El gobierno de Bush declaró que quería "buscar soluciones tecnológicas para combatir la contaminación sin restringir la industria".

Inmigración

Bush, que en general era partidario de las fronteras abiertas, hizo de la liberalización de la política de inmigración de Estados Unidos una de las prioridades de su segundo mandato. Propuso una ley de inmigración que ampliaría en gran medida el uso de visados para trabajadores invitados. Su propuesta vincularía a los empresarios con los trabajadores extranjeros por un periodo de hasta 6 años. Durante este periodo, los inmigrantes podrían solicitar la residencia permanente, lo que a menudo podría llevar años. Bush se opuso a una amnistía general para los extranjeros que residen ilegalmente. Consideraba que perjudicaba a los inmigrantes que intentaban entrar en el país de forma honesta.

Comercio

Los gravámenes arancelarios de Bush sobre el acero importado y la madera blanda canadiense fueron controvertidos, dada su ideología formalmente profesada de políticas de libre mercado, y suscitaron críticas de sus compañeros conservadores y de los países influenciados. El arancel sobre el acero se anuló posteriormente por la presión de la Organización Mundial del Comercio.

El Presidente Bush se ha negado a actuar contra el robo de la propiedad intelectual por parte de las empresas de China, como permiten las disposiciones del "Acuerdo sobre los Aspectos Comerciales del Derecho de la Propiedad Intelectual" de la Organización Mundial del Comercio.

Deuda pública

La deuda nacional aumentó considerablemente en el periodo 2000-2008. Esto se debe principalmente al déficit presupuestario. En 2008, por ejemplo, la administración Bush tuvo que hacer frente a un déficit de 277.000 millones de euros (410.000 millones de dólares). Este déficit presupuestario se debió principalmente a las guerras de Irak y Afganistán. La administración Bush cubrió el déficit presupuestario aumentando la deuda nacional, China y otras nuevas economías compraron muchos de esos bonos del Estado.

Katrina

En 2005, el huracán Katrina asoló las costas de Luisiana, Misisipi y Alabama, causando daños considerables. La ciudad de Nueva Orleans se vio especialmente afectada. El Presidente Bush declaró entonces el estado de emergencia para la zona, lo que automáticamente liberó fondos del gobierno federal para las áreas afectadas y permitió que organismos como *la FEMA entraran* en acción. La respuesta del gobierno federal a la catástrofe fue muy criticada y Bush asumió toda la responsabilidad.

Citas importantes

Gabinete

El gabinete de Bush incluía el mayor número de miembros procedentes de minorías étnicas de todos los gabinetes federales de Estados Unidos, incluida la primera ministra asiático-americana de la historia, la secretaria de Trabajo Elaine Chao. La diversidad de su gabinete motivó una entrada en el Libro Guinness de los Récords.

Hubo un no republicano en el último gabinete de Bush: El Secretario de Transporte, Norman Mineta. Este demócrata se convirtió en el primer miembro asiático-americano del gabinete en la historia de EE.UU. que ocupó el cargo de Secretario de Comercio antes de Bill Clinton.

Bush nombró a muchas personas con un largo historial de servicio en el gobierno de Estados Unidos, como Colin Powell, que fue asesor de seguridad nacional con Ronald Reagan y jefe del Estado Mayor con George H.W. Bush y Bill Clinton, y el secretario de Defensa Donald Rumsfeld, que también fue secretario de Defensa con Gerald Ford, convirtiéndose en el secretario de Defensa más joven y más veterano de Estados Unidos. El vicepresidente de Bush, Dick Cheney, fue secretario de Defensa con George H.W. Bush.

44. Barack Obama (2009-2017)

Partido Demócrata | Vicepresidente: Joe Biden

"La mejor manera de no sentirse desesperado es levantarse y hacer algo. No esperes a que te ocurran cosas buenas. Si sales y haces que ocurran cosas buenas, llenarás el mundo de esperanza, te llenarás a ti mismo de esperanza."

Barack Hussein Obama II (Honolulu, 4 de agosto de 1961) es un político, abogado y escritor estadounidense. Fue el 44º Presidente de los Estados Unidos, en el cargo desde el 20 de enero de 2009 hasta el 20 de enero de 2017 para dos mandatos. Fue el primer presidente estadounidense de ascendencia africana (parcialmente).

Entre el 3 de enero de 2005 y el 16 de noviembre de 2008, Obama fue senador por Illinois y antes fue senador estatal en la asamblea legislativa de su estado natal. Tras derrotar al candidato republicano John McCain en las elecciones presidenciales de 2008, prestó juramento como presidente el 20 de enero de 2009 durante la toma de posesión en el Capitolio. El 9 de octubre de 2009, Obama recibió el Premio Nobel de la Paz. Fue reelegido en las elecciones presidenciales estadounidenses de 2012 al derrotar al candidato republicano Mitt Romney por un margen en términos de votos electorales, pero menos delineado en términos de recuento de votos y por un margen menor que en su victoria de 2008.

Biografía

El padre de Obama, Barack Obama Sr., era un luo de Kenia. Su madre, Ann Dunham, era una estadounidense de Kansas. Sus padres se divorciaron en 1964, cuando Obama tenía dos años. Su padre regresó a Kenia. Obama sólo lo vio una vez después. Tras el divorcio, su madre volvió a casarse con Lolo Soetoro, un estudiante indonesio que estudiaba en Hawai. En 1967, la familia se trasladó a Yakarta. Durante este periodo, Barry Soetoro, como se llamaba entonces, asistió a una escuela primaria católica durante dos años. Allí se matriculó como musulmán. Luego continuó su educación primaria en la Escuela Primaria Estatal Menteng 01, que Janssen describe como una "escuela musulmana de élite". Cuatro años después, Obama tenía entonces diez años, regresó a Honolulu y se fue a vivir con los padres de su madre. Aquí asistió a la escuela secundaria hasta 1979. Cuando Obama tenía 21 años, su padre murió en un accidente de coche en Kenia. Su madre también regresó brevemente a Hawai, pero finalmente volvió a Indonesia. Murió de cáncer en 1995, unos meses después de la publicación del libro de Obama *Sueños de mi padre*.

Estudio

Después del instituto, Obama se trasladó a Los Ángeles, donde estudió dos años en el Occidental College. Continuó sus estudios en la Universidad de Columbia, en Nueva York, donde se graduó en 1983 en ciencias políticas con especialización en relaciones internacionales. Tras la universidad, trabajó como investigador en el New York Public Interest Group. En 1985 se trasladó a Chicago, donde realizó proyectos en los barrios más pobres. De 1985 a 1988 fue jefe del Proyecto de Comunidades en Desarrollo (DCP). El DCP era un programa de ayuda creado por la Iglesia Católica. Para concluir este periodo, Obama visitó Europa y Kenia. En Kenia, se reunió con miembros de su familia.

En 1988, Barack Obama comenzó a estudiar Derecho en la Universidad de Harvard. En 1990, fue noticia al convertirse en el primer afroamericano en ser nombrado presidente de la Harvard Law

Review. En este cargo, aportó un equilibrio político e ideológico al contenido de la revista; él mismo publicó anónimamente un artículo sobre el derecho del niño a demandar a su propia madre por negligencia durante el embarazo. Se graduó cum laude en 1991, tras lo cual regresó a Chicago y comenzó a trabajar como abogado. Entre 1993 y 2004 dio clases de derecho a tiempo parcial en la Universidad de Chicago. De 1992 a 2002, también trabajó en el bufete de abogados Davis, Miner, Barnhill & Galland.Su actividad como abogado en casos de derechos humanos fue el paso decisivo que le llevó a la actividad política.

Familia

La esposa de Obama, Michelle Robinson, también estudió en Harvard. Ambos se conocieron en 1989 mientras trabajaban en un bufete de abogados y se casaron en 1992. Tienen dos hijas, *Malia Ann* (4 de julio de 1998) y *Natasha "Sasha"* (10 de junio de 2001). Michelle Obama es actualmente vicepresidenta de asuntos comunitarios en los hospitales de la Universidad de Chicago. Entró en polémica cuando su salario se triplicó después de que Obama se convirtiera en senador. Sin embargo, el motivo fue un ascenso y su trabajo completo con horas extras cuando ya no hacía campaña para su marido.

Obama es cristiano, pero no de nacimiento. Fue bautizado en la Iglesia Unida de Cristo en 1988.

Barack Obama es descendiente de los "Padres Peregrinos" protestantes, es decir, de la familia Blossom, que huyó de Inglaterra a Leiden a principios del siglo XVII debido a la persecución religiosa y navegó desde allí a América en 1629 en busca de una vida de libertad religiosa. Lo más destacable de este hallazgo, anunciado por la ciudad de Leiden el 5 de diciembre de 2008 y confirmado por la New England Historic Genealogical Society de Boston, es que Obama desciende de Elizabeth Blossom, cuyo hermano Peter es un antepasado lejano del predecesor de Obama en el cargo, George W. Bush.

El vicepresidente de Estados Unidos durante el gobierno de Bush, Dick Cheney, también es pariente lejano de Obama. El hermanastro Malik Obama compitió en las elecciones a gobernador del distrito de Siaya en Kenia y quedó en tercer lugar.

Política

En las elecciones al Senado de Illinois de 2004, compitió por un escaño abierto contra el republicano Alan Keyes. El ganador se convirtió en el quinto afroamericano de la historia del Senado, tras Hiram Revels, Blanche Bruce, Edward Brooke y Carol Moseley Braun. Obama ganó las elecciones con el 70% de los votos, frente al 27% de Keyes.

En el Senado, Obama defendió la educación, la inmigración y una mayor transparencia del gobierno a través de *la administración electrónica*, entre otras cuestiones. Obama también se mostró activo en asuntos exteriores. Su viaje a África, en el que visitó Sudáfrica, Kenia, Yibuti, Etiopía y Chad, atrajo una considerable atención de los medios de comunicación de Estados Unidos y de los países visitados. Obama fue el tercer afroamericano en pronunciar un "discurso de apertura" en una Convención Nacional Demócrata (en 2004). Fue un discurso que marcó un hito, al presentarse ante los votantes estadounidenses como una promesa política, siendo las palabras más citadas:

No hay una América de izquierdas ni una América conservadora; existen los Estados Unidos de América. No hay una América negra y una América blanca y una América latina y una América asiática; existen los Estados Unidos de América.

Elecciones presidenciales 2008

El 16 de enero de 2007, Barack Obama anunció que había formado un comité exploratorio para preparar su participación en las primarias demócratas para las elecciones presidenciales de 2008. El 10 de febrero de 2007, hizo oficial su candidatura en Springfield, Illinois. Su principal oponente en las primarias demócratas fue Hillary Clinton.

Las primeras primarias tuvieron lugar en Iowa el 3 de enero de 2008. Obama ganó este estado por un amplio margen sobre John Edwards (segundo) y Clinton (tercera). En las segundas primarias, en New Hampshire, Clinton se mantuvo a la cabeza por un estrecho margen. Después de eso, Obama y Clinton siguieron igualados durante bastante tiempo. El *supermartes*, en el que votaron 24 estados, tampoco sirvió para tomar una decisión. Obama tomó entonces la delantera al ganar diez estados seguidos. Clinton no pudo remontar esta actuación, aunque consiguió que estados clave como Florida, Pensilvania y California la apoyaran. Finalmente, Obama ganó con diferencia el mayor número de primarias y caucus. Tras las primarias finales del 3 de junio, Obama tenía suficientes delegados a su favor para reclamar la nominación demócrata para las elecciones. Clinton se retiró oficialmente de la carrera electoral el 7 de junio.

Desde que se convirtió en el candidato presidencial demócrata, Obama hizo campaña en los llamados estados indecisos. Su equipo de campaña batió récords con el registro de nuevos votantes para el Partido Demócrata, en gran parte utilizando Internet. Los discursos de Obama pusieron en pie a miles de personas y utilizó eslóganes como *Yes we can* y *Change we can believe in*. El 23 de agosto de 2008 se anunció que Obama había elegido al senador Joe Biden, de 65 años, como su *compañero de fórmula*.

Obama fue apoyado en la campaña por varios políticos estadounidenses conocidos, como Jimmy Carter, John Kerry, Ted Kennedy y Colin Powell, así como por celebridades como Caroline Kennedy, Robert De Niro, Stevie Wonder, Oprah Winfrey, Jennifer Aniston y Will Smith.

Obama debatió tres veces con su oponente republicano John McCain.

Sin embargo, durante el periodo de campaña, algunos estadounidenses también han desarrollado dudas sobre la sinceridad de Obama. Se plantearon dudas sobre si Obama había nacido en Estados Unidos y era ciudadano estadounidense, lo que es un requisito previo para ser presidente de Estados Unidos. Un abogado de Filadelfia (y partidario de Hillary Clinton), Philip J. Berg, creía que Obama había nacido en África y, por tanto, emprendió acciones legales para que fuera eliminado del censo electoral en noviembre. Esta siembra de dudas fue adoptada por los republicanos, como su posterior sucesor Donald Trump. Ni siquiera se detuvo una vez que Obama presentó su certificado de nacimiento.

En cuanto al contenido, había preocupación por lo que significaría la política económica de Obama para Estados Unidos y por su promesa de hablar con los líderes mundiales hostiles a Estados Unidos, como Hugo Chávez y Mahmud Ahmadineyad, sin condiciones previas.

Cinco días antes de las elecciones, Obama interrumpió su campaña para visitar a su abuela, que vivía en Hawai. Ella estaba en su lecho de muerte y falleció dos días antes de las elecciones.

El 4 de noviembre de 2008, Obama ganó las elecciones, tras lo cual pronunció su discurso de victoria en el Grant Park de su ciudad natal, Chicago.

Elecciones presidenciales 2012

Durante las primarias demócratas, Obama no tuvo ninguna oposición seria. Obama volvió a elegir a Joe Biden como compañero de fórmula, a pesar de los rumores de que la elección recaería en Hillary Clinton. En las elecciones generales, Obama se enfrentó al republicano Mitt Romney. Romney lo hizo mejor que McCain cuatro años antes, pero aun así terminó con 206 votos electorales frente a los 332 del dúo Obama-Biden.

Presidencia

Inauguración y primeros días

Barack Obama prestó juramento como el 44° Presidente de los Estados Unidos el martes 20 de enero de 2009 a las 12:05 p.m. (hora local) en Washington, DC. El juramento le fue administrado por el presidente del Tribunal Supremo Roberts utilizando la misma Biblia que se utilizó en la toma de posesión de Abraham Lincoln en 1861. El juez Roberts cometió un error en el juramento, al pronunciar la palabra fielmente más tarde de lo que exige el texto del juramento en la Constitución. El texto correcto es: Ejerceré fielmente el cargo *de Presidente de los Estados Unidos*, dijo Roberts: Cumpliré fielmente el cargo *de Presidente de los Estados Unidos"*. Obama se dio cuenta del error, titubeó un momento, pero habló después de Roberts de todos modos. Para estar seguro, Obama volvió a jurar el cargo al día siguiente -en privado- de acuerdo con el texto correcto.

En sus primeros días como presidente, emitió *órdenes ejecutivas* para retirar las tropas estadounidenses de Irak. Ordenó el cierre del centro de detención de la bahía de Guantánamo "lo antes posible, pero no más tarde de enero de 2010", limitó el secreto de la administración presidencial y cambió los procedimientos de la *Ley de Libertad de Información*. También levantó la prohibición de financiar con fondos federales a las organizaciones extranjeras que facilitan el aborto provocado, a lo que siguió, en marzo de 2009, el levantamiento de la prohibición de las subvenciones federales para la investigación con células madre embrionarias.

Obama fue presidente durante dos mandatos. Comenzó su presidencia con una mayoría demócrata tanto en la Cámara de Representantes como en el Senado, pero perdió la Cámara en las primeras elecciones intermedias de 2010. En sus segundas elecciones intermedias, en 2014, también perdió el Senado.

Política interior

Economía

Obama llegó a la presidencia cuando la crisis económica -también conocida como crisis crediticia- estaba en su punto álgido. Obama firmó la *Ley de Recuperación y Reinversión de Estados Unidos de 2009* el 17 de febrero. Se trataba de un paquete económico de 787.000 millones de dólares que consistía en varias medidas relacionadas con la educación, la sanidad, las infraestructuras y diversas exenciones fiscales. Su objetivo era estimular la economía estadounidense, que se encontraba en un punto bajo.

El Secretario del Tesoro de Obama, Timothy Geithner, anunció en febrero de 2009 que quería crear un fondo público-privado para comprar los productos de riesgo de los bancos. En junio de 2009, Obama utilizó la ayuda gubernamental para apuntalar los conglomerados automovilísticos estadounidenses General Motors y Chrysler.

El déficit presupuestario total para 2010 fue del 10,6% del producto interior bruto (PIB). Para 2011, la expectativa es mucho menor, pero la deuda nacional total habrá subido a unos 8,53 billones de dólares, el 80 por ciento del PIB estadounidense. El desempleo subió al 10,1 por ciento en octubre de 2009, pero luego empezó a bajar de nuevo.

Reforma sanitaria

En el primer año de su gobierno, Obama apostó fuerte por la reforma de la sanidad estadounidense. Su plan proporcionó seguro médico a unos 32 millones de estadounidenses que antes no tenían seguro. El seguro médico básico pasó a ser obligatorio para la gran mayoría de los estadounidenses. Las compañías de seguros ya no podrían rechazar a los estadounidenses enfermos.

Una de las principales críticas de los republicanos fue el elevado coste de los planes. Se necesitaban aproximadamente 1 billón de dólares (700.000 millones de euros). Las organizaciones provida y la derecha religiosa también se opusieron firmemente a los planes. En particular, la posibilidad de un aborto financiado por los contribuyentes suscitó fuertes protestas. Obama aseguró que no se utilizarían fondos federales para financiar el aborto. Sin embargo, los estados individuales conservaron la opción de poner a disposición fondos públicos para el aborto.

Gracias a una amplia mayoría de su partido en el Senado, Obama pudo hacer realidad sus planes. El 23 de marzo de 2010, firmó la llamada Ley de Protección al Paciente y Atención Asequible.

Vertido de petróleo en el Golfo de México

El 20 de abril de 2010 se produjo una explosión submarina en la plataforma de perforación Deepwater Horizon en el Golfo de México. Como resultado, una cantidad gigantesca de petróleo se derramó en el mar. BP, arrendador de la plataforma de perforación, intentó tapar el agujero, pero no lo consiguió durante mucho tiempo. El Presidente Obama visitó la región del desastre por primera vez el 2 de mayo, y posteriormente el 28 de mayo y el 4 de junio. Ordenó una investigación federal y estableció una comisión independiente para investigar nuevas medidas de seguridad. Obama declaró el estado de emergencia y el 27 de mayo anunció una moratoria de las perforaciones en aguas profundas. La fuga no se tapó hasta el 15 de julio. Posteriormente, el gobierno de Obama demandó a BP por no cumplir las medidas de seguridad exigidas.

Política exterior

Guerra de Irak

Durante el periodo de transición presidencial, Obama anunció que mantendría como Secretario de Estado a Robert Gates, que ya era Secretario de Defensa con el presidente George W.H. Bush. El 27 de febrero de 2009, anunció que la misión militar de combate en Irak terminaría el 31 de agosto de 2010. Redujo la fuerza de 142.000 soldados a un número entre 35.000 y 50.000. Estos permanecerán hasta finales de 2011 y ayudarán a entrenar a los soldados iraquíes. El 31 de agosto, Obama también anunció realmente el fin de la misión de combate en Irak.

Afganistán

A principios de su presidencia, Obama anunció su intención de enviar más tropas a Afganistán. El 1 de diciembre, anunció el envío de 30.000 soldados para reforzar los 71.000 efectivos presentes. También propuso comenzar a retirar las tropas de Afganistán en un plazo de 18 meses. En junio de 2010, Obama sustituyó a Stanley McChrystal, el comandante militar en Afganistán, después de que el comandante criticara duramente a la Casa Blanca en una entrevista. El nuevo comandante pasó a ser David Petraeus.

Premio Nobel de la Paz

En 2009, recibió el Premio Nobel de la Paz por "sus destacados esfuerzos para fortalecer la diplomacia internacional y la cooperación entre los pueblos". Hubo sorpresa y críticas a la elección del comité del Premio Nobel, alegando que Obama había logrado poco como presidente. El propio Obama indicó "no sentir que pertenezco a la compañía de los que han ganado el premio antes". El antiguo director del Instituto Nobel noruego, Geir Lundestad, declaró en 2015 que lamentaba que el Premio de la Paz hubiera recaído en Barack Obama en 2009.

Libia

En febrero de 2011 estallaron en Libia protestas masivas contra el veterano dictador Moammar al Gadafi. Posteriormente estalló una guerra civil. Los rebeldes pidieron a la comunidad internacional que estableciera una zona de exclusión aérea. El 17 de marzo de 2011, el Consejo de Seguridad de la ONU adoptó la Resolución 1973 del Consejo de Seguridad de las Naciones Unidas, que imponía una zona de exclusión aérea en Siria. Tras quedar claro que Libia estaba violando esta prohibición, Estados Unidos, Canadá, Francia y Gran Bretaña decidieron intervenir militarmente. Posteriormente, las acciones militares tuvieron lugar bajo la bandera de la OTAN. Esta intervención contribuyó finalmente a la caída de al-Qadhafi. Tras su muerte, el país se vio envuelto en una guerra civil. En septiembre de 2012, se produjo el asalto al consulado de Estados Unidos en Bengasi, en el que perdió la vida el embajador estadounidense Christopher Stevens.

Muerte de Osama bin Laden

El 2 de mayo de 2011, Obama autorizó a una unidad de los Navy SEAL a asaltar una villa en Abbottabad, Pakistán, donde se refugiaba Osama bin Laden. En el asalto, el líder de Al Qaeda fue abatido.

Cuba

En marzo de 2016, Obama fue el primer presidente estadounidense en 88 años en visitar Cuba. A finales de 2014, Obama ya había anunciado con el líder cubano Raúl Castro que se restablecerían los lazos entre ambos países. Así, Estados Unidos abriría una embajada en La Habana y Cuba viceversa en Washington D.C. Esto ocurrió en el verano de 2015.

Irán

Obama fue el impulsor del acuerdo nuclear alcanzado con Irán, conocido como *Plan de Acción Integral Conjunto*. En él se acordó que Irán cumpliría unos acuerdos que harían imposible que el país produjera una bomba nuclear. A cambio, las sanciones internacionales se levantarían poco a poco. El sucesor de Obama, Donald Trump, canceló el acuerdo. Irán y los demás firmantes del acuerdo (Gran Bretaña, Francia, Alemania, Rusia y China) indicaron que sí querían cumplir los acuerdos.

Israel/Palestina

Obama pronunció un importante discurso en El Cairo el 4 de junio de 2009 sobre su visión de la relación entre Estados Unidos y el mundo del Islam . En él mostró una mirada a la difícil situación de los palestinos y abogó por un Estado palestino viable. Hamás tenía que poner fin a la violencia e Israel a sus asentamientos ilegales. En 2014, hizo un intento infructuoso, a través de su secretario de Estado John Kerry, de poner en marcha las estancadas conversaciones de paz. Al año siguiente, Netanyahu se le adelantó y se dirigió directamente al Congreso de Estados Unidos sobre el peligro que, en su opinión, suponía el programa nuclear de Irán .En 2016, Obama firmó un paquete de ayuda militar para Israel por valor de 38.000 millones de dólares para el periodo 2018-2028.El 23 de diciembre de 2016, Estados Unidos se abstuvo -para enfado de Israel- durante la votación del Consejo de Seguridad de la ONU sobre la Resolución 2334 , que fue aprobada. El Consejo condenó cualquier intento de "cambiar la composición demográfica, el carácter y el estatus del territorio palestino ocupado desde 1967" (incluido Jerusalén Este).

45. Donald Trump (2017-2021)

Partido Republicano | Vicepresidente: Mike Pence

"Observa, escucha y aprende. No puedes saberlo todo tú mismo. Cualquiera que crea que lo sabe está destinado a la mediocridad".

Donald John Trump (Nueva York, 14 de junio de 1946) fue el 45º presidente de los Estados Unidos desde el 20 de enero de 2017 hasta el 20 de enero de 2021. Trump pertenece al Partido Republicano. Antes de su presidencia, nunca había ocupado un cargo político. De profesión, era empresario, principalmente del sector inmobiliario. Además, es conocido como personalidad televisiva.

Donald Trump es hijo de Fred Trump, un promotor inmobiliario de Nueva York. Cuando Donald Trump asistió a la Wharton School de la

Universidad de Pensilvania, ya trabajaba en la empresa de su padre y su abuela, Elizabeth Trump & Son, precursora de The Trump Organization. En 1968, se incorporó oficialmente a la empresa de su padre. En 1971 se hizo con el control de la empresa y cambió el nombre a The Trump Organization. Gracias a sus esfuerzos promocionales, su carrera, sus apariciones en los medios de comunicación y sus libros (a menudo escritos por escritores fantasma), se convirtió en una personalidad mediática en Estados Unidos. Trump fue el anfitrión de *The Apprentice*, un programa de televisión estadounidense de la NBC.

El 16 de junio de 2015, Trump declaró oficialmente su candidatura a las elecciones presidenciales de 2016 como republicano. Desde la primera etapa de su campaña, demostró ser muy popular, para consternación de la cúpula del Partido Republicano. A finales de julio de 2015, encabezaba las encuestas para la nominación republicana, y en julio de 2016 se convirtió en el candidato presidencial del Partido Republicano. El 8 de noviembre de 2016 ganó las elecciones presidenciales y se convirtió en presidente electo de Estados Unidos. El 6 de enero de 2017, fue confirmado como presidente por el Congreso de los Estados Unidos y prestó juramento el 20 de enero de 2017. El 20 de enero de 2021 terminó su presidencia y le sucedió Joe Biden.

Origen

Los abuelos paternos de Trump eran inmigrantes alemanes de Kallstadt. El abuelo Friedrich Trumpf emigró a Nueva York en 1885 a la edad de 16 años, tras lo cual unificó su nombre alemán en Frederick Trump.

La madre de Trump, Mary Anne MacLeod (1912-2000), nació en 1912 en el pueblo de Tong, en la isla de Lewis, en la costa oeste de Escocia. En 1930, cuando tenía dieciocho años, conoció a Fred Trump (1905-1999) durante unas vacaciones en Nueva York. Se casaron en 1936.

Juventud y educación

Donald Trump nació el 14 de junio de 1946 en Queens, uno de los cinco distritos (boroughs) de Nueva York. Sus padres fueron el promotor inmobiliario Fred Trump (1905-1999) y Mary Anne MacLeod Trump (1912-2000). Creció con dos hermanos y dos hermanas: Maryanne, Fred Jr., Elizabeth y Robert. Fred Jr. murió en 1981 a la edad de 43 años como consecuencia del abuso del alcohol. En varias entrevistas, Donald dijo que este suceso le convirtió en un abstemio. Maryanne fue jueza del Tribunal de Apelación del Tercer Circuito hasta 2011.

Durante el tiempo que la familia Trump vivió en Jamaica Estates, asistió a *la escuela Kew-Forest* de Forest Hills, donde su padre era miembro del consejo escolar. Varios hermanos también asistieron a esa escuela. A los trece años, Trump fue suspendido por su escuela por mal comportamiento. Entonces fue enviado por sus padres a la Academia Militar de Nueva York para que pudiera hacer buen uso de su energía. A los 17 años, alcanzó el rango de capitán.

En agosto de 1964, Trump empezó a estudiar en la Universidad de Fordham, en el Bronx. Dos años más tarde se cambió a la Wharton School de la Universidad de Pensilvania, que era una de las pocas de Estados Unidos que ofrecía una titulación en el sector inmobiliario. Se graduó en 1968 con una licenciatura en economía.

Aunque Trump estaba en edad de ser reclutado durante la guerra de Vietnam, en realidad nunca fue reclutado ni desplegado en Vietnam. Durante sus años universitarios (1964-1968), se le concedieron cuatro aplazamientos del servicio militar. En 1968, se le concedió otro aplazamiento por motivos médicos debido a un espolón en el talón. Cuando el gobierno comenzó a determinar mediante sorteos quiénes serían desplegados en Vietnam, Trump no fue elegible inicialmente debido a su aplazamiento médico. Al parecer, el azar hizo que le tocara un número muy alto en el sorteo, por lo que finalmente no fue llamado a filas.

Vida empresarial

Empezar en el sector inmobiliario

Trump comenzó su carrera en la empresa inmobiliaria de su familia, Elizabeth Trump & Son. Ésta se centraba en propiedades de alquiler de clase media en los distritos neoyorquinos de Brooklyn, Queens y Staten Island. Todavía en la universidad, el primer proyecto de Trump fue revitalizar un complejo de apartamentos, Swifton Village en Cincinnati, que su padre compró en 1962 por 5,7 millones de dólares. Después de que la empresa se involucrara en el proyecto, el complejo de 1.200 apartamentos pasó del 66% de desocupación a la plena ocupación en dos años con una inversión de 500.000 dólares. La empresa acabó vendiendo Swifton Village en 1972 por 6,75 millones de dólares.

En 1971, Trump se trasladó a Manhattan. Según Trump, los márgenes en los alquileres sociales y de clase media eran demasiado pequeños, y ese sector era demasiado laborioso en términos de gestión. Este sector tiene muchos clientes, que pagan relativamente poco por persona, pero que proporcionalmente suelen tener problemas de pago, según Trump. Por eso se centró en Manhattan, donde había menos clientes, pero más ricos en capital, con mayores márgenes. Aceptó proyectos de mayor envergadura, utilizando diseños atractivos, llamativos y a veces controvertidos para lograr el interés del público y, por tanto, el éxito comercial. Un ejemplo típico es el Hotel Grand Hyatt, donde la fachada de mampostería se convirtió en una fachada de cristal.

La Organización Trump

La Organización Trump fue fundada en 1923 por su padre y su abuela. En 2016, unas 250 empresas formaban parte de la organización. Tras llegar a la presidencia, dejó el cargo de director general. Desde su presidencia, la empresa ha sido dirigida por sus dos hijos Donald Jr. y Eric, y el director financiero Allan Weisselberg. La empresa se centra principalmente en proyectos de construcción y en la explotación de edificios. Además, tiene intereses en otros sectores.

Algunos de los proyectos de construcción más notables y de mayor envergadura en Manhattan son la Trump Tower, la Trump World Tower y el Grand Hyatt Hotel. También fue propietario del 50% del Empire State Building entre 1994 y 2002. Fuera de Manhattan, sus participaciones incluyen el hotel Trump Tai Mahal en Atlantic City y el Trump International Hotel and Tower en Chicago. Fuera de Estados Unidos, también tiene participaciones, como el Hotel Turnberry en Escocia.

Al comprar y remodelar el Hotel Commodore en Manhattan a finales de los años 70, ahora el Grand Hyatt, algunos dicen que recibió exenciones fiscales que los competidores no recibieron. Según el propio Trump, fue al revés: sus competidores recibieron exenciones fiscales que él no recibió, y tuvo que presentar una demanda para conseguir esas mismas exenciones. En 1981, Trump pidió un préstamo de 17,5 millones a su padre para pagar algunas de sus deudas. Debido a las elevadas deudas del negocio, Trump tuvo que vender su parte de la propiedad en 1996 para pagarla.

A principios de los años 80, la ciudad de Nueva York quería construir el Centro de Convenciones Jacob K. Javits en un terreno sobre el que Trump tenía una opción de compra. Trump calculó que su empresa podría realizar el proyecto por 110 millones de dólares. La ciudad rechazó su oferta, pero Trump recibió una comisión de intermediación. Después de que el Ayuntamiento de Nueva York se hiciera cargo del proyecto, la construcción se estancó durante varios años, el presupuesto se superó en unos 50 millones de dólares y, cuando se terminó, la operación fue realizada por la mafia. Trump ha mencionado este hecho varias veces como ejemplo de lo que considera que suelen ser políticos incompetentes y corruptos.

En 1980, la ciudad de Nueva York comenzó a renovar la pista de patinaje sobre hielo Wollman Rink, de 1955, en Central Park. La renovación duraría 2,5 años. Seis años después y con un exceso de presupuesto de 12 millones de dólares, el proyecto aún no estaba terminado. Trump asumió la gestión del proyecto sin coste adicional para la ciudad. La renovación terminó con éxito tres meses después, por 1,95 millones de dólares, 750.000 dólares por debajo del presupuesto. Trump recibió mucha atención positiva de los medios de comunicación por este hecho y, según él mismo, esto supuso un gran avance para él como personalidad mediática.

En 1985, Trump ofreció 28 millones de dólares por la finca Mar-a-Lago en Florida. El propietario pensó que esa cantidad era demasiado baja. Trump no quiso aumentar su oferta. En cambio, a través de un intermediario, compró la franja de terreno entre la finca y la playa. Después, amenazó con levantar allí un edificio grande y feo, que bloqueara la vista de la playa. Esta amenaza ahuyentó a otros posibles compradores. Al final, Trump pudo comprar la finca por 5 millones de dólares, con 2 millones adicionales para el inventario. El propio Trump da otra explicación para el precio relativamente bajo, a saber, que tiene olfato para los inmuebles infravalorados.

Quiebras

Trump nunca ha quebrado personalmente, aunque tuvo que ceder temporalmente el control de sus finanzas personales a los bancos una vez a finales de los años ochenta. Sus casinos y hoteles han quebrado un total de seis veces. Fueron las llamadas "quiebras técnicas": las deudas se reestructuraron, pero los negocios siguieron existiendo. Tras negociar nuevas condiciones para los préstamos con los bancos interesados, los negocios siguieron existiendo. Los prestamistas no querían que Trump saliera de los casinos: eso supondría muchas pérdidas porque habría que solicitar una nueva licencia de casino y el casino se cerraría. Esto permitió a Trump hacerse con una participación mayoritaria del 50,5% en los casinos, mientras que las demás acciones fueron a parar a los acreedores. El Taj Mahal salió de la quiebra el 5 de octubre de 1991.

La compañía aérea Trump Shuttle no pudo pagar los intereses de sus préstamos, por lo que la gestión fue asumida por los bancos. En 1992, la compañía fue vendida a US Airways. El 2 de noviembre de 1992, el Hotel Plaza presentó un plan de reorganización en el marco de una declaración de quiebra (y, por tanto, de protección de los acreedores). En el plan, Trump acordó ceder una participación del 49% del hotel a Citibank y otros cinco prestamistas. A cambio, Trump obtendría mejores condiciones en el importe de la deuda restante de más de 550 millones de dólares que aún debía a los prestamistas. A cambio, también se le permitió mantener su puesto de director general, aunque ya no tendría un papel en los asuntos cotidianos de la empresa. El Hotel Plaza de Nueva York también quebró. Esta fue la cuarta quiebra de Trump en poco tiempo, después de que los tres casinos quebraran.

Según *Forbes,* la primera quiebra de Trump fue la única que afectó a su patrimonio personal. Sin embargo, según Time, la quiebra de 2004 también afectó a 72 millones de dólares del propio Trump.

Trump dijo años después sobre las quiebras:

He utilizado las leyes de este país para recortar la deuda. ...Tendremos la empresa. La meteremos en un capítulo. Negociaremos con los bancos. Haremos un trato fantástico. Ya sabes, es como en 'The Apprentice'. No es personal. Es sólo un negocio".

Indicó que otros "importantes empresarios" estaban haciendo lo mismo.

Reactivación inmobiliaria

En 2001, Trump inauguró la World Tower, un complejo de apartamentos de 72 plantas cerca de la sede de las Naciones Unidas en Nueva York. Trump también inició la construcción de Trump Place, un proyecto formado por varios edificios a lo largo del río Hudson. Además, posee espacios comerciales en el Trump International Hotel and Tower, un edificio polivalente de 44 plantas (hotel y complejo de apartamentos) en Columbus Circle. En total, Trump posee cientos de miles de metros cuadrados de inmuebles en Manhattan.

Trump ha puesto en marcha un gran número de proyectos inmobiliarios, como el Trump International Hotel and Tower (Honolulu), el Trump International Hotel and Tower (Chicago), el Trump International Hotel and Tower (Toronto) y el Trump Tower (Tampa (Florida)). En Fort Lauderdale, uno de los proyectos de Trump (Trump International Hotel and Tower) se detuvo por problemas de dinero. Al mismo tiempo, se estaban desarrollando las Trump Towers Atlanta One.

En 2015, la revista *Forbes* estimó su patrimonio neto en 4.100 millones de dólares. En junio de 2015, *Business Insider* publicó un informe financiero de Trump, en el que se afirmaba que su patrimonio era de 8.700 millones de dólares. De ellos, 3.300 millones de dólares correspondían a "acuerdos de licencia sobre bienes inmuebles, su marca y desarrollos de su marca".

Nombre Licencias

Tras poner en marcha el programa de televisión The Apprentice, Trump empezó a vender licencias de nombre, en las que se permitía a las empresas adjuntar el nombre de Trump a sus productos a cambio de grandes sumas de dinero. Para algunas licencias, Trump participaba en campañas publicitarias. Con las licencias de nombre, Trump no corre ningún riesgo financiero y no invierte en las empresas. En 2016, tuvo ingresos por 25 licencias. Para varias licencias de proyectos inmobiliarios, había obligaciones de confidencialidad sobre la existencia de las licencias. Los productos bajo el nombre de licencia "Trump" incluyen: Trump Financial (hipotecas), Trump Sales and Leasing (ventas residenciales), Trump Restaurants (ubicado en la Torre Trump), GoTrump (sitio web de viajes), Donald J. Trump Signature College (línea de ropa, accesorios y relojes para hombres).

Potencia neta

En abril de 2011, cuando Trump se planteaba presentarse a la presidencia en 2012, *Politico* citó a una fuente cercana a Trump que afirmaba que si Trump se convertía en candidato a la presidencia, su estado financiero mostraría que su riqueza superaba los 7.000 millones de dólares, que tenía 250 millones en efectivo y que prácticamente no tenía deudas. Aunque Trump no se presentó a las elecciones presidenciales, publicó sus finanzas en un libro suyo. En él afirmaba que su riqueza era de 7.000 millones de dólares.

Las estimaciones de la riqueza de Trump han fluctuado a lo largo de los años junto con el valor de sus bienes inmuebles. En 2015, *Forbes* estimó su riqueza en 4.100 millones de dólares. El 16 de junio de 2015, Trump publicó su informe financiero justo antes de su candidatura a las elecciones presidenciales. En él se afirmaba que su riqueza era de unos 9.000 millones de dólares. En julio de 2015, los supervisores electorales dieron a conocer nuevos detalles sobre el patrimonio de Trump: sus activos tenían un valor de más de 1.400 millones de dólares, incluyendo al menos 70 millones en acciones, y tenía una deuda de al menos 265 millones de dólares.

Torre Trump

Trump es propietario de la Torre Trump, un rascacielos de 58 pisos en el centro de Manhattan, en el 725 de la Quinta Avenida, en la esquina con la calle 56 Este. El arquitecto fue Der Scutt, del estudio de arquitectura *Swanke Hayden Connell Architects*. El terreno era originalmente propiedad de la *Equitable Life Assurance Society*, que lo transfirió a Trump a cambio de una participación del 50% en el nuevo edificio.

Inversiones en becas

En 2011, Trump invirtió en bolsa porque estaba decepcionado con el mercado inmobiliario estadounidense, que estaba en depresión, y porque consideraba que no estaba recibiendo suficientes intereses del banco. Dijo que no le gustaba la bolsa, pero que era difícil conseguir buenos inmuebles a buenos precios. Trump declaró que había comprado acciones de Bank of America, Citigroup, Caterpillar, Facebook, Intel, Johnson & Johnson y Procter & Gamble, entre otras. Cuando vendió sus acciones en 2014, tuvo un beneficio de 27 millones de dólares y 40 del total de 45 acciones diferentes que había comprado habían aumentado su valor.

Deporte

En 1983, Trump compró los New Jersey Generals para la primera temporada de la Liga de Fútbol de Estados Unidos. El equipo deportivo contrató a Walt Michaels, antiguo entrenador de los New York Jets, como entrenador jefe. Sin embargo, Trump vendió el equipo al magnate petrolero de Oklahoma J. Walter Duncan antes del comienzo de la primera temporada. Tras la primera temporada, Duncan volvió a vender el equipo a Trump.

La Liga de Fútbol de los Estados Unidos tenía previsto celebrar la temporada de 1986 en otoño, al mismo tiempo que la Liga Nacional de

Fútbol. Esa decisión se tomó en gran medida gracias a los esfuerzos de Trump. Dos años antes, Trump había persuadido a sus copropietarios para que cambiaran el calendario de la temporada porque pensaba que eso acabaría provocando la fusión de la United States Football League y la National Football League. Como resultado, los propietarios de todos los equipos de la liga verían duplicadas sus inversiones.

Los New Jersey Generals se fusionaron con los Houston Gamblers en la temporada baja, dando al equipo el quarterback Jim Kelly y el receptor Ricky Sanders, entre otros. Michaels, el entrenador, fue despedido y sustituido por Jack Pardee, el antiguo entrenador de los Houston Gamblers, que pensaba utilizar las tácticas de los Houston Gamblers. Sin embargo, el nuevo equipo nunca llegó a jugar debido a la cancelación de la temporada en 1986: un caso antimonopolio de la United States Football League contra la National Football League no favoreció a la USFL. Aunque el jurado la reivindicó en muchos puntos, no recibió la gran compensación que esperaba. La liga desapareció finalmente poco después.

Cuando Trump organizó una pelea entre Mike Tyson y Michael Spinks en Atlantic City, Nueva Jersey, en 1988, fue el asesor financiero de Tyson para la ocasión.

La Organización Trump gestiona varios campos de golf y complejos turísticos en Estados Unidos y en todo el mundo. El 11 de febrero de 2014 se anunció que Trump había comprado el Doonbeg Golf Club en Irlanda. El campo de golf pasaría a llamarse Trump International Golf Links. En 2006, Trump compró la finca Menie en la localidad escocesa de Balmedie, en Aberdeenshire, para construir un controvertido complejo de golf. En junio de 2015, se rechazó el recurso de Trump, que se oponía a un parque eólico que sería visible desde ese complejo de golf. En abril de 2014, Trump compró el hotel y complejo de golf Turnberry, en Escocia, que figura regularmente en la lista del Open Championship.

Concursos de belleza

Trump es el propietario de los concursos de belleza Miss USA y Miss Universo desde 1996. Miss Universo es uno de los concursos de belleza más reconocidos del mundo.

En 2015, tanto NBC como Univisión pusieron fin a su asociación con la Organización Miss Universo tras el discurso de Trump en el inicio de su campaña electoral presidencial de 2016, el 16 de junio, en el que habló negativamente de los mexicanos y de la política migratoria de Estados Unidos.

Trump respondió presentando una demanda de 500 millones de dólares contra Univison por incumplimiento de contrato y difamación. La cadena de televisión Reelz compró entonces los derechos exclusivos de transmisión de Miss USA.

Medios de entretenimiento

En los medios de comunicación, Trump se hizo famoso por sus dos nominaciones a los premios Emmy, por sus apariciones en películas y series de televisión como caricatura de sí mismo (por ejemplo, en Solo en casa 2: Perdidos en Nueva York, La niñera, El príncipe fresco de Bel-Air, Días de nuestra vida y Wall Street: El dinero nunca duerme) y por su papel en la película The Little Rascals. También ha sido objeto de comediantes, creadores de animaciones flash y caricaturistas en línea. ¡Además, Trump tenía su propio programa de entrevistas diario en la radio, llamado *Trumped*!

En marzo de 2011, Trump fue objeto del programa de televisión *Comedy Central Roast*. El episodio especial fue presentado por Seth MacFarlane y Trump fue asado por Larry King, Snoop Dogg y Anthony Jeselnik, entre otros. En abril de 2011, Trump asistió a la cena de la Asociación de Corresponsales de la Casa Blanca. El presidente Barack Obama hizo una serie de chistes burlones preparados de antemano sobre Trump durante esta ocasión.

Para un resumen de las apariciones de Trump en el cine y la televisión, véase el artículo Filmografía de Donald Trump.

El aprendiz

En 2003, Trump se convirtió en productor ejecutivo y presentador de una serie de telerrealidad de la NBC llamada *The Apprentice*. En esa serie de televisión, un grupo de concursantes competía por un importante puesto de trabajo en una de las empresas de Trump.

World Wrestling Entertainment

Trump es conocido como fan de la World Wrestling Entertainment (WWE) y es amigo del presidente de esa empresa, Vince McMahon. Ha presentado dos eventos de WrestleMania en el Trump Plaza y ha participado activamente en varios espectáculos. En 1991, el campeonato de la World Bodybuilding Federation, que era propiedad de la WWE (entonces llamada World Wrestling Federation), se celebró en el Trump Taj Mahal de Atlantic City. Trump fue entrevistado en el ring por Jesse Ventura durante WrestleMania XX en 2004.

También apareció en WrestleMania 23 en 2007 en un combate llamado *La batalla de los multimillonarios*, una lucha entre Bobby Lashley y Umaga. Trump estaba del lado de Lashley y Vince McMahon del lado de Umaga. Stone Cold Steve Austin fue el árbitro para la ocasión en el llamado combate "pelo contra pelo". Este consistía en afeitar el pelo de Trump si ganaba Umaga y el de McMahon si ganaba Lashley. Lashley acabó ganando, tras lo cual Trump afeitó a McMahon hasta dejarlo calvo.

El 15 de junio de 2009, McMahon anunció en el programa de lucha libre *Monday Night Raw* que había "vendido" el programa a Trump. Trump declaró en el programa que aparecería en el siguiente episodio sin anuncios y que reembolsaría las entradas de todas las personas que hubieran comprado una entrada para ese programa. A la semana siguiente, *Monday Night Raw* fue supuestamente "recomprado" por McMahon por el doble de precio.

En 2013, Trump ingresó en el ala de celebridades del Salón de la Fama de la WWE en el Madison Square Garden de Nueva York por su contribución a la promoción de la WWE. La noche siguiente, apareció en WrestleMania por quinta vez.

Política

Actividades políticas hasta 2015

Trump ha sido miembro de varios partidos, los demócratas, el Partido Reformista y, desde 2009, los republicanos. Ha donado a demócratas y republicanos, y a veces a ambos simultáneamente. En total, ha donado 1,4 millones de dólares desde 1989 (ajustados a la inflación). A partir de 2009, dejó de donar a los demócratas y sólo lo ha hecho a los republicanos. Ha participado a menudo en el debate público, expresando sus opiniones sobre una amplia gama de cuestiones sociales, como el comercio y el clima, pero hasta su presidencia no tenía ninguna posición oficial.

En abril de 2011, cuestionó la ciudadanía estadounidense del presidente Barack Obama. El 25 de abril de 2011, pidió al presidente Obama que publicara la versión larga de su certificado de nacimiento. Dos días después, la Casa Blanca publicó la versión larga del certificado de nacimiento de Obama. Trump reveló en una rueda de prensa posterior que estaba orgulloso de su papel en la publicación del certificado de nacimiento.

Trump pensó en presentarse a la presidencia en 1988, 2004 y 2012 y al cargo de gobernador de Nueva York en 2006 y 2014, pero finalmente renunció a ello. Sí se presentó por el Partido Reformista en las elecciones presidenciales de 2000 y ganó las primarias en California. Escribió el libro *The America We Deserve (Los Estados Unidos que merecemos)* para esbozar los puntos de su programa para su candidatura en 2000.

Campaña presidencial 2015-2016

El 16 de junio de 2015, Trump se presentó oficialmente como candidato a la presidencia de Estados Unidos en nombre del Partido Republicano. En Twitter, puso su lema personal: *Make America Great Again*. A lo largo de su posterior carrera política, sus tuits casi diarios jugaron un papel importante en la percepción que se tiene de él como político.

Pre-elecciones

El 9 de julio de 2015, se publicaron los resultados de la primera gran encuesta nacional, que mostraba que Trump tenía el mayor número de seguidores entre los candidatos republicanos en ese momento. La encuesta había sido realizada por *The Economist* y YouGov. Un sondeo de la Universidad de Suffolk y *USA Today* mostró cinco días después que el 17% de los votantes republicanos apoyaban a Trump y el 14% a Jeb Bush. Una encuesta de *The Washington Post* y ABC News realizada entre el 16 y el 19 de julio reveló que el 24% de los votantes republicanos se adherían a Trump y Scott Walker, el número dos de la encuesta, tenía un 13% de seguidores. Un sondeo de CNN y ORC entre los votantes republicanos descubrió que Trump tenía el mayor apoyo, con un 18%. Con ello, derrotó a Jeb Bush, que recibió un porcentaje del 15%. En la encuesta de CBS News del 4 de agosto, Trump volvió a ocupar el primer lugar con un 24% de apoyo. Segundo fue Bush con un 13% de apoyo y tercero Walker con un 10%. En septiembre de 2015, un grupo de cuarenta pastores se reunió en la sede de Trump en Nueva York, entre ellos Paula White, del New Destiny Christian Center, Robert Jeffress, de la First Baptist Dallas, y David Jeremiah, de la Shadow Mountain Community Church.

En respuesta a un tiroteo en la localidad californiana de San Bernardino en diciembre de 2015, Trump pidió que se detuviera por completo la inmigración musulmana a Estados Unidos "hasta que nuestros miembros del Congreso hayan podido investigar lo que está ocurriendo."

En febrero de 2016, Trump ganó dos primarias republicanas seguidas, en los estados de New Hampshire y Carolina del Sur. En Iowa, quedó en segundo lugar, por detrás de Ted Cruz.

El 3 de mayo, Trump ganó las primarias en Indiana, eliminando a su oponente Ted Cruz. Después de que Cruz y Kasich abandonaran la carrera por la nominación a principios de mayo de 2016, Trump era el único candidato que quedaba por parte de los republicanos. El 9 de mayo, Trump designó a Chris Christie, el gobernador de Nueva Jersey, como el encargado de armar un equipo en caso de que Trump ganara las próximas elecciones. Trump anunció oficialmente su candidatura el 16 de junio de 2015, desde su sede en la Torre Trump de Nueva York. Durante el inicio de su campaña, interpretó *Rockin' in the free world*, en contra de los deseos de su cantautor, Neil Young. Abrió con el lema "Vamos a hacer que nuestro país sea grande de nuevo". Al hacerlo, prometió convertirse en el "mejor presidente laboral que Dios haya hecho". El 20 de junio, despidió a su director de campaña, Corey Lewandowski.

El 18 de julio de 2016, la esposa de Trump, Melania, pronunció un discurso en la Convención del Partido Republicano con pasajes que guardaban notables similitudes con un discurso de 2008 de Michelle Obama. Esto provocó una gran controversia; se pensó principalmente que era un error de los redactores del discurso.

Nominación

El 20 de julio, Trump fue nominado oficialmente como candidato presidencial en nombre de los republicanos, y al día siguiente aceptó la nominación.

A mediados de agosto, Trump sufrió una marcada caída en las encuestas y perdió muchos partidarios en estados clave. Ante esto, reorganizó su campaña y nombró a Steve Bannon como nuevo jefe. Unas semanas más tarde, Trump había vuelto a alcanzar en gran medida a su oponente demócrata Hillary Clinton.

Escándalos

El 1 de octubre de 2016, *The New York Times dio a conocer la* noticia de que Trump podría haber pagado poco o ningún impuesto federal sobre la renta durante 18 años, compensando con ello una pérdida de

916 millones de dólares -obtenida como resultado de malos negocios a principios de la década de 1990- de forma totalmente legal. Una semana antes, Clinton había instado a Trump a revelar sus declaraciones de impuestos durante su primer debate electoral en directo, sugiriendo que no quería revelarlas porque podría resultar que apenas había pagado impuestos durante años.

El 7 de octubre, exactamente un mes antes de las elecciones, Trump se desacreditó cuando *The Washington Post* publicó un fragmento de vídeo de 2005 en el que hablaba de forma sexista y despectiva sobre las "groupies". " A raíz de ello, más de 150 destacados republicanos retiraron su apoyo al candidato presidencial, incluido John McCain. Trump se disculpó en televisión, por escrito y en Facebook. El 10 de octubre, Paul Ryan, el principal republicano del Congreso, también dijo en una entrevista telefónica con colegas del partido que dejaría de apoyar a Trump. En los días siguientes, varias mujeres hicieron públicas sus declaraciones de haber sido manoseadas alguna vez por Trump. Entre ellas estaban la ganadora de Miss Arizona USA en 2001, una ex modelo y una mujer que había participado en *The Apprentice* en 2007.

Tras hacerse público el mencionado vídeo, Trump sufrió una caída libre en las encuestas. El 14 de octubre, interrumpió completamente su campaña en el estado de Virginia. Su déficit con respecto a Clinton aquí se había vuelto tan grande que el equipo de Trump ya no le daba ninguna oportunidad.

Elección a Presidente

Poco antes de las elecciones, Clinton seguía por delante en la mayoría de las encuestas. Sin embargo, el 8 de noviembre, Trump ganó, en contra de las expectativas generales, en los importantes estados de Florida, Ohio, Pensilvania y Carolina del Norte, entre otros. Con ello, logró la victoria. Trump ganó 30 estados, frente a 20 y el Distrito de Columbia para Clinton, pero obtuvo una parte menor del "voto popular", el número total de votos: Clinton obtuvo 65.853.514 votos (48,18%), Trump 62.984.828 (46,09%). Debido al funcionamiento del sistema electoral estadounidense, Trump alcanzó con creces el umbral de 270 miembros del Colegio Electoral, por 304 a 227.

Presidencia

Juramentos

El 20 de enero de 2017, Trump prestó el juramento presidencial. En su primer discurso como presidente, subrayó que, a partir de ese momento, Estados Unidos sería lo primero en todo.

Casi inmediatamente después de tomar posesión como presidente, Trump causó revuelo a nivel internacional al tomar decisiones controvertidas. Ya el 25 de enero, por ejemplo, firmó la orden ejecutiva para la construcción del muro en la frontera entre México y Estados Unidos. Una semana después de su toma de posesión, instituyó una prohibición de entrada que se aplicaría a siete países musulmanes. Sin embargo, esta prohibición fue suspendida por varios tribunales federales, al igual que una versión modificada de la misma en marzo.

Inmigración

La política de inmigración, y en particular la inmigración ilegal a Estados Unidos, fue uno de los temas principales de la campaña electoral del presidente Donald Trump. Sus propuestas de reforma y sus declaraciones sobre el tema causaron una gran publicidad. Las estimaciones oficiales del número de inmigrantes ilegales en Estados Unidos oscilan entre 11 y 12 millones.

Según Trump, la delincuencia es uno de los problemas derivados de la inmigración ilegal. Las estadísticas muestran que los ilegales tienen proporcionalmente 4 veces más probabilidades de acabar en la cárcel que los ciudadanos estadounidenses, sin incluir a los encarcelados únicamente por ser ilegales. Otros problemas son la creación de una economía sumergida, que dificulta la aplicación de la ley, y que los ilegales compiten en el mercado laboral con los inmigrantes legales y los ciudadanos estadounidenses.

Una promesa crucial de la campaña de Trump fue construir un "muro sólido" en la frontera entre Estados Unidos y México. Trump ha expresado además su apoyo a diversas variantes de "restricción de la inmigración legal y de los visados para trabajadores extranjeros", incluida una "pausa" en la emisión de tarjetas verdes, que según Trump "reducirá los niveles récord de inmigración a promedios históricos más modestos."

Como presidente, Trump emitió una prohibición de entrada, concretamente la prohibición de expedir visados a los residentes de siete países mayoritariamente musulmanes. En respuesta a las sentencias judiciales, revisó la *prohibición* dos veces, mientras que su tercera versión fue aprobada por el Tribunal Supremo en junio de 2018. Trató de poner fin al programa de *Acción Diferida para los*

Llegados en la Infancia (DACA), pero una orden judicial permitió que la política en cuestión continuara mientras el caso está en juicio.

Trump anunció además una orden de tolerancia cero para arrestar y detener a todos los inmigrantes ilegales al cruzar la frontera. Esto también llevó a separar a los niños de sus padres, ya que Estados Unidos no quiere encarcelar a los niños en una prisión para adultos. Un posible argumento subyacente a esta política fue su pretendido efecto disuasorio. Los principales artífices de este enfoque fueron el principal consejero Stephen Miller y el fiscal general Jeff Sessions.La secretaria de Interior Nielsen fue la encargada de la difícil tarea de reunir a los niños dispersos por todo Estados Unidos con sus padres.

En su primer Estado de la Unión, el 30 de enero de 2018, Trump expuso los cuatro pilares de su administración para la reforma de la política de inmigración: 1. una vía para la naturalización de *los DREAMers*, 2. la financiación de mejoras en la seguridad fronteriza, 3. el fin de las diversas loterías de visados y 4. la restricción de la inmigración basada en las relaciones familiares.Estos cuatro pilares refuerzan la promesa de campaña de Trump de *Buy American, Hire American* y también la orden ejecutiva de 2017 del mismo nombre, pistas con las prioridades de la política de inmigración establecidas anteriormente.

Tras las elecciones intermedias del 6 de noviembre de 2018, los demócratas recuperaron la mayoría en la Cámara de Representantes y, por tanto, su control. Esto dificultó a Trump la aplicación de su deseada política de inmigración. En particular, el presupuesto para el muro fronterizo fue un punto de discordia. Esto llevó al cierre temporal del gobierno a principios de 2019. Para conseguir el presupuesto de todos modos, Trump declaró el estado de emergencia (delineado para la frontera mexicano-estadounidense) a principios de 2019, lo que le dio más control sobre el presupuesto temporalmente.

Pandemia de COVID-19

A partir de diciembre de 2019, se produjo un brote mundial de la enfermedad infecciosa COVID-19, identificado por primera vez en la ciudad china de Wuhan. La primera infección en Estados Unidos se detectó el 20 de enero de 2020. El 31 de enero, el ministro de Sanidad, Alex Azar, anunció una prohibición parcial de entrada frente a los no estadounidenses que quisieran viajar a Estados Unidos desde China. Esta prohibición entró en vigor el 2 de febrero.

El presidente Trump tardó en responder a la pandemia. Hizo caso omiso de las señales de alarma iniciales de los expertos oficiales en salud y de su secretario de Sanidad, Azar.Las advertencias sobre la salud pública las ignoró, centrándose en cambio en las consecuencias económicas y políticas del brote.Siguió afirmando que se podía esperar una vacuna en cuestión de meses, a pesar de que las agencias oficiales, como el Departamento de Salud (HHS) y el Centro de Control de Enfermedades (CDC), le aseguraron repetidamente que se tardaría entre un año y un año y medio en desarrollar una vacuna segura.Además, Trump puso en entredicho la disponibilidad de materiales de prueba para el virus -en contra de su buen juicio- afirmando que "cualquiera que quiera una prueba puede obtenerla", cuando la presencia de materiales de prueba era manifiestamente inadecuada.

El 6 de marzo de 2020, Trump firmó la *Ley de Apropiación Suplementaria de Preparación y Respuesta al Coronavirus*, que proporcionó 8.300 millones de dólares para un fondo de emergencia en beneficio de las agencias federales. El 13 de marzo, su prohibición parcial de entrada entró en vigor para los viajeros procedentes de la mayor parte de Europa.También se dirigió al pueblo estadounidense por primera vez en un discurso serio desde el *Despacho Oval* sobre el "terrible" virus.

A mediados de marzo, Trump celebró conferencias de prensa acompañado de expertos médicos y personal de la Casa Blanca, algunos de los cuales se vieron obligados a contradecirle cuando pregonaba tratamientos o medicamentos no validados. Durante estas conferencias, alabó con frecuencia su propia gestión de la pandemia y criticó a su candidato presidencial rival Joe Biden y a los miembros del cuerpo de prensa de la Casa Blanca.

El 16 de marzo, el presidente reconoció por primera vez que la pandemia no estaba controlada y que podían avecinarse meses de trastornos en la vida cotidiana y una recesión.El 3 de abril, Trump anunció que el gobierno federal iba a utilizar los presupuestos de la *Ley CARES* para pagar a los hospitales por los pacientes no asegurados infectados por el coronavirus. El mandatario recibió muchas críticas de los medios de comunicación, de los expertos en salud, de la Organización Mundial de la Salud (OMS) y del gobierno chino por su uso reiterado de los términos "virus chino" y "virus de China".

A principios de abril, cuando la pandemia se agravó y él se vio presionado por el manejo de la situación por parte de su administración, Trump se negó a admitir errores. En su lugar, culpó a los medios de comunicación, a los gobernadores demócratas, a la administración Obama, a China y a la OMS.

A mediados de abril de 2020, algunas cadenas de noticias nacionales comenzaron a limitar su cobertura en directo de las conferencias de prensa. El *Washington Post* informó de que las declaraciones "propagandísticas e inexactas" realizadas por Trump diferían de las declaraciones fácticas realizadas por los miembros del *Grupo de Trabajo sobre Coronavirus*, en particular la coordinadora de coronavirus Deborah Birx y el principal experto, el Dr. Anthony Fauci.

Las sesiones informativas diarias del Grupo de Trabajo se interrumpieron a finales de abril, después de que Trump hiciera la peligrosa sugerencia a su audiencia de que se inyectaran lejía para combatir el coronavirus, una idea que recibió una fuerte condena por parte de los profesionales médicos.

El 22 de abril, Trump firmó una orden ejecutiva que restringía algunas formas de inmigración a Estados Unidos. En abril de 2020, algunos grupos afiliados al Partido Republicano organizaron protestas contra las medidas del gobierno contra la pandemia. Trump alentó estas protestas en Twitter, a pesar de que los estados a los que apuntaba no cumplían por sí mismos con las normas de flexibilización de la administración Trump.

Inicialmente, apoyó el plan del gobernador de Georgia, Brian Kemp, criticado posteriormente, de reabrir una serie de negocios no vitales. A lo largo de la primavera, siguió presionando para que se levantaran las restricciones para reducir el daño a la economía del país. A pesar de la intensificación simultánea de la propagación de la pandemia en EE.UU., la prioridad de Trump para la economía llevó a una fuerte disminución de las reuniones del *Grupo de Trabajo sobre el Coronavirus* a finales de mayo.

Durante meses, Trump se negó a usar un protector bucal durante sus conferencias de prensa y apariciones públicas, violando el consenso de su gabinete de abril de 2020 de que todos los estadounidenses deberían usar protectores bucales en público. Alrededor de junio, Trump afirmó que las máscaras eran un "arma de doble filo", ridiculizó al candidato presidencial Joe Biden por llevar una, y reiteró continuamente que llevar un protector bucal era sólo "una opción." En el superlativo, llegó a sugerir que llevar una máscara bucal era una "señal política contra él" personalmente.

En julio, el propio Trump se puso una mascarilla bucal en público por primera vez -ante las cámaras- cuando visitó el *Centro Médico Militar Nacional Walter Reed*. Mientras las cifras de infecciones y muertes seguían aumentando, optó por la estrategia de trasladar la culpa de los fracasos de su administración a los estados.

En julio de 2020, Trump anunció la retirada formal de EEUU de la OMS a partir de julio de 2021, tras acusar a la organización de la ONU -sin ninguna prueba- de "permitir al gobierno chino ocultar el origen de la pandemia."

Desafiando el número récord de infecciones en Estados Unidos a mediados de julio y el aumento de la tasa de pruebas positivas, Trump siguió restando importancia a la pandemia. Afirmó que el 99% de las infecciones eran "bastante inofensivas", una afirmación que contradecía las declaraciones de las autoridades médicas.Un pico en la tasa de infección de julio de 2020 de más de 160.000 muertes de corona en los EE.UU. no impidió que Trump presionara a todos los estados para que volvieran a abrir las escuelas a la educación física en otoño. Cuando Estados Unidos superó la insuperable cifra de 200.000 muertes por corona en septiembre, el presidente Trump siguió sin adoptar ni promover medidas preventivas. En su lugar, por razones electorales -en contradicción con las declaraciones unánimes de los expertos médicos- siguió sugiriendo que una vacuna contra el SARS-CoV-2 estará disponible para su uso general a principios de noviembre.

El 2 de octubre de 2020, se anunció que Donald Trump y su esposa Melania se habían infectado con el SARS-CoV-2, el virus que causa el COVID-19. También se descubrió que varios de sus confidentes estaban infectados. El 5 de octubre, Trump fue dado de alta del hospital.

Comercio internacional

Como ya había anunciado durante su campaña electoral, desde el inicio de su mandato como presidente, Trump, en línea con su programa "America First", mostró su preferencia por un enfoque proteccionista frente a la tendencia global del libre comercio. Por ejemplo, pidió una renegociación de los términos del TLCAN, un acuerdo de libre comercio entre Estados Unidos, Canadá y México, que entró en vigor en 1994.Trump se mostró contrario a la Asociación Transpacífica (TPP), un acuerdo de libre comercio de varios países ribereños del Océano Pacífico. Poco después de asumir el cargo, firmó una orden ejecutiva por la que retiraba a EE.UU. del mismo.

En abril de 2017, impuso mayores derechos de importación a la industria maderera canadiense para atender las quejas de los productores de leche del estado de Wisconsin sobre la política de precios de los productos lácteos de Canadá.

En mayo de 2017, la administración Trump anunció un acuerdo con China por el que este país aumentaría las importaciones de carne de vacuno estadounidense. A cambio, Estados Unidos permitiría la importación de aves de corral cocidas, fomentaría la exportación de gas natural licuado a China y apoyaría tácitamente el plan geopolítico y económico de China para reactivar la Ruta de la Seda.Inicialmente, la administración Trump calificó el acuerdo de "gigantesco y sin precedentes" al tiempo que lo consideraba un gesto de acercamiento a China. Sin embargo, una investigación del *Financial Times reveló* que la mayoría de los compromisos chinos ya formaban parte de políticas preexistentes.

En la Cumbre del G7 celebrada en Quebec el 10 de junio de 2018, Trump sorprendió a los ministros de los demás países al pedir la eliminación de todos los derechos de importación entre los Estados miembros. Donald Tusk, el presidente de la UE, expresó su preocupación por el hecho de que Trump estuviera socavando así el orden internacional regulado.Las sugerencias de Trump se produjeron tras las crecientes amenazas de contramedidas por parte de sus aliados si la administración Trump impulsa el aumento de los derechos de importación sobre el acero y el aluminio, anunciado a principios de este año, en un 25% y un 10% respectivamente. En el momento de las declaraciones de Trump, los derechos de importación entre Estados Unidos, Canadá y la UE eran un porcentaje del orden del 3%. El primer ministro canadiense, Justin Trudeau, calificó las amenazas de Trump de "casi insultantes". Posteriormente, Trump anuló su acuerdo sobre la declaración final, lo que provocó la desaprobación en el país y en el extranjero.

Política exterior

En materia de política exterior, el presidente Trump rompe tanto con el estilo como con el fondo de sus predecesores y aliados occidentales. En cuanto al estilo, sus instintos e impulsos, y especialmente las puntas de lanza de su campaña electoral, tienen prioridad sobre las políticas anteriores y la preparación de la política diplomática.Además, desmantela actos políticos y tratados en los que su predecesor, el presidente Obama, tuvo que ver. Un ejemplo es la cancelación unilateral por parte de Estados Unidos del tratado antinuclear de 2015 con Irán, compartido con otras grandes potencias. En consonancia con su lema "América primero", una de las claves es que cree que sus predecesores permitieron a otras naciones, en particular a sus aliados occidentales y a China, "beneficiarse económicamente de forma unilateral y excesiva de Estados Unidos." Trump quiere poner fin a eso.

Trump pronunció un discurso en la Asamblea General de las Naciones Unidas tanto en 2017 como en 2018. La primera vez, amenazó con destruir Corea del Norte y llamó al líder estatal norcoreano Kim Jong-un "Rocketman". En la reunión del 25 de septiembre de 2018, pronunció palabras cálidas y elogiosas sobre Kim, afirmando que él y su secretario de Estado Mike Pompeo habían dado pasos fructíferos hacia la desnuclearización. Ahora ha asignado a Irán el papel de mayor enemigo exterior de Trump y de Estados Unidos.En su segunda comparecencia ante la ONU, Trump se mostró aislacionista. Todos los jefes de Estado presentes harían bien en persiflar su lema *America First*: "Estados Unidos respeta la soberanía de todos, pero cuenta con que otros Estados respeten también la soberanía de Estados Unidos."

Corea del Norte

El 9 de marzo de 2018, la Casa Blanca confirmó que estaba prevista una reunión entre Donald Trump y Kim Jong-un, el líder de Corea del Norte. La invitación procedía de la parte norcoreana. Esta reunión sería la primera en 70 años entre un presidente estadounidense y el líder de Corea del Norte.

El establecimiento de la invitación norcoreana estaba en consonancia con el espectacular acercamiento, que se había desarrollado entre las dos Coreas a partir de los Juegos Olímpicos de Invierno de 2018. Tanto en estos últimos como en la apertura a Estados Unidos, el presidente surcoreano Moon Jae-in desempeñó un papel importante. Antes de la cumbre, el secretario de Estado estadounidense, Mike Pompeo, visitó al líder norcoreano en dos ocasiones. Esto culminó con una propuesta de reunión entre Kim y Trump prevista para el 12 de junio en Singapur.

El 24 de mayo, el presidente Trump decidió cancelar la reunión por el momento. Citó como argumentos las recientes declaraciones hostiles de la parte norcoreana. Entre ellas, llamar "bobo" al vicepresidente Mike Pence, después de que este confirmara el objetivo de Estados Unidos para la cumbre previsto por el asesor de seguridad nacional John Bolton, es decir, la realización del *modelo Lybian*, o el *desmantelamiento completo de las capacidades nucleares* en la península de Corea.

En una carta dirigida al líder Kim Jong-un, en la que le amenazaba una vez más con el incomparable mayor poder nuclear de Estados Unidos, el presidente Trump mantuvo abierta la opción de que Kim cambiara de opinión, de modo que la cumbre pudiera celebrarse en una fecha posterior. El 1 de junio, dijo que, en su opinión, la cumbre podría seguir adelante después de todo, en la fecha previamente fijada del 12 de junio.

Tras varias rondas de reuniones preparatorias del personal, Trump y Kim Jong-un se reunieron para celebrar una cumbre bilateral el 12 de junio en el Hotel Capella, Resort (Singapur) en Singapur. En una declaración conjunta, los dos países se comprometieron solemnemente a unir sus "esfuerzos para establecer un régimen de paz estable y duradero en la península de Corea", mientras que Kim reiteró su promesa de abril de 2018 de "seguir trabajando por la completa desnuclearización de la península de Corea."

Trump y Kim se reunieron por segunda vez en una cumbre especialmente convocada en Hanói, Vietnam, el 27 y 28 de febrero de 2019. No se alcanzó ningún acuerdo y la cumbre terminó prematuramente.

Durante la cumbre del G20 en Osaka, Trump tuiteó una invitación a Kim el 28 de junio de 2019 para reunirse en la frontera norcoreana al margen de la visita de Trump a Corea del Sur. El 30 de junio de 2019, Trump se convirtió en el primer presidente estadounidense en funciones en pisar suelo norcoreano.

Conflicto israelo-palestino

En cuanto al conflicto entre Israel y la Autoridad Palestina, Trump destacó inicialmente la importancia de la imparcialidad durante cualquier negociación. Pidió varias veces al primer ministro israelí Netanyahu que se contuviera en la construcción de nuevos asentamientos israelíes en Cisjordania de Palestina.

Jerusalén

El 6 de diciembre de 2017, Trump reconoció oficialmente a Jerusalén como capital de Israel e inició el traslado de su embajada en Tel Aviv a Jerusalén, a pesar de los llamamientos de varios líderes mundiales (entre ellos Antonio Guterres y el Papa Francisco) para que no lo hiciera (independientemente de las negociaciones de paz).

La Asamblea General de las Naciones Unidas condenó esta medida. Adoptó una resolución en una sesión especial ("sesión de emergencia") el 20 de diciembre de 2017, en la que también se citaba la Resolución 2334 (2016) del Consejo de Seguridad de la ONU y se pedía a todos los Estados *que distinguieran entre el territorio de Israel y los territorios ocupados (por ese Estado) desde principios de junio de 1967 en sus acciones y decisiones políticas pertinentes.*El 14 de mayo de 2018, durante las celebraciones por los 70 años de Israel, se inauguró solemnemente la embajada de Estados Unidos en Jerusalén.En las manifestaciones que se iniciaron después en la Franja de Gaza, en la "frontera" con Israel, murieron 58 personas ese mismo día. Para los palestinos y para su líder político Abbas, Trump había cruzado una línea roja con esto, no querían tener nada más que ver con la administración estadounidense-Trump. Querían negociar sólo con un foro internacional más amplio. Ya no confiaban en Trump como un imparcial y "honesto agente de paz". También Mike Pence, vicepresidente de EEUU, no fue recibido posteriormente por los palestinos durante su viaje a Israel (y como era su intención los territorios palestinos).

El trato del siglo

Anuncio del Plan de Paz

El 22 de mayo de 2017, Trump -en privado- visitó el Muro de las Lamentaciones en Jerusalén y se reunió con Netanyahu y posteriormente con el líder palestino Mahmud Abbas en Belén. Según él, el *"acuerdo definitivo"* era posible. Trump anunció que presentaría un plan de paz. A finales de agosto de 2017, Jared Kushner, el yerno judío de Trump, también visitó a Abás como jefe de una delegación de paz junto al enviado especial de Trump, Greenblatt. Para entonces se habían celebrado unas 20 conversaciones. Abbas exigió que Kushner, en un plazo de 45 días, reafirmara públicamente su compromiso con la solución de los dos Estados y también su compromiso de poner fin inmediatamente a la construcción de asentamientos judíos ilegales. Sin embargo, esto se encontró con un inequívoco "no" de la administración Trump. Al hacerlo, la administración Trump abandonó efectivamente décadas de apoyo de Estados Unidos a un modelo de dos estados como parte del proceso de paz.

Presentación del Plan de Paz

En junio de 2019, Kushner presentó en Baréin parte de su "plan de paz para Israel y los palestinos", que calificó como la "oportunidad del siglo" para los palestinos. Sólo incluía un componente económico del plan y reflejaba grandes inversiones en la región con prósperas empresas internacionales y prosperidad económica para los territorios palestinos. No se habló de una solución política al conflicto. Ni los líderes israelíes ni los palestinos estuvieron presentes en la presentación.

El 27 de enero de 2020, Trump presentó oficialmente en la Casa Blanca su plan "Peace to Prosperity" o "Deal of the Century" como un plan de paz, apenas unos meses antes de la reelección de Israel y del proceso de destitución del propio Trump. En él, sin embargo, los asentamientos israelíes en los territorios palestinos ocupados fueron señalados como legales. Los palestinos tampoco estuvieron presentes, pero sí el primer ministro israelí Netanyahu y el líder de la oposición Benny Gantz. Los palestinos habían rechazado el plan de antemano, pero Netanyahu lo alabó y Gantz también lo aceptó. La Liga Árabe rechazó el plan, diciendo que suponía "un gran desperdicio de los derechos legítimos de los palestinos".

Figuras israelíes pacíficas se volvieron contra el plan. En Europa, 50 antiguos líderes de gobierno y ministros de exteriores juzgaron, en una carta dirigida a los líderes de los gobiernos europeos, que "el plan de paz de Trump recuerda al apartheid".

Acordes de Abraham

En septiembre y octubre de 2020, la Casa Blanca alcanzó una serie de acuerdos entre Israel, por un lado, y los Emiratos Árabes Unidos y Bahréin, por otro. Estos acuerdos se denominan Acuerdos de Abraham, en honor al patriarca Abraham, que aparece tanto en la Torá, como en el Corán. Trump firmó en nombre de Estados Unidos el 15 de septiembre de 2020. La declaración entre Israel y los Emiratos Árabes Unidos marcó la primera normalización pública de las relaciones entre un país árabe e Israel desde las de Egipto en 1979 (Acuerdos de Camp David) y Jordania en 1994. Los acuerdos con Marruecos y Sudán siguieron en octubre y noviembre de 2020. Estos países también normalizaron sus relaciones con Israel.

UNRWA

En la segunda mitad de 2018, Trump adoptó una serie de medidas, entre ellas el recorte de la subvención estadounidense a la UNRWA, que proporciona servicios básicos a más de 5 millones de refugiados palestinos. El Departamento de Estado de Estados Unidos calificó las operaciones de la UNRWA como una *"operación irremediablemente defectuosa" debido* al número *"interminable y exponencialmente creciente"* de personas que reclaman ayuda de emergencia. El presidente palestino, Mahmud Abbas, condenó la decisión como un *"ataque descarado" al* pueblo palestino. Netanyahu había enviado personalmente a Trump un mensaje secreto poco antes para que recortara todos los fondos a la UNRWA. Asimismo, Trump recortó 25 millones de dólares a los hospitales palestinos de Jerusalén Este. Además, decidió cerrar la representación diplomática de la OLP en Estados Unidos, que había funcionado durante más de 20 años. Por último, su asesor de seguridad nacional, John Bolton, dejó entrever que Estados Unidos amenazaba con intervenir en la Corte Penal Internacional si seguía adelante, entre otras cosas, con la demanda presentada ante el Tribunal Penal Internacional por Palestina contra Israel por posibles crímenes de guerra cometidos por ese país en la Franja de Gaza. En septiembre de 2019, en Nueva York, donde había intervenido ante la Asamblea General de las Naciones Unidas, y tras una conversación con Benjamin Netanyahu al que había invitado allí, Trump expresó por primera vez su opinión de que un modelo de dos Estados sería la mejor solución al conflicto. Esto también apareció en el plan de Trump del 28 de enero de 2020.

Altos del Golán

El 25 de marzo de 2019, el presidente Trump firmó una declaración en la que Estados Unidos reconoce los Altos del Golán ocupados como parte de Israel. Al hacerlo, Trump rompió con la política estadounidense del último medio siglo. El primer ministro de Israel, Netanyahu, asistió al acto. En 2013, el gobierno israelí ya había otorgado una licencia a la empresa estadounidense Genie Energy con derechos exclusivos para perforar allí petróleo y gas, que tras un análisis previo está presente en grandes cantidades. Hacia ese año, había unos 30 asentamientos israelíes con 20.000 colonos en los Altos del Golán. La decisión de Trump fue en contra del criterio de Naciones Unidas, que nunca ha reconocido la anexión por parte de Israel de un territorio ocupado. Las Naciones Unidas y los estados europeos y árabes declararon que los Altos del Golán son territorio estatal sirio, independientemente de lo que Estados Unidos decidiera al respecto. El 23 de abril de 2019, Netanyahu anunció que presentará una resolución para que el gobierno apruebe el nombre de una nueva comunidad en los Altos del Golán en honor a Trump. El 16 de junio de 2019, Israel anunció la creación de Trump Heights, un asentamiento previsto en los Altos del Golán

ISIS y las guerras extranjeras

En abril de 2017, Trump ordenó un ataque con 59 misiles de crucero contra un aeródromo sirio en represalia por el bombardeo con armas químicas del régimen de Assad contra Khan Shaykuhn, una localidad del noroeste de Siria.Según el periodista de investigación Bob Woodward, Trump había ordenado a su secretario de Defensa, James Mattis, que ejecutara al presidente sirio Bashar al Assad tras el ataque químico, pero Mattis se desmarcó de esa orden. Trump negó haber dado esa orden.En abril de 2018, el presidente repitió una acción punitiva con ataques de misiles contra el régimen de Assad como repercusión a un supuesto uso sirio de armas químicas cerca de Damasco.En diciembre de 2018, Trump afirmó que "hemos derrotado al ISIS" y decretó la retirada de todas las tropas estadounidenses de Siria, desbaratando por completo las políticas del Departamento de Defensa.El secretario de Defensa, Jim Mattis, dimitió al día siguiente debido a sus opiniones contradictorias sobre política exterior. Calificó la decisión del presidente como un abandono de los aliados kurdos, que desempeñan un papel clave en la batalla terrestre contra el ISIS.Una semana después, Trump declaró que no aprobaría ninguna ampliación de los despliegues estadounidenses en Siria. El 6 de enero de 2019, el asesor de seguridad nacional John Bolton proclamó que Estados Unidos permanecería en Siria hasta que el ISIS sea erradicado y siempre que Turquía garantice que se abstendrá de atacar a los combatientes kurdos.

Trump apoyó activamente la intervención liderada por Arabia Saudí en Yemen contra los Houthis, y firmó un tratado para vender armas por valor de 110.000 millones a Arabia Saudí.Trump también elogió su relación con el poderoso príncipe heredero saudí Mohammad bin Salman al-Saoed.En contra de la promesa electoral de Trump, el número de tropas estadounidenses en Afganistán aumentó de 8.500 a 14.000 a partir de enero de 2017. Los diplomáticos estadounidenses dijeron que estaban presionando a los talibanes para concluir un acuerdo político. Sin embargo, el presidente Trump se pronunció en contra de las negociaciones con los talibanes en enero de 2018.

En octubre de 2019, tras una conversación telefónica entre el presidente Trump y el presidente turco Erdogan, la Casa Blanca confirmó que Turquía estaba a punto de lanzar una ofensiva militar planificada en el norte de Siria; dando por hecho que las tropas estadounidenses se habrían retirado de esa región para evitar una participación involuntaria y/o no deseada en esta ofensiva turca.El comunicado además transfería la responsabilidad de los combatientes del ISIS capturados a Turquía.Miembros del Congreso de ambos partidos desaprobaron la acción, incluyendo, entre otros, al senador Lindsey Graham, partidario republicano de Trump, y al líder republicano del Senado, Mitch McConnell.Argumentaron que la acción representaba una traición a los aliados de Estados Unidos, los combatientes kurdos. Que favorecerá la resurrección de los remanentes del ISIS, y además que este movimiento será bienvenido por Rusia, Irán y el régimen sirio de Bashar al-Assad.Trump defendió la acción citando el alto costo de apoyar a los combatientes kurdos y la falta de apoyo de los kurdos en guerras anteriores de Estados Unidos. También informó que si Turquía actuara de forma desproporcionada y agresiva contra los combatientes kurdos que consideran terroristas, hi, la economía de ese país quedaría completamente destruida con el uso de sanciones, boicots, etc.Poco después de la salida de las tropas estadounidenses, la fuerza aérea turca comenzó a bombardear el territorio ocupado por los combatientes kurdos en el norte de Siria.

Relaciones entre Estados Unidos y Arabia Saudí

La intensa relación estratégica y económica entre Estados Unidos y Arabia Saudí se remonta al final de la Segunda Guerra Mundial. Los atentados del 11 de septiembre de 2001, en los que 12 secuestradores tenían nacionalidad saudí, la enfriaron durante un tiempo. Sin embargo, el compromiso mutuo en los ámbitos de la seguridad, el comercio y la energía ha vuelto a aumentar. Tras dos visitas del presidente George W. Bush a Arabia Saudí en 2008 y tres visitas del rey Abdoellahs a Estados Unidos (2002, 2005 y 2008), la relación alcanzó un punto álgido. Ambas naciones han dado prioridad a su relación mutua por encima de los intereses petroleros y antiterroristas. El rey Abdullah, por ejemplo, ha propuesto fondos para que los jóvenes saudíes puedan estudiar en Estados Unidos. Las principales razones son darles perspectivas occidentales y permitirles establecer una impresión positiva de Arabia Saudí entre el pueblo estadounidense.

La administración Bush se tomó muy en serio a los saudíes debido a su predominante presencia económica y de defensa en la región y a su gran influencia mediática en el mundo islámico. A grandes rasgos, los dos dirigentes tomaron numerosas decisiones que tenían que ver con los aspectos de seguridad, económicos y empresariales de la relación, que son la parte más importante del fandom. Además, desde finales del siglo XX, Arabia Saudí ha sido considerada por los sucesivos gabinetes estadounidenses como un importante aliado estratégico contra la amenaza del archienemigo Irán. Esto no ha hecho más que aumentar tras la decisión del presidente Trump, a mediados de 2018, de convertir a Estados Unidos en la única de las seis potencias mundiales que se retira del tratado nuclear de 2015 con ese país.

Acuerdo de armas Arabia Saudí

Al inicio de su primera gira por el extranjero, Trump firmó el 20 de mayo de 2017 un acuerdo de armas con Arabia Saudí por valor de casi 110.000 millones de dólares en 10 años, que incluye el entrenamiento y la estrecha cooperación con el ejército saudí. Los documentos firmados contienen declaraciones de principios y no contratos reales.

Asesinato de Jamal Khashoggi

A principios de octubre de 2018, la relación se tensó cuando las autoridades turcas anunciaron que el periodista saudí del NYT Jamal Khashoggi había desaparecido sin dejar rastro tras entrar en la embajada saudí en Estambul para realizar trámites matrimoniales. En las semanas siguientes, la parte turca dio a conocer más detalles de la investigación, en parte por razones legales y en parte por consideraciones diplomáticas tácticas. Estos llevaron a las autoridades saudíes, tras negar inicialmente de forma categórica tener algo que ver, a admitir que un comando de asesinos de su país había eliminado a Khashoggi en la embajada. Aunque algunos miembros del comando estaban estrechamente vinculados a él, se sugirió con fuerza que el hombre fuerte y príncipe heredero Mohammad bin Salman al-Saoed (MBS) era el principal.

El presidente Trump reaccionó inicialmente con moderación a instancias de su homólogo turco Erdogan, que aprovechó su oportunidad para jugar la carta de los derechos humanos, tanto contra su potencia rival árabe como contra su aliado de la OTAN, Estados Unidos. Trump envió a su jefa de la CIA, Gina Haspel, a los lugares de la catástrofe y quiso esperar las actividades de la investigación. A finales de noviembre, casi dos meses después del asesinato y antes de que se publicara el informe de la CIA, Trump dejó claro que, basándose en su lema "América primero", debían prevalecer los intereses comerciales (el gran pedido de armas saudí de principios de 2017) y la alianza (anti-Irán). Dijo que se quedaba sin saber si el príncipe heredero saudí había ordenado o no el asesinato de Khashoggi, y calificó el mundo como "un lugar peligroso."

El 22 de noviembre de 2018, Trump reiteró que la investigación de la CIA no concluyó que Mohammad Bin Salman hubiera ordenado el asesinato. Las afirmaciones de Trump fueron criticadas por miembros del Congreso de ambos partidos, que se comprometieron a investigar. Adam Schiff, principal demócrata y miembro del Comité de Inteligencia de la Cámara de Representantes, que fue informado por la CIA, acusó al presidente Trump de mentir sobre lo que la CIA había determinado.El 13 de diciembre, el Senado -contradiciendo la posición de la Casa Blanca- aprobó por unanimidad una resolución que declaraba que el príncipe heredero saudí Mohammad bin Salman era personalmente responsable de la muerte de Khashoggi. El mismo día, el Senado votó 56-41 a favor de la legislación para cesar el apoyo militar a - la intervención liderada por Arabia Saudí en Yemen. Una decisión que se atribuye a los senadores que quieren castigar a Arabia Saudí por el asesinato de Khashoggi y por la crisis humanitaria en Yemen, asolada por la hambruna y las violaciones de los derechos humanos.

Esta fue la primera vez que el Senado dio aplicación a la Ley de Poderes de Guerra.La Cámara de Representantes bloqueó entonces, por un estrecho margen, la consideración de cualquier resolución de Poderes de Guerra para considerar la acción militar de Estados Unidos en Yemen durante un año.

Cambio climático

Antes y después de las elecciones que ganó, Trump calificó el cambio climático de "bulo", una invención enviada al mundo por los chinos para socavar los intereses estadounidenses. En consecuencia, durante la campaña electoral había prometido retirarse del Acuerdo Climático de París, y también cumplió esa promesa electoral. Estados Unidos sigue siendo sólo un observador "en París". Más adelante en su presidencia, volvió a desmentir la historia del engaño, afirmando que "algo" está pasando. La causa de ese algo, el calentamiento medido, no está clara según él: se produjo de forma natural y se producirá de forma natural. Algún tiempo después de su toma de posesión, la página web del Departamento de Medio Ambiente de los Estados Unidos (la EPA), la Agencia de Protección Medioambiental de los Estados Unidos, cambió. Cuando se trata del cambio climático, no se trata de combatirlo, sino de "adaptación": adaptarse a sus consecuencias.

Sin embargo, muchas ciudades y estados siguieron tomando medidas contra el cambio climático tras el anuncio de la retirada del acuerdo, formando lo que se conoce como la Alianza Climática de Estados Unidos.

#MeToo

El tema de los acercamientos sexuales inoportunos a las mujeres por parte de Donald Trump (véase #Escándalos), también estalló tras la ola mundial de denuncias #MeToo, que siguió a la del productor cinematográfico Harvey Weinstein en octubre de 2017. Numerosos altos ejecutivos de diversos sectores de la sociedad, como los medios de comunicación, el deporte, la ciencia, etc., se enfrentaron al hecho de que las colegas femeninas ya no toleraban su acoso y abuso de poder transfronterizos y se atrevieron, por primera vez, a hacerlo público. En casi todos los casos, esto se tradujo en la dimisión o el despido inmediato de estas altas autoridades.

Además de irrumpir muchas veces de forma inesperada en los vestuarios de "sus" elecciones masivas, hay pendientes al menos 13 acusaciones individuales de mujeres de comportamiento sexualmente transgresor contra Trump, que se remontan a antes de que tomara posesión como presidente. Él amenazó con demandar a estas mujeres, pero aún no lo ha puesto en práctica. A través de su portavoz en la Casa Blanca, Sarah Huckabee Sanders, Trump sigue negándolo todo.Antes de las elecciones de mitad de mandato para cubrir la vacante de senador por el estado de Alabama, el presidente Trump - tras las dudas iniciales por el gran desagrado de los republicanos del Senado- promovió plenamente la candidatura del republicano Roy Moore. Numerosas acusaciones se han vertido contra este exjuez cristiano radical por haber mantenido comportamientos sexuales transfronterizos con chicas adolescentes cuando él mismo tenía poco más de 30 años. Además de sus otras opiniones extremas, este fue un motivo para que los republicanos del Capitolio declararan a Moore persona non grata en un primer momento. Sin embargo, ganó las primarias republicanas frente a su contracandidato republicano moderado en Alabama. Tras la ajustada victoria del candidato demócrata Doug Jones el 12 de diciembre de 2017, Trump felicitó inmediatamente a este último por su victoria sin hacer caso a la reclamación de Moore de un recuento. Esta primera victoria electoral demócrata en Alabama después de más de dos décadas fue explicada por los investigadores como resultado de la participación de las mujeres y de los votantes afroamericanos en particular.

En enero de 2018, el diario estadounidense *The New York Times* reveló que Stephanie Clifford, alias Stormy Daniels, supuestamente tuvo una aventura sexual con Donald Trump en 2006. Su exabogado personal Michael Cohen reconoció un mes después, poco antes de las elecciones presidenciales de 2016, haber pagado 130.000 dólares en concepto de silencio a Clifford. El movimiento #MeToo consideró que se trataba de un incidente más de un presidente que ya había estado en el punto de mira por su trato a las mujeres: Daniels siempre se ha negado a relacionarla con el movimiento.

Durante su mandato, Trump impulsó a Brett Kavanaugh como candidato al Tribunal Supremo. Durante el proceso de nominación, Kavanaugh fue acusado por Christine Blasey Ford de agresión sexual durante una pequeña fiesta en el *instituto*. Ella testificó sobre esto en el Comité Judicial del Senado. Tras la efímera reacción positiva inicial de Trump ante el testimonio de Ford, unos días después, en un mitin en Misisipi, calificó su relato de "agujero en la pared": "Ella no sabía de qué y dónde iba su historia". Al hacerlo, se puso del lado de Kavanaugh, el (presunto) agresor. Una repetición de un patrón que ya mostró en anteriores asuntos de transgresión sexual del candidato a senador Roy Moore y del secretario de personal Rob Porter. En una rueda de prensa sobre el asunto de Blasey-Ford, el presidente también citó su propio problema sobre el acoso sexual a varias mujeres. Aprovechó esa oportunidad para reducir el número registrado de mujeres denunciantes de al menos doce a cuatro.

Relación con los medios de comunicación

Desde su candidatura, Trump ha tenido una relación entre moderada y mala con gran parte de los medios de comunicación, especialmente con los llamados "medios de comunicación convencionales". Ha acusado a la prensa de difundir *noticias falsas*. También ha llamado a ciertos medios específicos "el enemigo del pueblo". Por ejemplo, el 17 de febrero de 2017, Trump tuiteó "Los medios de comunicación de FAKE NEWS (los fallidos @nytimes, @NBCNews, @ABC, @CBS, @CNN) no son mis enemigos, son los enemigos del pueblo estadounidense." El 16 de agosto de 2018, el Senado aprobó por unanimidad una resolución "que la prensa no es el enemigo del pueblo."

En marzo, varias de las principales cadenas de televisión se negaron a emitir un anuncio pagado de la campaña de Trump 2020, que transmitía el mensaje de que los principales medios de comunicación no querían mostrar sus éxitos, y de paso se refería a estos medios como "fake news". En un comunicado, la CNN explicó la negativa, argumentando que iba en contra de su política de difusión de falsedades. La nuera y asesora de campaña de Trump, Lara Trump, calificó el rechazo como un "precedente chocante en la obstrucción del derecho de expresión."

Uso de Twitter

Tras su toma de posesión, Trump continuó con su uso frecuente de Twitter, que también había caracterizado su campaña presidencial. Él mismo continuó con la cuenta personal @realDonaldTrump, mientras que su personal tuiteaba en su nombre a través de la cuenta oficial @POTUS.Su uso de Twitter para comunicarse directamente con el pueblo estadounidense, sin la intervención de medios de comunicación más tradicionales como los periódicos y las cadenas de televisión, no se había visto antes en un presidente estadounidense. La administración Trump describe los tuits de Trump como "declaraciones oficiales del Presidente de los Estados Unidos". Para Trump, Twitter es un canal mediático para compartir sus puntos de vista con sus propias palabras, sin el riesgo de que sus palabras sean tergiversadas, algo que él considera un riesgo.

El presidente utiliza Twitter con diversos fines: compartir propuestas políticas, expresar su opinión sobre diversos temas, criticar a otros políticos y recabar apoyos políticos para aprobar leyes.

En Twitter ha utilizado varias veces apodos despectivos para sus oponentes políticos, como "Pequeño Marco (Rubio)", "Mentiroso' Ted (Cruz)" y "Torcida Hillary (Clinton)" para sus oponentes durante la campaña. Una práctica que también continuó después de su elección, como "Sneaky Dianne Feinstein" y "Dicky Durbin". Utilizó el apodo de "Little Rocket Man" para el jefe de Estado Kim Jong-un de Corea del Norte, tanto en tuits como en un discurso en la Asamblea General de las Naciones Unidas.

También ha utilizado el medio para criticar a altos cargos de su propio gabinete, como el exsecretario de Estado Rex Tillerson, el exasesor de seguridad nacional Herbert McMaster, el vicefiscal general Rod Rosenstein y en numerosas ocasiones el fiscal general Jeff Sessions. Tillerson fue finalmente despedido por Trump mediante un tuit. Trump también tuiteó que "su" Departamento de Justicia formaba parte del "estado profundo" de Estados Unidos; que había "una terrible filtración, mentira y corrupción" en los niveles más altos del FBI, los Departamentos de Justicia y Estado, así como que la investigación del fiscal especial Robert Mueller sería una caza de brujas.

Otros tuits destacables fueron los siguientes: Críticas al fallo de un juez que había bloqueado un decreto de Trump relativo a las restricciones de entrada. Ese decreto fue posteriormente restablecido en forma modificada. Comentarios de que el secretario Jeff Sessions debería "detener inmediatamente" la investigación del fiscal especial; que estaba "amañada" y que los investigadores eran parciales.

Un juez federal dictaminó en mayo de 2018 que el bloqueo de Trump a otros usuarios de Twitter por tener opiniones políticas opuestas viola *la Primera Enmienda* de la Constitución. Sin embargo, no incluyó una orden específica para desbloquear a las personas. Trump ha apelado.

Trump escribió la inexistente palabra *covfefe* en un tuit el 31 de mayo de 2017. El tuit decía: *"A pesar de la constante prensa negativa covfefe"*. Internet reaccionó entonces con asombro. Twitter se inundó de gente que se preguntaba qué quería decir exactamente Trump. #covfefe fue temporalmente el hashtag más utilizado. El tuit en cuestión fue borrado por Trump, que se preguntó si alguien podría averiguar su verdadero significado. El miembro demócrata de la Cámara de Representantes Mike Quigly presentó una enmienda, Communications Over Various Feeds Electronically for Engagement Act (C.O.V.F.E.F.E Act), para que las declaraciones realizadas por el presidente a través de las redes sociales queden cubiertas por la Ley de Registros Presidenciales y, por tanto, se conserven. "Covfefe" resultó ser una errata al redactar la *noticia*

Tras el asalto al Capitolio de Estados Unidos por parte de partidarios de Trump en Washington D.C. el 6 de enero de 2021, Twitter y Facebook decidieron bloquear temporalmente la cuenta del presidente. Un día después, el consejero delegado de Facebook, Mark Zuckerberg, anunció que el bloqueo se prolongaría indefinidamente....

El 8 de enero de 2021, Twitter anunció que suspendía permanentemente la cuenta de Trump debido al riesgo de que se produjera una nueva incitación a la violencia.

Reacción a la brutalidad policial contra George Floyd

En respuesta a las protestas masivas -algunas de ellas violentas- y a los disturbios civiles derivados de la detención mortal del afroamericano George Floyd por parte de la policía, Trump planteó públicamente la posibilidad de promulgar la *Ley de Insurrección* y desplegar al ejército en determinadas ciudades de Estados Unidos, ante la necesidad de mantener la autoridad y el orden.

Unos días después, Trump declaró que todo el mundo merece un trato igualitario y justo por parte de las fuerzas de seguridad y que lo que le ocurrió a Floyd no es admisible. En el mismo discurso, postuló que algo grande está sucediendo en Estados Unidos, que era un gran día, para Floyd y para todos en materia de igualdad. Además, afirmó que nadie había hecho más por la comunidad negra que él mismo. Sus declaraciones fueron objeto de críticas.

Elecciones 2020

En las elecciones presidenciales estadounidenses de 2020, Donald Trump era el candidato republicano para un segundo mandato. Su oponente demócrata era Joe Biden, que fue vicepresidente con el predecesor de Trump, Obama. Debido a la crisis de la corona, estaba claro de antemano que habría mucho más voto por correo, especialmente por parte de los votantes demócratas, que en general expresaban más preocupación por la pandemia (Biden defendía medidas estrictas contra la corona y pedía el voto por correo, Trump estaba a favor de pocas medidas restrictivas). Trump había advertido antes de las elecciones que el voto por correo sería susceptible de fraude, a pesar de que la mayoría de los expertos contradijeron que era algo generalizado.

Poco después de las elecciones, cuando el recuento aún estaba en pleno desarrollo, Trump ya proclamó que había ganado, ya que Biden estaba por detrás en muchos estados cruciales. Los medios de comunicación lo tacharon de prematuro. Trump afirmó conocer el fraude masivo en el recuento de votos y pidió que se acabara con él en algunos estados. Sin embargo, el recuento siguió su curso habitual y unos días más tarde se supo que Biden había reunido más votos electorales que Trump y que, por tanto, había ganado las elecciones. En contra de las normas imperantes, Trump no admitió su derrota. No quiso ayudar a Biden a tomar el relevo, y su equipo presentó demandas en varios estados para impugnar los resultados y se solicitaron recuentos. Los recuentos y las demandas se volvieron siempre en contra de Trump, que inició entonces otros procedimientos.

Según las cifras preliminares de la CNN, Trump obtuvo aproximadamente 72,7 millones de votos, más en términos absolutos que cualquier otro candidato a la presidencia de la historia, sin embargo, el récord lo tiene Joe Biden que obtuvo aproximadamente 78 millones de votos según las mismas cifras.

El 23 de noviembre, la Administración de Servicios Generales (GSA) concedió a Joe Biden las instalaciones que le correspondían a un presidente electo. Sin embargo, Trump no aceptó aún su derrota e intentó con demandas y recuentos cambiar el resultado a su favor.

El 25 de noviembre, Día de Acción de Gracias, Trump indultó a su exconsejero de Seguridad Nacional Michael Flynn. El hecho de que lo hiciera cuando estaba claro que lo más probable es que no obtuviera un segundo mandato como presidente evocó inmediatamente críticas de abuso de poder.

El 3 de enero de 2021 se filtró una grabación de audio en la que Trump presionaba a funcionarios del estado de Georgia para que cometieran un fraude electoral a gran escala. Luego pasó a presionar al vicepresidente Mike Pence para que negara algunos resultados durante el recuento de votos del Colegio Electoral el 6 de enero, pero Pence no cedió.

Después de que se confirmaran los votos del Colegio Electoral tras la tumultuosa sesión (ver más abajo), Trump prometió un traspaso de poderes ordenado el 20 de enero. Antes, Biden había acusado a Trump de trabajar contra él.

Disturbios en el Capitolio

El 6 de enero de 2021, en el Capitolio, la Cámara de Representantes y el Congreso contaron oficialmente los votos del Colegio Electoral. Ese mismo día, también se celebraron elecciones en Georgia, donde se cubrieron dos escaños para el Congreso y donde los demócratas parecían dirigirse a una estrecha victoria. Esa victoria dio a los demócratas la mitad del Congreso, lo que representa una estrecha mayoría, ya que la vicepresidenta (a partir de la toma de posesión de Joe Biden, el 20 de enero, es la demócrata Kamala Harris) aporta un voto extra crucial en este caso. Trump llamó a sus partidarios a acudir a Washington D.C. ese día para protestar por lo que seguía considerando un resultado fraudulento. Allí se dirigió a sus partidarios. Más tarde, se manifestaron en el Capitolio y algunos de los partidarios asaltaron el edificio, durante la sesión. Golpearon después de que los congresistas hubieran abandonado la sala de conferencias y se hubieran puesto a salvo, entre otras cosas, hasta la presidencia de esa sala, y también en el despacho de la presidenta de la Cámara, Nancy Pelosi. Algunas oficinas fueron vandalizadas y saqueadas. Hubo disparos, con una persona herida de muerte. Trump llamó a través de Twitter a mantener la paz, mientras que su hija Ivanka, en el mismo medio, elogiaba a los manifestantes (pacíficos) como "patriotas americanos." Al cabo de tres horas, envió un mensaje de vídeo al mundo en el que volvía a insistir en que le habían robado las elecciones, pero también pedía que la gente volviera a casa. A las 6 de la tarde, hora local, y tras la intervención de la Guardia Nacional, el edificio fue evacuado.

En las manifestaciones, una persona murió de un balazo, otras tres murieron por "complicaciones médicas" y un agente murió un día después de las manifestaciones. Se detuvo a 52 personas. Las críticas a la seguridad del Capitolio no tardaron en resonar. Funcionarios electos de los dos principales partidos desaprobaron el asalto al Capitolio y señalaron la responsabilidad de las palabras de Trump.

Trumpismo

Es un término para la ideología política, el estilo de gobierno, el movimiento político y el conjunto de mecanismos para adquirir y mantener el poder que se asocia con Donald Trump y su base política. Es una versión política estadounidense del sentimiento nacional-populista de derecha a extrema derecha que se observa en múltiples países del mundo a finales de la década de 2010 y que incluye aspectos de la democracia iliberal.

Impeachment

Intentos de acusación

Desde que Trump juró su cargo como presidente, ha habido varios intentos de iniciar un proceso de destitución ("impeachment") contra él presentando uno o varios de los llamados *Artículos de Destitución* en la Cámara de Representantes. Estos intentos fueron inicialmente inútiles mientras la facción republicana de la Cámara de Representantes, que tenía la mayoría allí hasta 2018, se mantuvo detrás del presidente.

- 17 de mayo de 2017: Al Green, miembro de la Cámara de Representantes por el Partido Demócrata, acusó a Trump de obstrucción a la justicia. Como justificación, citó el despido de Trump del jefe del FBI, James Comey, y la declaración de Trump en relación con la investigación del FBI sobre la influencia del Estado ruso en las elecciones presidenciales. La moción no fue sometida a votación.

- Julio de 2017: Brad Sherman, miembro de la Cámara de Representantes por el Partido Demócrata, le acusó de obstruir la justicia al despedir a James Comey.

- Noviembre de 2017: Al Green, miembro de la Cámara de Representantes por el Partido Demócrata, con cinco apoyos a la moción, también demócratas acusaron al presidente Trump de violar la Constitución, según ellos. El despido del director del FBI, James Comey, y la violación de la llamada Cláusula de Emolumentos (la prohibición de que los funcionarios del gobierno acepten regalos de gobiernos extranjeros) fueron dos argumentos esgrimidos por los congresistas para iniciar el proceso de impeachment. Los demócratas también señalaron el "socavamiento" por parte de Trump de la independencia del poder judicial y de la libertad de prensa. Green indicó que definitivamente quería una votación (puramente simbólica) sobre la moción, que no tenía ninguna posibilidad real de ser aprobada. La moción recibió finalmente 58 votos en la Cámara de Representantes, que cuenta con 435 miembros, 193 de los cuales son demócratas.

Durante la mayor parte de la presidencia de Trump, los demócratas estaban divididos sobre la cuestión del juicio político al presidente. Menos de 20 delegados en la Cámara de Representantes apoyaban el impeachment alrededor de enero de 2019, pero este número aumentó a alrededor de 140 delegados después de que el informe de Mueller saliera a la luz en abril y después de que el fiscal especial Robert Mueller testificara en julio.

Procedimiento inicial de impugnación, proceso, absolución

El primer proceso de impeachment contra Trump fue anunciado formalmente el 24 de septiembre de 2019 por la presidenta de la Cámara de Representantes de los demócratas, Nancy Pelosi. El detonante fue una conversación telefónica de Trump con Volodymyr Zelensky, presidente de Ucrania. En ella, Trump supuestamente dijo en nombre de Estados Unidos que no proporcionaría la ayuda militar prometida a Ucrania hasta que no hubiera una investigación de corrupción en Ucrania sobre Joe Biden y la empresa de su hijo Hunter, con la que Trump era supuestamente culpable de quid pro quo. En ese momento, el ex vicepresidente Biden era uno de los principales aspirantes del Partido Demócrata a convertirse en el oponente de Trump en las elecciones presidenciales de Estados Unidos de 2020.

A lo largo de octubre de 2019, varios funcionarios del Departamento de Estado testificaron a puerta cerrada en sesiones de Comisiones del Congreso sobre la cuestión ucraniana - Resolución 31-10-2019. El 22 de octubre, el diplomático estadounidense William B. Taylor Jr. declaró que, poco después de llegar en junio de 2019, descubrió que Zelensky estaba siendo presionado por una iniciativa privada encabezada por Trump y dirigida por Rudy Giuliani, el abogado privado de Trump.La intención era forzar a Zelensky a llegar a un acuerdo público sobre, por un lado, una investigación de corrupción en la empresa que empleaba a Hunter Biden, y por otro, sobre los rumores de influencia ucraniana en las elecciones presidenciales estadounidenses de 2016. Dejó claro que hasta que Zelensky no hiciera ese anuncio, el gabinete estadounidense no transferiría la ayuda militar ya presupuestada a Ucrania, ni enviaría a Zelensky la codiciada invitación para visitar la Casa Blanca.Como parte de la investigación del impeachment, el comité legal de la Cámara de Representantes pidió acceso a la información del Gran Jurado que se había utilizado en el resumen del informe Mueller. El Departamento de Justicia (DOJ) se negó a entregar esa información, argumentando que se debe mantener el secreto de ese material y que la investigación del impeachment no es sólida.El 25 de octubre de 2019, la jueza federal Beryl A. Howell dictaminó que esta última investigación es sólida y que el DOJ debe entregar la información al comité en el plazo de una semana.El 31 de octubre, la Cámara aprobó una resolución por 232 votos a favor y 196 en contra que establece las reglas para la siguiente fase de la investigación, que incluye audiencias públicas.

El miércoles 13 de noviembre de 2019, la investigación oficial y pública sobre la destitución del presidente Trump por el tema de Ucrania comenzó con el interrogatorio de los altos diplomáticos William B. Taylor Jr. y George Kent, que estaban trabajando en la capital, Kiev. La reunión del Comité de Inteligencia del Congreso fue dirigida por el presidente demócrata Adam Schiff.La investigación sobre la destitución surgió de la denuncia imprevista de un denunciante anónimo, que calificó la llamada telefónica de Trump como un abuso de poder, y añadió otras acusaciones, a saber. que la Casa Blanca había tenido la intención de archivar el expediente de la llamada telefónica en un sistema digital secreto, y que la llamada telefónica formaba parte de una amplia campaña de Rudy Giuliani y de la administración Trump para presionar a Ucrania para que iniciara una investigación de corrupción sobre los Biden.El denunciante expresó además la sospecha de que la cancelación por parte de Trump de la visita del vicepresidente Mike Pence a Kiev en mayo de 2019, y la retención por parte del presidente de la ayuda financiera a Ucrania, formaban parte de la campaña para presionar a Ucrania. El presidente Trump confirmó que, efectivamente, había suspendido temporalmente la ayuda militar a Ucrania, para lo cual dio razones contradictorias

El 18 de diciembre de 2019, Trump fue acusado de abuso de poder y obstrucción al Congreso en el llamado asunto de Ucrania.Después de que la Cámara de Representantes aprobara los artículos del impeachment por abuso de poder y obstrucción al Congreso.

La investigación menciona que Trump detuvo la ayuda militar a Ucrania, además de invitar al presidente de ese país a la Casa Blanca, para lograr que esa parte proclamara públicamente una investigación de corrupción sobre los rivales políticos de Trump y la controvertida afirmación de que Ucrania había interferido en las elecciones presidenciales estadounidenses de 2016.El Senado tuvo entonces que pronunciarse al respecto. Seis comisiones de la Cámara de Representantes comenzaron a realizar investigaciones preliminares. Más tarde se decidió celebrar audiencias públicas. Los *artículos del impeachment* se trasladaron al Senado el 15 de enero de 2020.El 31

de enero de 2020, el Senado votó en contra de la convocatoria de
testigos, a la que la minoría demócrata había instado enérgicamente
tras ser bloqueada por la Casa Blanca. Esto hizo que este fuera el
primer juicio de destitución en la historia de EE.UU. en el que no se
escuchó a ningún testigo.

El 5 de febrero de 2020, Trump fue absuelto de ambos cargos, casi en
su totalidad por líneas de partido, por un voto mayoritario de los
senadores. Todos los senadores demócratas habían votado a favor del
impeachment, casi todos los senadores republicanos habían votado en
contra. La excepción fue el senador republicano de Utah, Mitt Romney,
el único -y el único senador de la historia- que declaró al presidente de
su propio partido culpable de cualquiera de los dos cargos.

Segundo proceso de impugnación, juicio, absolución

El 11 de enero de 2021 se presentó un segundo juicio político contra
Donald Trump, tras el asalto al Capitolio el 6 de enero de ese año.
Trump es el primer presidente de EE.UU. contra el que se inicia un
procedimiento de este tipo en dos ocasiones. Se le acusó de "incitar a
la insurrección". El 13 de enero de 2021, una mayoría de 232 a 197
miembros de la Cámara de Representantes votó a favor del
procedimiento para deponer al presidente Trump. Entre los que
votaron a favor había diez delegados del propio Partido Republicano
de Trump. El procedimiento oficial de destitución fue entregado al
Senado por la Cámara de Representantes el 25 de enero de 2021
(hora local). Esto es después del final del mandato regular de Trump.

El 9 de febrero de 2021, la mayoría del Senado de Estados Unidos, en
una votación, declaró constitucional el proceso de impeachment contra
Donald Trump. El procedimiento fue aprobado por 56 votos a favor y
44 en contra. El juicio en el Senado tuvo lugar cuando su sucesor
Biden ya era presidente. Si bien la salida de Trump ya no era un
problema en ese momento, todavía se podía decidir que no podía
volver a presentarse a la presidencia en el futuro. Muchos republicanos
votaron en contra de la condena alegando que la Constitución no
permite destituir a un ex presidente. Como resultado, no hubo una
mayoría de dos tercios para la destitución.

25ª Enmienda a la Constitución

Además *del impeachment*, la Constitución de Estados Unidos tiene un
segundo procedimiento para destituir a un presidente en funciones,
que es mediante la aplicación de la 25ª Enmienda de la Constitución.
Ésta puede aplicarse en caso de que "sea incapaz de ejercer los

poderes y deberes de su cargo". Su (presunto) estado mental fue insinuado varias veces durante la presidencia de Trump para permitir su destitución, pero en la práctica no se utilizó.

A mediados de febrero de 2019, el entonces subdirector del FBI, Andrew McCabe, reveló que él y otros altos cargos del FBI y de Justicia habían discutido seriamente la opción de aplicar la 25ª Enmienda tras la inesperada dimisión del director del FBI, James Comey. Esto fue en relación con la creciente evidencia de una conexión rusa entre el presidente Trump y su entorno en mayo de 2017.

Tras el asalto al Capitolio por parte de los partidarios de Trump promovido por él el 6 de enero de 2021, algunos cargos volvieron a pedir que se invocara la 25ª Enmienda para deponer a Trump, por considerarlo responsable de los disturbios y, por tanto, incapaz de ejercer el cargo.

Encuestas

General

A partir de principios de 2019, con la mayoría demócrata en la Cámara de Representantes, se someterán a un detallado escrutinio diversos asuntos de la primera mitad del mandato de Trump, como la campaña electoral, el proceso de transición, la toma de posesión, así como en paralelo la relación entre el gobierno y los intereses privados, los impuestos privados y los fondos de caridad. Las comisiones pertinentes de la Cámara de Representantes podrán citar a testigos y escucharlos bajo juramento.

Russiagate

Las acusaciones de colusión con "los rusos" suelen denominarse simplemente como *Russia-gate*. El informe final del fiscal especial Robert Mueller afirma que no hay pruebas de que la campaña de Trump o cualquier persona u organización afiliada a ella se coludiera con Rusia para influir en las elecciones presidenciales de 2016 en Estados Unidos.

En los dos primeros años de la presidencia de Donald Trump, gran parte de la atención mediática se centró en la sospecha de que su victoria electoral en noviembre de 2016 se debió en parte a la colusión entre su equipo de campaña y altas autoridades rusas.Las primeras semanas de la administración Trump no ayudaron a debilitar esta sospecha. El asesor de seguridad nacional Michael Flynn tuvo que dimitir, debido a las mentiras sobre los contactos rusos. El fiscal general Jeff Sessions se vio obligado a mantenerse al margen de la investigación del fiscal especial sobre la supuesta injerencia rusa. El presidente desconfió de sus propias agencias de Inteligencia y dio más valor al desmentido del presidente Vladimir Putin. Combatir los medios digitales que los rusos han explotado no era el interés de Trump.Cuando, después de varios meses, el presidente exigió lealtad personal al director del FBI, James Comey, por encima de su integridad profesional y luego lo despidió de forma fulminante por investigar ese "asunto de Rusia", Trump desató un escenario que sería dirigido por un Fiscal Especial, y que puede rivalizar con el drama del escándalo Watergate bajo la presidencia de Richard Nixon.

Ya en enero de 2017, las agencias de inteligencia conjuntas de Estados Unidos, la CIA, el FBI y la NSA, afirmaron con "alta confidencialidad" que el gobierno ruso interfirió en las elecciones presidenciales de 2016 en Estados Unidos para favorecer la elección de Trump. En marzo de 2017, el director del FBI, James Comey, dijo en el Congreso que "como parte de nuestra misión de contrainteligencia, el trabajo del FBI es investigar los intentos del gobierno ruso de influir en las elecciones presidenciales." Eso incluye investigar la naturaleza de los vínculos entre individuos asociados con la campaña de Trump y el gobierno ruso, y si hubo alguna coordinación entre la campaña y el esfuerzo ruso. "Más tarde, en un testimonio en la reunión del Comité de Inteligencia del Senado el 8 de junio, confirmó que no tenía "la más mínima duda" de que el gobierno ruso había interferido en las elecciones de 2016, y añadió que "lo hicieron de forma intencionada y astuta".Los vínculos de Trump con Rusia han sido ampliamente difundidos por la prensa.Uno de los directores de campaña de Trump, Paul Manafort, trabajó durante varios años para el político prorruso Víktor Yanukóvich para ganar la presidencia de Ucrania. Otros aliados de Trump, como el ex asesor de seguridad nacional Michael Flynn y el consultor político Roger Stone, tenían vínculos con las autoridades rusas. Durante la campaña, los agentes rusos fueron informados de que sabían que podían traer a Manafort y Flynn para influir en Trump.Miembros de la campaña de Trump y más tarde su personal de la Casa Blanca, en particular Flynn, estuvieron en contacto con las autoridades rusas tanto antes como después de las elecciones del 6 de noviembre. El 29 de diciembre de 2016, Flynn habló con el embajador ruso Sergei Kislyak (diplomático) sobre las sanciones impuestas ese mismo día. Más tarde, Trump despidió a Flynn por afirmar falsamente que no había hablado de las sanciones.

Dimisión del director de la CIA James Comey

El 9 de mayo de 2017, Trump despidió al director del FBI, James Comey. Inicialmente, atribuyó esta acción a las recomendaciones del fiscal general Jeff Sessions y del subsecretario de Estado Rod Rosenstein, que criticaron la gestión de Comey en la investigación sobre los correos electrónicos de Hillary Clinton. El 11 de mayo, Trump declaró que estaba preocupado por "ese continuo asunto de Rusia" y que había planeado previamente despedir a Comey, independientemente del consejo del Departamento de Justicia.

Según un memorando de Comey de una conversación personal con el presidente el 14 de febrero de 2017, Trump dijo que esperaba que Comey abandonara la investigación sobre Michael Flynn. En marzo y abril, Trump le dijo a Comey que las sospechas persistentes formaban una "nube oscura" que perjudicaba su presidencia, y le pidió que declarara públicamente que él personalmente no era objeto de investigación.También pidió a los jefes de inteligencia Dan Coats y Michael Rogers que emitieran declaraciones en el sentido de que no había pruebas de que su campaña hubiera coludido con los rusos durante las elecciones presidenciales de 2016. Ambos se negaron, por considerarlo una petición inapropiada, si no ilegal.Finalmente, el propio Comey declaró como director el 8 de junio que la investigación del FBI no estaba dirigida al propio Trump. En un mensaje de Twitter, Trump sugirió que tenía grabaciones de conversaciones con Comey, para luego proclamar que en realidad no tenía tales grabaciones.

Fiscal especial

El 17 de mayo de 2017, el subsecretario de Estado Rod Rosenstein nombró a Robert Mueller, antiguo director del FBI, como fiscal especial del Departamento de Justicia (DOJ). En este cargo, Mueller recibió la supervisión de la investigación sobre "cualquier vínculo y/o coordinación del gobierno ruso con la campaña del presidente Donald Trump, y cualquier cuestión, ya planteada o potencialmente a plantear directamente de la investigación." Trump ha negado repetidamente cualquier colusión entre la campaña de Trump y el gobierno ruso.Pocos días después del despido de Comey, *The Washington Post* informó que la Fiscalía Especial iba a investigar si Trump había obstruido la justicia. El nuevo abogado de Trump, Jay Sekulow, dijo que no le había llegado ninguna notificación de esa investigación. ABC News informó más tarde de que el fiscal especial había recabado información de antemano sobre una posible obstrucción a la justicia, pero que aún no había puesto en marcha una investigación a gran escala.

En enero de 2018, *The New York Times* informó que Trump había ordenado que se despidiera a Mueller en junio de 2017, después de que este se ocupara de investigar una posible obstrucción a la justicia. Sin embargo, Trump se echó atrás después de que el consejero de la Casa Blanca, Don McGahn, amenazara con dimitir; Trump calificó el informe de "fake news". *El New York Times* informó en abril de 2018 que Trump había vuelto a exigir en diciembre de 2017 el cese de la investigación, pero se detuvo después de leer las noticias en las que se basaba que su decisión era errónea. En abril de 2018, tras la redada del FBI en la casa y la oficina del abogado privado de Trump, Michael Cohen, Trump insinuó en voz alta sobre el despido de Mueller. En agosto de 2018, Trump escribió que el secretario de Estado Jeff Sessions debería "detener la investigación del fiscal especial inmediatamente ahora"; el presidente también se refirió a la investigación como una "caza de brujas" y "amañada."

En enero de 2018, se anunció que Mueller quiere interrogar a Trump sobre la destitución de Flynn y Comey. Durante la mayor parte de 2018, hubo discusiones entre la oficina de Mueller y los abogados de la Casa Blanca sobre si Trump le daría a Mueller una entrevista individual o una respuesta por escrito, y qué temas deberían tratarse. El propio Trump dijo públicamente que estaba dispuesto a ser entrevistado. En noviembre de 2018, dijo que estaba preparando respuestas por escrito a un conjunto de preguntas, y a finales de noviembre su equipo legal declaró que había proporcionado respuestas a preguntas escritas del fiscal especial sobre "temas relativos a los puntos clave de la investigación relacionados con Rusia."

El *New York Times* informó el 11 de enero de 2019 que la división de contrainteligencia del FBI está cada vez más preocupada por los vínculos de Trump con Rusia durante la campaña electoral de 2016, pero se abstuvo de abrir una investigación debido a la incertidumbre sobre cómo operar en un tema tan sensible. El comportamiento de Trump durante los días inmediatamente anteriores al despido de Comey les llevó a abrir una investigación sobre si Trump había trabajado para los rusos y a sabiendas o no en detrimento de los intereses estadounidenses. El FBI fusionó la contrainformación con la de la investigación sobre posible obstrucción a la justicia en el despido de James Comey. Mueller se hizo cargo de esta última investigación tras su nombramiento, aunque no quedó claro de inmediato que hubiera tomado el ángulo de contrainteligencia.

Compañeros

El 21 de agosto de 2018, el exjefe de campaña de Trump, Paul Manafort, fue condenado por ocho delitos graves de fraude fiscal y bancario. Trump dijo en una respuesta que lo sentía por Manafort y lo elogió por no sucumbir a la presión de los fiscales para llegar a un acuerdo, señalando: "¡Tanto respeto por un hombre valiente!" Según su abogado personal Giuliani, Trump había sido advertido de la posibilidad de indultar a Manafort, pero le habían aconsejado que no lo hiciera.

En septiembre, Manafort se enfrentó por segunda vez a un juicio por numerosos cargos, pero logró pactar un acuerdo de culpabilidad al admitir su culpabilidad por conspiración y manipulación de testigos, además de comprometerse a cooperar plenamente con el Departamento de Justicia.

En noviembre, la oficina de Mueller publicó en un comunicado oficial que Manafort había mentido repetidamente a sus interrogadores, violando los términos del acuerdo de culpabilidad. También reveló que Manafort, a través de su abogado, había informado a los abogados de la Casa Blanca de sus interacciones con la oficina del fiscal especial. Trump insinuó públicamente que podría conceder un indulto a Manafort, pero el candidato a presidente del Comité Judicial de la Cámara de Representantes advirtió que "poner un indulto delante de Manafort" podría llevar a acusaciones de obstrucción a la justicia.

El 29 de noviembre, el exabogado de Trump, Michael Cohen, reconoció su culpabilidad por hacer declaraciones mentirosas al Congreso sobre los esfuerzos de Trump en 2016 para llegar a un acuerdo con las autoridades rusas para construir una Torre Trump en Moscú. Cohen dijo que había hecho las declaraciones falsas en nombre de Trump, a quien se refería en los documentos judiciales como "Individuo-1".

Los cinco acompañantes de Trump que han admitido su culpabilidad o han sido condenados como resultado de la investigación de Mueller o de asuntos relacionados son: Paul Manafort, Rick Gates, George Papadopoulos, Michael Flynn y Michael Cohen. Los cargos contra ellos no estaban relacionados con la colusión con Rusia.

Informe final del Fiscal Especial Robert Mueller

El 22 de marzo de 2019, el fiscal especial Robert Mueller dio a conocer su informe final al fiscal general William Barr después de casi dos años.

Luego, el 24 de marzo, envió una carta de cuatro páginas al Congreso en la que resumía las conclusiones del informe final del Fiscal Especial sobre la injerencia rusa y la obstrucción de la justicia.Barr dividió la carta en dos secciones: a. los intentos rusos de influir en las elecciones presidenciales de Estados Unidos de 2016, y b. si Trump influyó en el curso de la justicia.En cuanto a a., Barr afirmó que el Fiscal Especial no encontró ninguna prueba de que la campaña de Trump, o cualquier compañero de la misma, se coludiera o coordinara con Rusia en sus esfuerzos por influir en las elecciones presidenciales de Estados Unidos de 2016. Barr añadió que el Fiscal Especial identificó "dos distinguidos intentos rusos de influir en dicha elección."

En cuanto a b., obstrucción de la justicia, Barr afirmó que Mueller no llegó a una conclusión; citó al Fiscal Especial diciendo: "aunque este informe no concluye que el Presidente haya cometido un delito, tampoco lo exonera": "si bien este informe no concluye que el Presidente haya cometido un delito, tampoco lo exonera "Barr escribe: "La decisión del Fiscal Especial de informar sobre los hechos de su investigación de obstrucción a la justicia sin llegar a conclusiones jurídicas deja en manos del Fiscal General la decisión de si la conducta descrita en el informe constituye un delito, y añade que él y el Vicefiscal General Rosenstein "concluyeron que las pruebas acumuladas durante la investigación son insuficientes para establecer que el Presidente cometió un acto criminal de obstrucción a la justicia."

El hecho de que el informe de Mueller concluyera que la investigación iniciada no pudo descubrir pruebas de la supuesta conspiración no fue una refutación adecuada, según los críticos.

En mayo de 2019, el congresista republicano Justin Amash afirmó, basándose en los resultados del *informe Mueller* sobre obstrucción a la justicia, que el presidente Trump "ha incurrido en una conducta "impugnable"." Añadió que "pocos miembros del Congreso han leído ese informe".

Amash también dijo que el Fiscal General William Barr "intencionalmente malinterpretó" los hallazgos del informe y que la política partidista prevaleciente hace difícil asegurar el mantenimiento de "controles y equilibrios" en el sistema estadounidense. Amash es el primer congresista republicano que se pronuncia a favor de la destitución del presidente Trump.En respuesta, el presidente Trump hizo ver a Amash como un "perdedor" y además afirmó -falsamente- que el *Informe Mueller* había concluido que no había habido obstrucción a la justicia. Ronna McDaniel, presidenta del *Comité*

Nacional Republicano (RNC), acusó a Amash de "repetir como un loro los pasatiempos de los demócratas sobre los rusos."

No hizo ninguna declaración sobre una acción inmediata contra Amash, pero tuiteó a los votantes del distrito de Amash "para que apoyen firmemente a este presidente". El senador republicano Mitt Romney hizo saber que la declaración de Amash le parecía "valiente", pero que él mismo juzgaba insuficiente la citada obstrucción a la justicia.

Investigaciones de la Cámara de Representantes en 2019

En marzo de 2019, el Comité Jurídico de la Cámara de Representantes inició una amplia investigación contra el presidente Trump por posible obstrucción a la justicia, corrupción y abuso de poder. El presidente del comité, Jerrold Nadler, envió peticiones a 81 personas y organizaciones, empresariales o privadas, relacionadas con la presidencia de Trump para que presentaran documentos, argumentando que está "absolutamente claro" que el presidente obstruyó la justicia. Otros tres presidentes del comité enviaron peticiones a la Casa Blanca y al Departamento de Estado, buscando detalles de las conversaciones de Trump con el presidente Putin, incluyendo sus intentos de ocultar el contenido de esas discusiones. La Casa Blanca se negó a cumplir con esa solicitud, alegando que las conversaciones del presidente con líderes extranjeros son confidenciales por razones de seguridad.Según el senador Mark Warner, vicepresidente del Comité de Inteligencia del Senado, hay pruebas "abrumadoras" de la colusión de la campaña de Trump con los rusos. El representante Adam Schiff, presidente del Comité de Inteligencia de la Cámara de Representantes, declaró que hay "pruebas inequívocas" de la colusión entre la campaña de Trump y Rusia.

Asuntos jurídicos

Demandas judiciales

En 1973, el Departamento de Justicia de los Estados Unidos demandó a la empresa Trump Management Corporation, cuando Trump era el director de la misma. Su empresa inmobiliaria fue demandada por discriminar a los inquilinos negros. En 1975, se llegó a un acuerdo fuera de los tribunales. Este no exigía que Donald y Fred Trump admitieran su culpabilidad, pero sí que la empresa dejara de discriminar y ofreciera activamente sus propiedades a los solicitantes de vivienda de raza negra.

Entre 1986 y 2016, Trump y sus empresas habían presentado unas 1.900 acusaciones y había unas 1.450 demandas contra Trump y sus empresas.

En marzo de 1990, Trump amenazó con demandar a la empresa Janney Montgomery Scott. Un analista de la empresa dijo que el Taj Mahal de Trump en Atlantic City "batiría récords", pero que fracasaría antes de fin de año. Trump dijo que demandaría a la empresa a menos que el analista fuera despedido. El analista se negó a retractarse de las declaraciones y finalmente fue despedido. En noviembre de 1990, el Taj Mahal se declaró en quiebra. El analista demandó entonces a Trump por 2 millones de dólares. El caso se resolvió finalmente. Las declaraciones del analista sobre el Taj Mahal fueron calificadas posteriormente de "increíblemente precisas".

Durante la crisis crediticia de 2008, Trump tuvo problemas para vender suficientes apartamentos en el Trump International Hotel and Tower de Chicago. Cuando quiso bajar los precios para aumentar las ventas, el prestatario, el Deutsche Bank, se negó. Trump razonó que la crisis financiera y la consiguiente caída del mercado inmobiliario no estaban bajo su control, y utilizó una cláusula del contrato para dejar de pagar el préstamo. Trump demandó entonces al Deutsche Bank por pérdida de prestigio, y el Deutsche Bank también presentó una demanda contra Trump. Ambas partes decidieron finalmente retirar sus demandas y la venta de los apartamentos siguió adelante.

En septiembre de 2011, el veredicto final en una demanda presentada por Trump contra el autor Timothy L. O'Brien se determinó en apelación. La demanda por daños y perjuicios se refería principalmente a la estimación del patrimonio neto de Trump. Trump exigió 5.000 millones de dólares a O'Brien porque éste había escrito en su libro de 2006 *TrumpNation: The Art of Being The Donald* que el valor neto de Trump era en realidad de entre 150 y 250 millones de dólares, en lugar de los miles de millones que Trump había declarado tener en 2005. Trump mencionó un valor de entre 5.000 y 6.000 millones en entrevistas con O'Brien para el libro, mientras que un folleto publicitario de una de las empresas de Trump mencionaba el valor de 9.500 millones. Los expertos financieros llegaron a decir que el valor estaba entre 150 y 250 millones de dólares. Además, el Deutsche Bank llegó a un valor neto de 788 millones. Según Trump, esta infravaloración, que, según él, el autor había puesto en el libro por enfado, había hecho fracasar los negocios y que Trump perdiera la cara. En la declaración oficial para la demanda, Trump dijo: "*Mi valor neto varía y sube y baja según los mercados y las opiniones y mis propios sentimientos, incluso los míos, pero lo hago lo mejor que puedo. (...) Así que sí, mis sentimientos también afectan al valor que represento a mis ojos*". " Un juez de Nueva Jersey rechazó la reclamación de dinero de Trump, y en la apelación un juez decidió mantener el fallo del juez de Nueva Jersey debido a la consistencia de las tres fuentes confidenciales de O'Brien. En una entrevista con Kranish y Fisher, Trump afirmó que inició la demanda porque pensaba que el pleito *le costaba a O*'Brien "*mucho tiempo y mucha energía y mucho dinero*". "

En 2013, Trump demandó a Bill Maher por 5 millones de dólares después de que Trump mostrara su certificado de nacimiento. Maher había dicho en *The Tonight Show* que recompensaría a Trump con 5 millones de dólares para obras de caridad si Trump, que llevaba tiempo cuestionando la ciudadanía estadounidense del presidente Obama, demostraba que no era hijo de un orangután. Según Trump, la oferta iba en serio y no era una broma. Sin embargo, Trump retiró la demanda ocho semanas después.

El 24 de agosto de 2013, el fiscal general del Estado de Nueva York, Eric Schneiderman, presentó una demanda contra Trump por deponer a más de 5.000 personas por 40 millones de dólares al enseñar sus técnicas inmobiliarias en un programa de formación con ánimo de lucro llamado Trump University. El Tribunal Supremo de Manhattan había desestimado previamente la demanda. El 30 de enero de 2014, el tribunal de Nueva York también desestimó todos los cargos, excepto la parte relativa a las licencias. En octubre de 2014, el tribunal determinó que Trump sólo podía ser considerado responsable por no tener una licencia para su escuela de inversiones. De las tres demandas aún pendientes, se esperaba que al menos una fuera a juicio antes de las elecciones presidenciales. El 18 de noviembre de 2016, se anunció que Trump había llegado a un acuerdo de 25 millones de dólares en este caso. Por violar las leyes de educación, también tuvo que pagar un millón de dólares al Estado.

En agosto de 2014, Trump llegó a un acuerdo con Sheena Monnin, *Miss Pensilvania,* en el que Monnin tuvo que pagar 5 millones de dólares. Ella alegó que los resultados de Miss USA 2012 fueron manipulados. Monnin escribió en su página de Facebook que otra concursante le había dicho que durante un ensayo había visto una lista de las cinco finalistas en el orden final. Posteriormente, Monnin renunció a su título de Miss Pensilvania. Según el abogado de Trump, un lucrativo acuerdo de patrocinio con BP había fracasado a causa de las acusaciones, y éstas amenazaban con disuadir a las mujeres de competir en los concursos de Miss USA. Según Monnin, el testimonio de la Organización de Miss Universo y de Ernst & Young reveló que los quince primeros puestos del concurso de belleza no eran determinados por los jueces, sino por los directores del concurso de belleza. Según los términos del acuerdo, Monnin no tuvo que retractarse de sus declaraciones. Dijo lo siguiente: "Defender la verdad me ha costado mucho".

En 2015, Trump demandó al condado de Palm Beach por 100 millones de dólares porque, según él, los funcionarios habían presionado a la Administración Federal de Aviación para que dirigiera los aviones que volaban al aeropuerto internacional de Palm Beach específicamente sobre su propiedad, Mar-A-Lago. El tráfico aéreo perturbaría la construcción y la atmósfera del edificio. Trump también había presentado dos veces una demanda por la contaminación acústica del aeropuerto.

En 2015, Trump interpuso una demanda de 10 millones de dólares contra José Andrés por retirarse supuestamente de un acuerdo para abrir un restaurante en el Old Post Office de Washington, D.C.

46. Joe Biden (2021-ahora)

Partido Demócrata | Vicepresidente: Kamala Harris

"La verdadera valentía es cuando hay muy pocas posibilidades de ganar, pero se sigue luchando".

Joseph (Joe) Robinette Biden Jr. (Scranton (Pensilvania), 20 de noviembre de 1942) es un político estadounidense y el 46º presidente de los Estados Unidos desde enero de 2021. Biden es miembro del Partido Demócrata y anteriormente fue el 47º vicepresidente de los Estados Unidos bajo el mandato del presidente Barack Obama de 2009 a 2017 y antes fue senador por el estado de Delaware de 1973 a 2009.

Biden creció en Scranton, en el estado de Pensilvania, y en el condado de New Castle, en el estado de Delaware, y estudió en la Universidad de Delaware antes de licenciarse en Derecho por la Universidad de Syracuse en 1968. Tras ser elegido concejal del condado de New Castle en 1970, se convirtió en el sexto senador más joven de la historia de Estados Unidos al ser elegido senador por Delaware en 1972. Prestó servicio durante mucho tiempo en la Comisión de Asuntos Exteriores del Senado de EE.UU. y llegó a presidirla. Se opuso a la Guerra del Golfo de 1990-1991, pero apoyó la expansión de la OTAN en Europa del Este y su intervención en las guerras de Yugoslavia en la década de 1990. Apoyó una resolución que autorizaba la guerra de Irak en 2002, pero se opuso al envío de más tropas en 2007. También fue presidente de la Comisión de Justicia del Senado de Estados Unidos de 1987 a 1995, donde trabajó en temas de política de drogas, prevención del delito y libertades civiles. Fue uno de los padres espirituales de la Ley de Control del Crimen Violento y Aplicación de la Ley de Violencia contra la Mujer, y dirigió las audiencias de seis jueces del Tribunal Supremo de Estados Unidos, incluidas las controvertidas audiencias de Robert Bork y Clarence Thomas. En 1988 y 2008, fue candidato sin éxito en las primarias demócratas a la presidencia.

Biden fue reelegido como senador seis veces y era el cuarto senador que más tiempo llevaba en el cargo cuando dimitió en 2009 para ser vicepresidente de Barack Obama después de que ganaran las elecciones presidenciales de 2008. Obama y Biden fueron reelegidos en 2012. Como vicepresidente, supervisó las inversiones en infraestructuras para contrarrestar la crisis crediticia. Sus negociaciones con los republicanos en el Congreso de EE.UU. condujeron a la aprobación de nuevas leyes, como la Ley de Alivio Fiscal de 2010, la Ley de Control Presupuestario de 2011 en respuesta a la crisis de la deuda soberana de EE.UU. de 2011, y la Ley de Alivio del Contribuyente Americano de 2012. También impulsó la aprobación del Tratado de Nuevo Comienzo con Rusia y apoyó la intervención militar en Libia y la retirada de las tropas estadounidenses de Irak en 2011. Tras el tiroteo en la escuela primaria Sandy Hook el 14 de diciembre de 2012, dirigió un grupo de trabajo contra la violencia armada. En 2017, Obama le concedió la Medalla Presidencial de la Libertad con distinción.

En abril de 2019, Biden anunció su candidatura para las elecciones presidenciales de 2020. Tras conseguir suficientes delegados para ganar la nominación demócrata en junio de 2020, anunció en agosto de ese año que había elegido a Kamala Harris, de California, como su *compañera de fórmula*. A continuación, ganó las elecciones del 3 de noviembre de 2020 frente al actual presidente republicano Donald Trump, que se negó a reconocer la victoria de Biden. El 23 de noviembre, la Administración de Servicios Generales (GSA) concedió a Biden las facilidades debidas a un presidente electo. En una sesión iniciada el 6 de enero que tuvo que ser suspendida después de que los partidarios de Trump asaltaran el Capitolio en Washington D.C., en la continuación iniciada varias horas después, los resultados de la elección fueron ratificados el 7 de enero a las 4 de la mañana, hora del este, por el Congreso, presidido por el ex vicepresidente Mike Pence. Como resultado, Biden fue investido como el 46º presidente de los Estados Unidos el 20 de enero de 2021.

Biografía

Años de juventud (1942-1965)

Joseph Robinette Biden Jr. nació el 20 de noviembre de 1942 en el Hospital St. Mary de Scranton, al noreste de Pensilvania, hijo de Catherine Eugenia "Jean" Biden (nacida Finnegan) (1917-2010) y Joseph Robinette Biden Sr. (1915-2002). Después de él, nacieron una hija y dos hijos más en esta familia católica. Jean era de ascendencia irlandesa, con un linaje que se remonta al condado de Louth y al de Londonderry. Los padres de Joe eran Mary Elizabeth (nacida Robinette) y Joseph H. Biden, un hombre de negocios de Baltimore, Maryland. Eran descendientes de ingleses, franceses e irlandeses.

El padre de Biden era inicialmente rico, pero tuvo dificultades financieras durante el periodo en que nació Joe Biden. La familia vivió con los abuelos maternos de Joe durante varios años. Durante la década de 1950, Scranton entró en declive económico y el padre de Biden no pudo encontrar un trabajo estable. A principios de 1953 su familia se trasladó a un apartamento en Claymont, Delaware, y más tarde a una casa en Wilmington, también en Delaware. Allí, el padre de Biden se convirtió en un exitoso vendedor de coches, lo que permitió a la familia mantener un estilo de vida de clase media.

Mientras estudiaba en la Academia Archmere de Claymont, Biden fue miembro del equipo de fútbol de la escuela. Se graduó allí en 1961. A continuación, estudió en la Universidad de Delaware, en Newark, donde se licenció en 1965 con una especialización en historia y ciencias políticas y una especialización en inglés. En la clasificación de puntos de los estudiantes universitarios, ocupó el puesto 506 de 688 estudiantes.

De niño, Biden era tartamudo, pero esto mejoró a los veinte años. El propio Biden dijo que pudo reducir su tartamudez recitando poesía frente al espejo.

Primeros años de carrera (1966-1972)

El 27 de agosto de 1966, Biden se casó con Neilia Hunter (1942-1972), una estudiante de la Universidad de Siracusa, lo que en un principio iba en contra de los deseos de los padres de Hunter debido a la fe católica de Biden. La ceremonia de boda tuvo lugar en una iglesia católica de Skaneateles, Nueva York. Juntos tuvieron tres hijos: Joseph R. "Beau" Biden III (1969-2015), Robert Hunter Biden (nacido en 1970) y Naomi Christina "Amy" Biden (1971-1972).

En 1968, Biden se licenció en Derecho por la Universidad de Siracusa. En la clasificación por puntos, quedó en el puesto 76 de 85 estudiantes. Se incorporó al Colegio de Abogados de Delaware en 1969. Durante sus años de estudiante, fue descalificado para el servicio militar debido a su asma.

En 1968, Biden entró a trabajar como asistente en el bufete de abogados del destacado político republicano local William Prickett en Wilmington. Más tarde, Biden indicaría que también se sintió republicano durante este periodo. No estaba de acuerdo con las políticas conservadoras del entonces gobernador demócrata de Delaware, Charles L. Terry Jr. Por ello, apoyó al republicano moderado Russell W. Peterson, que consiguió derrotar a Terry en las elecciones a gobernador de 1968. Los republicanos pidieron a Biden que se registrara como republicano, pero se inscribió como independiente porque no apoyaba al entonces candidato republicano a la presidencia Richard Nixon.

En 1969 entró a trabajar como abogado en un bufete dirigido por un político demócrata local que intentaba renovar el partido demócrata local. Biden también se registró como demócrata durante este periodo. Más tarde, él y un compañero fundaron su propio bufete de abogados, aunque lo compaginó con unos ingresos procedentes de la gestión de propiedades. Ese mismo año, Biden fue elegido concejal en el condado de New Castle, predominantemente republicano. Compaginó su mandato con sus actividades legales hasta 1972. Durante este tiempo, se opuso a la construcción de autopistas que perturbaran la tranquilidad de la zona de Wilmington.

Senador (1972-2009)

En 1972, Joe Biden fue el candidato demócrata en las elecciones al Senado de Delaware. Fue el único demócrata que se enfrentó al senador republicano J. Caleb Boggs.

La campaña de Biden contaba con pocos recursos financieros y, en consecuencia, se le brindaron pocas oportunidades. La campaña contó con el apoyo de los familiares de Biden, que apostaron por las conversaciones personales con los votantes y el reparto de folletos. Estas técnicas de campaña fueron posibles en Delaware dado el pequeño tamaño de este estado. Biden recibió el apoyo de la Federación Americana del Trabajo y del Congreso de Organizaciones Industriales, entre otros. Sus posiciones incluían la retirada de las tropas estadounidenses de Vietnam, así como el medio ambiente, los derechos civiles, la fiscalidad justa y la atención sanitaria.

Unos meses antes de las elecciones, Biden iba por detrás de Boggs en las encuestas por casi treinta puntos porcentuales, pero su energía, su joven edad y su joven familia, y su capacidad para responder a la emoción de los votantes jugaron a su favor. Biden fue elegido senador el 7 de noviembre de 1972, con el 50,5% de los votos.

Unas semanas después de su elección al Senado, pero antes de jurar su cargo, la esposa de Biden, Neilia, y su hija de un año, Amy, murieron en un accidente de coche en Hockessin, Delaware. Sus hijos Beau y Hunter también se vieron implicados en el accidente, pero sobrevivieron con una pierna rota y una fractura de cráneo menor, respectivamente, y se recuperarían por completo. Biden se planteó dejar su escaño en el Senado para cuidar de sus hijos, pero el líder de la mayoría demócrata del Senado, Mike Mansfield, consiguió convencerle de que no lo hiciera.

Biden prestó juramento como senador el 5 de enero de 1973 ante el Secretario del Senado Francis R. Valeo en un hospital de Wilmington y no en el Capitolio de Washington D.C. debido a la hospitalización de sus hijos. A la ceremonia asistieron Beau, Hunter y otros miembros de la familia. Biden tenía entonces 30 años, lo que le convierte en el sexto senador más joven de la historia de Estados Unidos. Para poder ver a sus hijos todos los días, el senador Biden viajaba diariamente en tren entre Delaware y Washington D.C., 90 minutos de ida. Mantendría este hábito de viajar en tren a diario durante toda su carrera de 36 años en el Senado. Esto también le valió el apodo de "Amtrak Joe", en referencia a la compañía ferroviaria Amtrak. En 2011, la estación de tren de Wilmington pasó a llamarse Joseph R. Biden Jr. Railroad Station.

En 1975, Biden conoció a su posterior segunda esposa, la profesora Jill Tracy Jacobs, durante una supuesta *cita a ciegas* organizada por el hermano de Biden. Se casaron en Nueva York el 17 de junio de 1977. Jill también era católica. De su matrimonio nació otra hija: Ashley Blazer (nacida en 1981). El hijo mayor de Biden, Beau Biden, sirvió después en Irak y fue secretario de Justicia en Delaware. Beau murió de cáncer cerebral en 2015, dejando a Joe Biden dos de sus cuatro hijos. El hijo Hunter se convirtió en abogado y lobista.

En 1988, el propio Biden fue hospitalizado tras un fuerte dolor de cabeza, donde se le diagnosticó un aneurisma cerebral. Tras la operación, tardó siete meses en volver al Senado.

Joe Biden fue candidato a la nominación demócrata en las elecciones presidenciales de Estados Unidos de 1988. Durante esta campaña, fue desacreditado cuando se reveló que había plagiado partes de un discurso del líder del Partido Laborista británico Neil Kinnock. Biden se retiró entonces de la carrera, que ganó Michael Dukakis. Este último, a su vez, perdió las elecciones frente al candidato republicano George H. W. Bush.

Biden permaneció en el Senado, donde fue reelegido en 1990, en 1996 y en 2002, y donde desempeñó varias funciones importantes. De 2001 a 2009, fue presidente de la Comisión de Asuntos Exteriores, tras haber sido presidente de la Comisión Judicial de 1987.

Biden era conocido en el Senado por sus críticas a la política de la administración Bush en Irak. Biden era apreciado por sus numerosas propuestas legislativas y alternativas prácticas. Su propuesta de dividir Irak en tres regiones autónomas, una kurda, una suní y una chiíta, también recibió apoyo en los círculos republicanos. En el conflicto entre Israel y los palestinos y en el contexto del conflicto diplomático con Irán, Biden se declaró "sionista acérrimo". En una entrevista de 2007, dijo: "Soy sionista. No hace falta ser judío para ser sionista". Biden considera que Israel es el aliado más importante de Estados Unidos en Oriente Medio y es un firme partidario de la enorme ayuda financiero-militar que Washington transfiere cada año al Estado judío. Biden sostiene que un Israel militarmente fuerte es fundamental para las ambiciones de Estados Unidos en esa región. Tras los atentados del 11 de septiembre de 2001, Biden dijo: "Muchos estadounidenses pueden saborear ahora lo que deben sentir los padres israelíes cuando envían a su hijo a la escuela o lo suben al autobús". Más tarde, como vicepresidente de Barack Obama, se mantuvo en la posición de la administración Obama. Advirtió al primer ministro Netanyahu que, según Estados Unidos, estaba llevando a Israel en la dirección equivocada con sus asentamientos ilegales.

Vicepresidente (2009-2017)

Biden era uno de los candidatos a la nominación demócrata en las elecciones presidenciales de Estados Unidos de 2008 desde el 1 de febrero de 2007. Abandonó la carrera tras obtener menos del 1% de los votos en el caucus de Iowa el 3 de enero de 2008.

El 23 de agosto de 2008, el candidato presidencial Barack Obama anunció que había elegido a Biden como su compañero de fórmula. Biden aportaba una gran experiencia en política exterior, algo de lo que Obama carecería. En las elecciones presidenciales del 4 de noviembre de 2008, Biden fue elegido vicepresidente. Aunque Estados Unidos ya había tenido un presidente católico con John F. Kennedy, Biden fue el primer vicepresidente católico de la historia estadounidense.

Biden también fue reelegido como senador por Delaware. Dado que un presidente o un vicepresidente de los Estados Unidos no puede ocupar otros cargos según la Constitución estadounidense, se retiró del Senado antes de su investidura el 20 de enero de 2009. La gobernadora demócrata de Delaware, Ruth Ann Minner, nombró a Ted Kaufman, ayudante de Biden durante muchos años, como su adjunto en el Senado.

También se planteó presentarse a las elecciones presidenciales de Estados Unidos de 2016, pero finalmente decidió no hacerlo en octubre de 2015. Él mismo atribuyó esa decisión al reciente fallecimiento de su hijo Beau, que le habría impedido centrarse en una candidatura a tiempo y con toda su atención.

Candidato a la presidencia (2020)

Biden anunció su candidatura para las elecciones presidenciales de Estados Unidos de 2020 en abril de 2019 y rápidamente se convirtió en el favorito en las primeras encuestas, en un campo de (inicialmente) más de 20 candidatos presidenciales. Su punta de lanza, incluso más que su programa, era su convicción de que tendría la personalidad y la experiencia necesarias para derrotar al presidente Trump.

Que el propio presidente Trump también veía a Joe Biden como su mayor rival quedó claro cuando un informante soltó una conversación que el presidente Trump mantuvo con el flamante presidente de Ucrania, Volodymyr Zelensky. Trump le pidió un favor: el país de Europa del Este -muy dependiente del apoyo financiero y político de Estados Unidos- debía iniciar una investigación por corrupción sobre los Biden. Trump insinuó que el apoyo de Estados Unidos a Ucrania dependía de su petición. El foco de la investigación era el segundo hijo de Joe Bidens, Hunter Biden. Había sido nombrado en 2014 con un sueldo muy alto (al menos 50.000 dólares al mes) como miembro del consejo de administración de la empresa de gas ucraniana Burisma, aunque no tendría ninguna cualificación para el cargo en ese país. Al mismo tiempo, su padre, como entonces vicepresidente de Estados Unidos, manifestó una presencia políticamente profunda en Ucrania al forzar la dimisión de un fiscal general corrupto.

La acción encubierta de Trump, dirigida por su abogado personal Rudy Giuliani, llevó a la mayoría demócrata del Congreso a preparar un proceso de destitución contra Trump por quid pro quo. Con la excepción de un solo republicano, Trump fue sin embargo defendido por sus compañeros de partido, sobre todo con el argumento que utilizó: "¿Por qué ser tan difícil? Fue una conversación excelente".

No se presentaron pruebas de ninguna corrupción y/o violación de la ley por parte de los Biden en Ucrania. Sin embargo, en el proceso de impeachment contra el presidente Trump en enero de 2020, la defensa de Trump expuso seriamente el hecho de que el hijo del vicepresidente recibió un salario millonario de una empresa en Ucrania conocida por su corrupción por un trabajo para el que no tenía ninguna cualificación especial. Durante el proceso de impeachment, el apoyo a la campaña presidencial de Biden se desplomó.

En las primeras elecciones primarias para la candidatura demócrata, en febrero de 2020, quedó en un decepcionante cuarto lugar para él. En un intento de invertir la tendencia, el equipo de campaña de Biden publicó un vídeo despectivo sobre su rival Pete Buttigieg. Consiguió ganar las primarias en el estado de Carolina del Sur por un amplio margen el 29 de febrero de 2020. Recibió un fuerte apoyo de los votantes afroamericanos. Tras las primarias de Carolina del Sur, Pete Buttigieg y Amy Klobuchar se retiraron como candidatos e indicaron que apoyarían la candidatura de Biden. El 3 de marzo de 2020, el Supermartes, Biden protagonizó una notable remontada electoral al ganar en diez de los catorce estados donde se celebraron primarias para la candidatura demócrata, incluidos Texas y Minnesota. Con ello, se convirtió inmediatamente en "favorito" en la batalla por la nominación de los demócratas a la presidencia. Desplazó del primer puesto a Bernie Sanders, que consiguió ganar en el mayor estado de California. Después de que Sanders se retirara como candidato el 8 de abril de 2020, Biden se convirtió en el favorito para la nominación demócrata.

En abril de 2020, durante la campaña, Biden fue acusado por una antigua empleada, Tara Reade, de haberla manoseado indebidamente en 1993. Biden negó con vehemencia la acusación. Indicó que "cualquiera que creyera a Reade no debería votar por él". Se acusó a los demócratas y a los medios de comunicación de mantener un doble rasero en la forma de tratar las acusaciones de agresión sexual contra Biden y el juez Kavanaugh.

Durante una aparición en el programa de radio *The Breakfast Club,* Biden dio un golpe de efecto en mayo de 2020 por sugerir que los votantes negros votan naturalmente a los demócratas en función de su etnia. Literalmente, dijo: "Si te cuesta averiguar si estás a favor de mí o de Trump, entonces no eres negro". Más tarde, Biden se disculpó por su comentario, criticado como arrogante. Señaló que ningún elector debería votar a ningún partido "en función de su origen racial o religioso".

El 11 de agosto, Biden anunció que la senadora por California Kamala Harris sería su "compañera de fórmula" en las elecciones presidenciales de 2020. Al término de la convención del Partido Demócrata en Wilmington, a la que se pudo asistir principalmente por vía digital debido a la crisis de la corona, Biden aceptó la nominación de su partido para la presidencia a finales de ese mes con un discurso marcado por la "esperanza" y la "luz" tras el periodo "oscuro" de Estados Unidos bajo el mandato de Trump.

El 29 de septiembre de 2020, el primer debate presidencial entre el presidente Donald Trump y Joe Biden tuvo lugar en Cleveland, Ohio. El debate tuvo un desarrollo caótico. Biden fue interrumpido numerosas veces por Trump. Biden calificó a Trump de payaso y de ser el peor presidente que ha tenido Estados Unidos. El debate se considera un punto bajo en la historia de la democracia estadounidense. Aun así, Biden consiguió mantenerse en pie y no mostró la imagen planteada por la campaña de Trump de que estaba senil.

Las elecciones tuvieron lugar el 3 de noviembre, pero en muchos estados los resultados se retrasaron durante días, en parte porque, debido a la crisis de la corona, muchos votantes hicieron uso de la opción de votar anticipadamente o por correo y el procesamiento y recuento de esos votos a menudo no comenzó hasta después del día de las elecciones. Como el Partido Demócrata había animado a sus partidarios a votar de esa manera, mientras que Trump había instado a sus partidarios a no votar por correo sino el mismo día, Trump seguía estando por delante en varios estados cuando se comunicaron los primeros recuentos intermedios. En cuanto se contaron todos los votos, Biden parecía haberle superado allí después de todo. Trump aprovechó esta situación para hablar de fraude electoral. Después de que los medios de comunicación señalaran a Biden como ganador el 7 de noviembre, cuatro días después del escrutinio, su victoria fue rápidamente reconocida a nivel internacional. Además de muchos estadistas, también fue llamado por el Papa Francisco, que dio la enhorabuena al segundo presidente estadounidense católico de la historia.

Presidente (2021-presente)

Presidente electo

Biden se puso inmediatamente a trabajar como presidente electo de los Estados Unidos. Creó un grupo de trabajo sobre la COVID-19 en respuesta a lo que consideraba políticas fallidas de la administración Trump para hacer frente a la pandemia. Nombró a Ron Klain como jefe de gabinete de la Casa Blanca el 11 de noviembre. Anunció durante los meses de noviembre, diciembre y enero el nombramiento de otros ministros y funcionarios clave. Entre ellos se encuentra uno de sus candidatos opositores en las primarias del partido demócrata, Pete Buttigieg, como Secretario de Transporte. Su gabinete, si todos son confirmados por el Senado, será el más diverso de la historia de Estados Unidos. Con una serie de primicias, como el primer ministro abiertamente gay, el primer ministro nativo americano y la primera mujer como ministra de Economía.

Tuvo, sobre todo al principio, una gran oposición por parte de Trump y su administración que, sin poder aportar pruebas, seguían cuestionando el resultado de las elecciones. El 23 de noviembre de 2020, el Administrador de Servicios Generales concedió finalmente a Biden y a su equipo de transición los recursos que corresponden a un Presidente electo. Al mismo tiempo, la GSA reconoció a Biden como presunto ganador de las elecciones.

Durante la transición del 6 al 7 de enero de 2021, tras un asalto al Capitolio por parte de los partidarios de Trump, Biden fue declarado oficialmente ganador por una sesión conjunta de la Cámara de Representantes y el Senado. El resultado final fue leído por el vicepresidente Mike Pence alrededor de las 4:00 a.m. hora local y se confirmó como 306 a 232 a favor de Joe Biden.

Conclusión:

Esperamos que hayas disfrutado leyendo sobre los 46 presidentes de Estados Unidos. Los 46 presidentes de EE.UU. es un libro objetivo e informativo que muestra a los lectores a partir de los 12 años algunos datos interesantes sobre los presidentes estadounidenses, incluyendo lo que hicieron antes de llegar a la presidencia, cómo sirvió cada uno como presidente, dónde están ahora en la vida, etc.

Creemos que te ha encantado conocer a estos valientes que se atrevieron a ser presidentes de Estados Unidos.

Este libro, de carácter factual e informativo, permite a los lectores conocer a estos valientes hombres que se atrevieron a ser presidentes. Con suerte, te encantó aprender sobre algunos de los rasgos más importantes que poseían, como la valentía, la inteligencia y la determinación en este libro que debería motivarte a hacer tu propia historia (¡leyéndolo de nuevo!).

www.ingramcontent.com/pod-product-compliance
Lightning Source LLC
Chambersburg PA
CBHW071730150726
47998CB00005B/1576